本书是山东省社会科学规划
"社会治理视域下的民间公益组织发展道路研究"的结项成果

社会治理视域下的
慈善组织发展道路研究

王俊秋 许维江 著

科学技术文献出版社
SCIENTIFIC AND TECHNICAL DOCUMENTATION PRESS

·北京·

图书在版编目（CIP）数据

社会治理视域下的慈善组织发展道路研究 / 王俊秋，许维江著. —北京：科学技术文献出版社，2019.11

ISBN 978-7-5189-5994-5

Ⅰ.①社… Ⅱ.①王… ②许… Ⅲ.①慈善事业—组织机构—研究—中国 Ⅳ.① D632.1

中国版本图书馆 CIP 数据核字（2019）第 192088 号

社会治理视域下的慈善组织发展道路研究

策划编辑：李 蕊　责任编辑：王 培　责任校对：张吲哚　责任出版：张志平

出　版　者	科学技术文献出版社
地　　　址	北京市复兴路15号　邮编 100038
编　务　部	（010）58882938，58882087（传真）
发　行　部	（010）58882868，58882870（传真）
邮　购　部	（010）58882873
官方网址	www.stdp.com.cn
发　行　者	科学技术文献出版社发行　全国各地新华书店经销
印　刷　者	北京虎彩文化传播有限公司
版　　　次	2019年11月第1版　2019年11月第1次印刷
开　　　本	710×1000　1/16
字　　　数	203千
印　　　张	13.75
书　　　号	ISBN 978-7-5189-5994-5
定　　　价	58.00元

版权所有　违法必究

购买本社图书，凡字迹不清、缺页、倒页、脱页者，本社发行部负责调换

目 录

绪 论 1

第一章　中国慈善组织及其发展道路 23
  第一节　中国慈善组织发展 23
  第二节　新时代背景下的慈善组织 36
  第三节　中国特色慈善组织发展的道路 49

第二章　慈善组织发展环境研究 59
  第一节　政治制度环境 59
  第二节　经济制度环境 71
  第三节　文化制度环境 76
  第四节　社会发展环境 82

第三章　慈善组织公信力建设 89
  第一节　慈善组织公信力的构成 89
  第二节　当前慈善组织公信力状况 93
  第三节　合力打造慈善组织公信力 109

第四章　慈善组织人才战略 124
  第一节　慈善组织人才发展现状 124
  第二节　多元化、多层次人才培养模式 130
  第三节　建立完善的慈善专业人才管理体制 138

第五章　慈善组织内部治理 ·· 146
　　第一节　慈善组织内部治理的含义 ······························ 146
　　第二节　慈善组织章程治理 ·· 148
　　第三节　慈善组织内部治理结构 ·································· 152
　　第四节　慈善组织内部治理机制 ·································· 161

第六章　党的领导是慈善事业健康发展的根本保证 ········· 187
　　第一节　慈善组织党组织建设的重要意义 ····················· 187
　　第二节　慈善组织党建工作存在的问题 ························ 194
　　第三节　加强慈善组织的党建工作的措施 ····················· 196

参考文献 ·· 204

后　　记 ·· 213

绪　论

随着我国社会主义市场经济体制改革的不断深入，中国社会发生了广泛而深刻的变革，产生了经济结构多元化、社会阶层多样化、利益诉求复杂化的显著变化。市场经济催生了政府与社会的分离，由此带来社会结构、利益格局和思想意识的深刻变化，各社会阶层、利益主体、不同群体之间的多样需求矛盾加剧。传统计划经济体制下，依靠政府自上而下、包揽一切的垂直权威管理模式已难以适应多元、多样的社会需求。与此同时，处于中国特色社会主义制度下的不同主体，其根本利益、根本目标又具有一致性，都有着维护中国社会根本政治制度、基本经济制度的共同意愿，有着维护现行社会秩序的共同指向。在此背景下，以政府为中心的单一主体治理结构向以政府为主导、市场组织和社会组织等不同主体共同参与的治理结构转变成为社会发展的必然。在共同维护社会制度和共同利益的前提下，在党的领导和政府主导下，通过企业组织、社会组织等分工、合作和协商，引导、规范不同利益主体及公民的各种行为，以最大限度地满足和保护不同利益主体的现实需求。2013年，党的十八届三中全会顺应时代的发展，提出了"创新社会治理体制"的要求，明确提出系统治理观，要"加强党委领导，发挥政府主导作用，鼓励和支持社会各方面参与，实现政府治理和社会自我调节、居民自治良性互动"。将各方参与社会治理写入党的文件，标志着我国社会治理理念的重大转变，标志着我国社会治理方式进入新的实践创新阶段，也标志着进一步深化了党的执政规律、社会主义建设规律和人类社会发展规律的认识。

一、社会组织参与社会治理的必要性

回望历史，中华人民共和国成立70年来，在社会治理上经历了一个不断探索、发展的过程。从中华人民共和国成立至"文化大革命"结束这段时间，社会结构相对简单，国家与社会高度融合，呈现出国家、社会的一体化特征。这种管理方式，以政府为中心，以政府为主体，形成包办一切、自上而下的"金字塔式"管理结构。改革开放以来，随着社会主义市场经济的发展，单纯的以政府为主体的社会管理面临着严峻考验。一方面，市场化的改革方向就是要改革社会结构单一、社会活力不足的问题；另一方面，在发挥新生社会阶层作用的同时，不可能放任自流，需要以适当的方式将其置于中央和地方政府管理范围之内。但是在这一过程中，社会发展速度太快，社会体制改革没有及时跟上，造成一度出现了政府管理的失灵和缺位的现象。面对这些矛盾和问题，2004年，中央首次提出社会管理议题，党的十六届四中全会提出"加强社会建设和管理，推进社会管理体制创新"的任务，表明党和政府开始高度重视创新社会管理体制，并将其作为重大任务加以顶层设计和部署。2007年10月，党的十七大提出中国特色社会主义事业总体布局的设想，并将社会建设与经济建设、政治建设、文化建设一起，作为"四位一体"总体布局，这意味着如何建设和管理社会上升到中央层面，并明确了"建立健全党委领导、政府负责、社会协同、公众参与的社会管理格局"。2012年，党的十八大提出要"在改善民生和创新管理中加强社会建设"，指出"要围绕构建中国特色社会主义社会管理体系，加快形成党委领导、政府负责、社会协同、公众参与、法治保障的社会管理体制"。在"党委领导、政府负责、社会协同、公众参与"的基础上增加了法治保障，使社会管理格局更加完善。

2004—2012年，经济体制、社会体制发生了巨大变化，党中央也高度认识到体制转型后加强社会管理的重要性及其面临的严峻考验。尽管这一阶段社会体制改革在理论和实践中不断摸索前行，但就其思维模式和行为方式上看，依然停留在社会管理层面。直到2013年党的十八届三中全会提出"加快形成科学有效的社会治理体制"，"社会治理"作为新概念，第一次出现在党和国家的文献中，取代了以往的"社会管理"。

从"社会管理"到"社会治理"，尽管只是一字之差，却标志着我国社会管理理论与实践的发展和创新达到了一个新的高度。社会治理的提出标志着执政党治国理政方面从强调自上而下的管理模式转变为上下互动、国家与社会相结合的治理模式。社会管理强调政府单一主体对社会的管控，而社会治理更强调鼓励和支持各方参与，强调社会力量作用的发挥。社会治理既是治理主体的多元参与，也是治理过程的多方参与、治理方式的协同共治。政府组织、市场组织和社会组织被称为现代社会的"三大支柱"，是社会治理体系不可或缺的重要组成部分。相比社会管理，社会治理突出政府组织、市场组织和社会组织的分工与协作、互动互补、相辅相成的作用。其中，社会组织因其所具有的非营利性、民间性、自愿性和公益性等特点，相比政府组织和市场组织在社会治理中发挥着特殊的作用。

"党委领导、政府负责、社会协同、公众参与、法治保障"的社会治理体制，明确了党委、政府、社会组织在社会治理中的主体地位和职能作用。在社会治理方式上既体现了纵向管理的一致性，又包含了横向管理的统一性和差异性。具体来说，在纵向管理上，强调"党委领导、政府负责"。"党委领导"要求从根本上坚持党的领导，发挥各级党委在社会治理中总揽全局、协调各方的领导核心作用。"政府负责"明确了政府在社会治理中的主导作用，强化了政府对社会参与治理的引导，维护了社会秩序和谐的责任。"社会协同、公众参与"体现了社会治理的价值导向一致性和参与主体多元性。"社会协同"强调的是参与社会治理的各个主体在思想、行为、取向上的一致性、统一性和各社会治理主体之间分工与合作、竞争与互补、多元与共治形成协同行动。"公众参与"即除了政府以外的所有社会力量的参与，包括企业、社区、群团、社会组织及普通民众。如果说参与主体的多元性是社会转型必然结果的话，那么，实现参与主体的社会协调，则是中国特色社会主义市场经济体制的内在要求和优势所在，也是在相当长时期内需要面对和解决的现实问题。在市场经济体制下，各企事业单位、社会组织、人民团体及普通群众，有着不同的政治、经济等各个方面的利益诉求，这种诉求差异明显甚至互相对立。因此，实现社会协同，是整合社会治理资源、建立新型社会治理体系、实现社会和谐有序、彰显社会主义优越性的重要途径。这也从理论和实践层面对坚持党委领导、政府负责提出了更高要求。近年来，在坚持党委领导，政府负责的前提下，积极引领和推动社会力量参与社会治理，人人参与、人人尽责的良好局面正在逐步形成。公众参与中，各个层面的参与途径、参与度并不是完全平等、成效一致的，其中社会组织的参与，是当今也是未来社会治理的重要主体。社会组织作为以特定功能、目标组织起来的社会力量，其数量和质量、在社会治理事务中的参与度和在其中所起的作用，直接关乎社会治理的水平和成效。社会组织作为社会治理的重要主体和依托，在促进经济发展、繁荣社会事业、创新社会治理、推进公共服务等方面具有重要作用。提升社会治理水平，就要从根本上树立多元主体合作共治的现代治理理念，"适合由社会组织提供的公共服务和解决的事项，交由社会组织承担"。鼓励社会各个方面参与社会事务和公共事务，激发社会活力，预防和化解社会矛盾，健全公共安全体系，提升社会组织在社会治理中的地位和作用。

2017年10月，党的十九大做出我国社会主要矛盾已经转化为人民日益增长的美好生活需要和不平衡不充分的发展之间的矛盾的重要论断。党的十九大报告5次提及社会组织，对新时代背景下社会组织在协商民主、社会治理、环境治理等方面进行了明确论述，提出要建立共建共治共享的社会治理格局，提出社会治理的制度建设、提高四化水平和加强四个体系建设。如果说5年前党的十八大对社会组织作用的认识提升到一个高度的话，那么党的十九大对社会组织作用的要求更高，落点更实，期待更重，为新时代社会组织提出了新的使命和任务，大大提升了社会组织在中国特色社会主义建设中的地位和作用。

二、社会组织的分类及特点

社会组织是我国近年来官方使用的概念，之前一般称之为"民间组织"，再之前则称之为"社会团体"。称谓的变化实际上反映了我国在社会组织认识上的不断深化。2006年10月，党的十六届六中全会通过的《中共中央关于构建社会主义和谐社会若干问题的重大决定》提出，要"坚持培育发展和监督管理并重，完善培育扶持和依法管理社会组织"，在国家层面上第一次出现了"社会组织"的概念，而且肯定了社会组织在社会管理和和谐社会建设中的积极作用。2007年10月，党的十七大将社会组织放在更加突出的位置，提出要"发挥社会组织在扩大群众参与、反映群众诉求方面的积极作用，增强社会自治功能"。2008年1月，民政部将原来的"中国社团研究会"更名为"中国社会组织促进会"，从此在国内彻底以"社会组织"代替了"社团组织"的概念。2008年2月，党的十七届二中全会通过的《关于深化行政管理体制改革的意见》指出，"发挥社会组织在社会管理和公共服务中的作用"，确立了社会组织在社会管理和社会服务中的主体地位。

（一）社会组织的分类

社会组织在社会科学领域有广义和狭义之分，广义的社会组织是指人们为实现特定目标而建立的共同活动的群体，与政府组织和市场组织并列。[1] 狭义的社会组织是相对于政党、政府和企业等传统组织形态之外的民间组织，它是人们为了有效地达到特定目标，按照一定的宗旨、制度、系统建立起来的具有公益性、非营利性、民间性和自治性的组织机构。目前，社会组织没有严格意义上的统一定义，在不同的国家、不同的文化背景下其含义和称谓有所不同。在国外，社会组织是指除政府和市场外的一切志愿团体、社会中介组织和民间协会的集合，通常被称为非政府组织、第三部门、非营利性组织和公民社会组织。在国内，社会组织主要是指那些"具有一定社会公共属性，承担一定社会公共职能，代表一定社会群体共同利益或公众利益的，具有非营利性特征的一类组织"[2]。国内将社会组织一般称为非政府组织、第三部门、慈善组织、志愿组织和民间组织等。当前，人们对社会组织的研究集中在狭义社会组织领域。对于狭义社会组织的分类，按照不同的标准，学者们进行了划分。按照社会组织规模的标准，将社会组织划分为大型社会组织、中型社会组织和小型社会组织；按照社会组织性质的标准，将社会组织划分为公益组织和互益组织；按照资产来源的标准，将社会组织划分为官办社会组织和民办社会组织；按照活动领域的标准，将社会组织划分为环保社会组织、助学社会组织、扶贫社会组织等；按照社会组织功能的标准，将社会组织划分为民生慈善类、文化教育类、

---

[1] 周俊，张冉，宋锦洲. 社会组织与慈善组织管理. 北京：北京大学出版社，2017.
[2] 王名. 社会组织论纲. 北京：社会科学文献出版社，2013.

环保类和法律维权类等。尽管不同的国家和地区对社会组织的划分标准和称谓不同，但在其实质内涵上区别并不大。综合国内外对社会组织的概括，可以将社会组织定义为：政府组织和营利组织之外的各类民间社会组织，主要包括社会团体、基金会、社会服务机构、部分中介组织及社区活动团体。社会组织是构成基层社会的重要因素。社会组织与政府组织、市场组织共同构成了现代社会的三大组织体系，是推动现代社会和谐稳定、进步发展的主要力量。

社会组织按照不同的分类标准可以划分为不同种类，在我国，社会组织按性质划分主要包含如下4类：社会团体、基金会、社会服务机构和境外非政府组织在华登记机构。根据《社会团体登记管理条例》、《基金会管理条例》和《民办非企业单位登记管理暂行条例》的规定①，我国的社会组织是指政党、政府之外的各类民间性组织。除此之外，我国目前还存在着大量没有取得合法地位的草根慈善组织，这类组织在社会组织中占有一定比例，其组织大都由民间自发组成，主要从事公益救助性的工作，活跃在环境保护、贫困灾害救助、劳动权益、法律援助等领域。《中华人民共和国慈善法》（以下简称《慈善法》）颁布以前，这类组织因无法达到法定登记条件或者缺少业务主管单位而不予在各级民政部门登记注册，因此，难以取得合法地位。

（二）社会组织的特点

社会组织与政府组织、市场组织相区别，具有非营利性、公益性，非政府性、民间性，自愿性等特点。

非营利性和公益性。非营利性和公益性是社会组织的第一个基本属性，指社会组织不以市场化手段获取经济利益为宗旨，是区别于营利组织的根本属性。非营利性要求组织一切活动都不以营利为目的，财产的投入者对投入的财产不享有所有权，投入的财产及其孳息不被分配等，以确保社会组织以满足社会公

---

① 《社会团体登记管理条例》规定，社会团体是指中国公民自愿组成，为实现会员共同意愿，按照其章程开展活动的非营利性社会组织。《基金会管理条例》规定，基金会是指利用自然人、法人或者其他组织捐赠的财产，以开展公益慈善活动为目的，按照本条例的规定成立的非营利性法人。《民办非企业单位登记管理暂行条例》规定，民办非企业单位是指企业事业单位、社会团体和其他社会力量及公民个人利用非国有资产举办的，从事非营利性社会服务活动的社会组织。

益事业为要求。

非政府性和民间性。非政府性和民间性是社会组织的第二个基本属性，社会组织的非政府性和民间性使社会组织区别于官方组织和政府组织。社会组织的组织者和实施者不是政府机构，社会组织的资金不是直接来源于政府财政，政府不直接参与社会组织的运作和管理，社会组织也不接受或者排斥政府权力的直接干预。

自愿性。自愿性是社会组织的第三个基本属性，自愿性是指与社会组织有关的各种行为应以意思自治为前提，社会组织以成员自愿参加为基础。自愿性是社会组织的重要特征，也是社会组织的精神命脉。社会组织的自愿性特征排斥了政府以行政手段或者其他强制手段参与社会组织活动的行为。

以上特征使社会组织明显区别于政府部门和市场组织，使其成为除政府组织和市场组织以外社会治理中的一支重要的力量，并随着社会的发展发挥着越来越重要的作用。

三、慈善组织的概念与类型

《慈善法》颁布前，国家层面并没有形成统一的慈善组织概念，学术界对慈善组织的内涵和外延界定也各不相同，但是大多将慈善组织和民间组织、非政府组织、非营利性组织、第三部门放在一起讨论。由于缺乏对慈善组织的统一定义，影响了对慈善组织的研究和交流，直到2016年3月16日，第十二届人大四次会议通过的《慈善法》才对慈善组织的内涵和外延做出了明确的界定。

（一）慈善组织的概念

关于慈善组织的内涵，是指慈善组织质的规定性，是对慈善组织本质特征的揭示。《慈善法》第八条规定："慈善组织，是指依法成立、符合本法规定，以面向社会开展慈善活动为宗旨的非营利性组织。"从这一法律规定中我们可以看出慈善组织的内涵包括以下几个方面。

第一，慈善组织是非营利性组织。"非营利性"是指慈善组织从事活动不以营利为目的，这是慈善组织区别于经营性企业和组织的根本特征，强调了慈善组织的社会功能，体现了利他主义的特性。《慈善法》第八条确定了慈善组织为非营利性组织的性质。第四条规定，"开展慈善活动，应当遵循合法、自愿、诚信、非营利的原则，不得违背社会公德，不得危害国家安全、损害社会公共利益和他人合法权益"，确定了慈善组织开展活动应该遵循的原则是合法、自愿、诚信和非营利。第五十四条规定，"慈善组织为实现财产保值、增值进行投资的，应当遵循合法、安全、有效的原则，投资取得的收益应当全部用于慈善目的"，确立了慈善组织投资收益全部用于慈善的目的。因此，慈善组织作为从事社会公益慈善事业的那部分组织，属于非营利组织的一部分，但其非营利性并不绝对禁止慈善组织从事任何经营性活动，而是指慈善组织的保值增值收益及经营服务收入不能用于分配，只能用于公益活动。

第二，慈善组织必须依法成立。《慈善法》颁布后，慈善组织要获取合法地位一般通过两种方式，一种是申请登记，另一种是申请认定。《慈善法》第十条规定：设立慈善组织，应当向县级以上人民政府民政部门申请登记。民政部门按照《慈善法》规定的慈善组织成立的实质要件进行审查，符合条件的，准予登记并向社会公告；不符合法律规定条件的，不予登记并做出书面说明。《慈善法》还规定了《慈善法》颁布前已经设立的基金会、社会团体、社会服务机构等非营利性组织，可以向其登记的民政部门申请认定为慈善组织，民政部门受理后经过审查，认为符合慈善组织条件的，予以认定并向社会公告；不符合条件的，不予认定并书面说明理由。经过登记、认定的慈善组织获得民法上的主体资格，享有慈善组织的冠名权，获得公开募捐资格、公益捐赠税前扣除和政府购买服务等慈善组织享有的权利。

第三，慈善组织以面向社会开展慈善活动为宗旨。这里强调慈善组织、慈善资源来自社会（不管是善款还是志愿服务），救助和服务也是面向社会而不是面向特定群体，慈善组织的这一宗旨表明了其得以存在和发展的基础都来自社会。慈善组织作为慈善事业发展的载体，通过吸纳社会捐赠和志愿服务，汇集社会慈善资源，为社会需要救助的群体提供善款、善物和服务，实现组织的公益目的。《慈善法》第三条规定了慈善活动包括：①扶贫、济困；②扶老、救孤、恤病、助残、优抚;③救助自然灾害、事故灾难和公共卫生事件等突发事件造成的损害;④促进教育、科学、文化、卫生、体育等事业的发展;⑤防治污染和其他公害,保护和改善生态环境;⑥符合《慈善法》规定的其他公益活动。从《慈善法》规定的慈善活动可以看出,慈善活动不仅仅包括扶贫、济困、救灾和扶助老幼病残等弱势群体的活动,而且包括了公共事件的救助,科教文卫体等事业发展和生态环境保护等,为我国慈善组织的发展开辟了广阔的发展空间,体现了慈善组织存在的意义和价值。

(二)慈善组织的形式

慈善组织的外延是指慈善组织所包含的范围,重点从组织形式方面描述慈善组织的具体形态。关于慈善组织的外延,《慈善法》第八条第二款规定:"慈善组织可以采取基金会、社会团体、社会服务机构等组织形式。"在这里,社会服务机构取代了《民办非企业单位登记管理暂行条例》中的民办非企业单位。《慈善法》中规定的慈善组织的这3种形式必须符合慈善组织设立的条件,必须以面向社会开展慈善活动为宗旨,不能以营利为目的。

1. 基金会。基金会是慈善组织的基本形态。2004年6月1日实施的《基金会管理条例》第二条明确规定:"本条例所称基金会,是指利用自然人、法人或者其他组织捐赠的财产,以从事公益事业为目的,按照本条例的规定成立的非营利性法人。"《基金会管理条例》将基金会分为公募基金会和非公募基金会。公募基金会分为全国性公募基金会和地方性公募基金会,主要以基金会募捐的地域范围是全国还是其注册的省、自治区、直辖市行政区划分。非公募基金会是指不得面向公众募捐的基金会,非公募基金会的资金只能来自特定的捐赠对象。《慈善法》取消了在法律意义上的公募和非公募,慈善组织成立满两年后可以向登记的民政部门申请公开募捐资格,这意味着所有的慈善组织都有可能获得公开募捐资格。《慈善法》颁布以前,按照《基金会管理条例》规定,只有国务院民政部门和省、自治区、直辖市人民政府民政部门是基金会的登记管理机关。《慈善法》颁布实施后,由于取消了业务主管机关,登记机关变为县级以上民政部门,降低了注册门槛,加快了基金会的发展速度。据基金会中心网统计，截至 2018 年 1 月 25 日，中国基金会数量已经超过 6300 家。①

2．社会团体。社会团体是由公民或企事业单位自愿组成，按章程开展活动的社会组织。社会团体主要是依照团体中章程的规定从事非营利性活动，比较常见的社会团体有各种学会、联合会等。社会团体的活动宗旨名目繁多，涉及多个领域，有些并不涉足慈善公益。社会团体中有互益类和公益类两种形式，互益类社会团体以社会团体内部的成员互益为宗旨，其职能是谋利于社会团体的内部成员而不是社会大众，因此不属于慈善组织。公益类社会团体以服务社会，开展慈善活动，为社会提供公益服务为宗旨。属于慈善组织的仅指公益类社会团体，具有慈善组织所要求的公益性、民间性、自愿性特征。

3．社会服务机构。社会服务机构是《慈善法》规定的一种慈善组织形式。2016 年 5 月，民政部发布《社会服务机构登记管理条例》征求意见稿中规定：社会服务机构是指自然人、法人或者其他组织为了提供社会服务，主要利用非国有资产设立的非营利性法人。社会服务机构成为慈善组织必须具有民间性和公益性的特征，按照《社会服务机构登记管理条例》征求意见稿规定，属于慈善组织的社会服务机构主要指提供扶贫、济困、扶老、救孤、恤病、助残、救灾、助医、助学等服务的公益慈善类社会服务机构。社会服务机构以为社会提供服务为主要工作，不以营利为目的，其发展资金主要来自社会捐赠，从业人员以社会工作者为主，运用专业知识和技能为受助者提供优质服务。把社会服务机构作为慈善组织的组织形式，为社会服务型的慈善组织注册登记与管理提供了法律依据，由此也明确了社会服务机构享有慈善组织的税收优惠政策，有利于培育服务型慈善组织的发展，弥补政府公共服务的不足并带动更多的社会资源参与公共服务的提供。②

本书以慈善组织为研究对象，在本书中慈善组织和民间公益组织为内涵相同的概念。由于慈善组织属于社会组织的重要组成部分，慈善组织与社会组织在组织形态上高度重合，因此，本书对社会组织的研究落脚点在慈善组织方面。

---

① 李磊．中基透明指数 FTI2018 发布 揭晓中国最透明基金会名单．(2018-01-26) [2018-12-15]. http://cn.chinadaily.com.cn/2018-01/26/content_35587538.htm.
② 杨思斌，李佩瑶．慈善组织的概念界定、制度创新与实施前瞻．河北大学学报，2016 (5)：18－24.

本书中的慈善组织主要包括《慈善法》中的基金会、社会团体和社会服务机构，对于没有在民政部门登记的草根慈善组织本书虽有涉及，但不作为主要的研究内容。

四、慈善组织在社会治理中的主要功能和作用

中国特色社会主义是全面发展的社会主义。党的十八大创造性地提出中国特色社会主义事业经济建设、政治建设、文化建设、社会建设、生态文明建设"五位一体"总体布局。党的十九大再次强调，要统筹推进"五位一体"总体布局，协调推进"四个全面"战略布局。"五位一体"总布局是一个有机整体，其中经济建设是根本，政治建设是保证，文化建设是灵魂，社会建设是条件，生态文明建设是基础。从社会治理的视域来看，慈善组织在政治建设、经济建设、文化建设、社会建设、生态文明建设中均可发挥其特定作用。

（一）慈善组织在政治建设中的功能和作用

我国是社会主义国家，坚持党的领导、人民当家做主和依法治国的有机统一是民主政治的首要任务。经过长期探索，我国建立起了符合本国国情的中国特色社会主义民主政治制度，创造了协商民主这一独特的民主形式。社会组织因其覆盖群体的广泛性、渗透社会的深入性、业务能力的专业性等特征，成为了解民情、反映民意、集中民智的重要渠道和载体，因而也成为协商民主的重要组成部分。

党的十九大将社会组织作为人民有序政治参与的七大协商主体之一，明确提出要"推动协商民主广泛、多层、制度化发展，统筹推进政党协商、人大协商、政府协商、政协协商、人民团体协商、基层协商及社会组织协商"。在协商民主这一基本政治制度框架下，明确将社会组织协商列为民主协商的主体，为社会组织参与经济、政治、文化、社会和生态建设提供了政治支持，是社会组织政治功能进一步强化的重要体现。社会组织协商具有广泛的社会性和专业性的特点，其协商主要立足于公共政策的视角，强调社会组织在公共事务和决策中的协商参与，在政治协商、立法协商和政策协商等方面发挥作用，包括作

为协商主体参与由各级党委、人大、政府、政协等发起的协商。随着社会组织的不断发展壮大，其覆盖的群体越来越广泛，其作为民意代表和群众诉求表达渠道的功能不断增强。社会组织协商不仅有利于扩大群众的政治参与，反映广大群众的诉求，而且能够实现国家与社会的良性互动，增加决策的民主性和科学性。

社会组织能够弥补"有限政府"的管理漏洞，分担政府职能，有效促进社会良性运转，推进政府决策的科学化和民主化，提升人民群众的民主意识。随着市场经济的发展，社会日益呈现出多样化的趋势，面对日益复杂的社会事务，单靠政府来管理社会显得越来越力不从心。为了适应这种经济社会的变化，国家权力逐渐从一部分社会领域中退出，政府职能由"全能政府"转变为"服务政府""廉洁政府"和"效率政府"。政府在这个转变过程中，运用社会组织协调社会关系，整合社会力量，实现在国家权力退出的领域社会组织的迅速补位，促进社会的良性运转。社会组织弥补了政府没有能力也没有精力做好的事情，缓解了社会矛盾，在政府与民众之间起到了很好的黏合作用。另外，社会组织在政府监督方面具有独立性、组织性及监督成本低、监督形式灵活等优点，从而成为政府监督的重要主体。[①] 同时，不同社会组织代表着不同的社会群体利益，而且社会组织本身属于各种领域，在相关专业性方面不管是理论还是实践都有一定的话语权，政府重视和尊重社会组织的意见和建议，对提升决策的民主性和科学性有重要意义。在党和政府的领导下，民众通过社会组织这一平台进入政府的决策体系，能够提高人民群众的民主意识，强化人民群众的社会主体地位，并通过社会组织进行社会自治的实践，充分体现了人民当家做主的地位。

社会组织通过政策引导和畅通群众诉求，成为促进社会和谐，维护社会稳定的重要力量。慈善组织作为政府与公众之间的"桥梁"和"纽带"，不仅是公众诉求的反馈者，也是政府行为的监督者。社会组织活跃在社会基层，最能了解基层群众特别是困难群众的诉求，由于慈善组织所具有的公益性和非营利

---

① 蓝军. 发挥社会组织在协商民主中的重要作用. 人民日报, 2017-11-29（7）[2018-11-12]. http://opinion.people.com.cn/GB/n1/2017/1129/c1003-29673476.html.

性特征，因此，能够比较容易得到基层群众的信任，慈善组织不仅可以通过慈善救助和社会服务行为化解社会矛盾，而且可以畅通群众诉求利益表达的渠道。慈善组织能够引导公众有序参与社会事务，帮助政府实现政策的上情下达，民众利益的下情上传，实现不同利益群体的协调对话，提高民众在社会治理和利益诉求上的话语权。由于社会组织的积极参与，社会矛盾调处机制实现了由一元到多元，由刚性向柔性的转变，减少了非理性事件的发生，化解了社会矛盾，起到共同维护社会和谐稳定的减压阀、稳定器的作用。

（二）慈善组织经济建设中的功能和作用

慈善事业不仅直接创造社会财富，也是一种社会财富转移的特殊形式，对调整财富结构、维护社会稳定起到积极的作用。慈善组织所提供的社会最终产品的价值构成了社会总产品价值的一部分，直接创造GDP，增加了我国经济总量。

慈善组织是社会财富的创造者。从国际上看，非营利部门的经济活动规模一般占到本国GDP的5%～10%。[①] 来自国家行政学院、中央财经大学、北京师范大学、重庆市委党校的9位学者于2016年6月组成"中国社会组织经济规模（N-GDP）测算研究"课题组，在中央党校国家行政学院、北京万众社会创新研究院院长马庆钰教授的主持带领下，经过两年的研究，于2018年7月16日发布了我国非营利组织GDP测算成果。研究成果显示，2016年，全国社会组织增加值总量约2789亿元，占当年GDP的0.37%，占当年第三产业增加值的0.73%，其中社会服务机构增加值约2272亿元，社会团体增加值约356亿元，基金会增加值约161亿元。[②] 慈善事业不仅仅在社会救助方面起作用，而且"还可以在自然资本（如环境工程）、人力资本（如教育项目）和社会资

---

① 李勇.美国非营利组织考察报告//中国社会组织年鉴编委会.中国社会组织2008年年鉴.北京：中国社会出版社，2008.
② 李磊."中国社会组织经济规模（N-GDP）测算"研究成果发布.中国日报，2018-07-16[2018-11-12].http://cn.chinadaily.com.cn/2018-07/16/content_36586702.htm.

本（如社区项目）方面创造财富"。① 特别是有些志愿服务本身就是创造社会财富的过程。尽管当前我国社会组织经济规模与发达国家还有一定的差距，但从中国社会组织从无到有的发展历程，特别是从近年来在国家政策的鼓励支持下规范、快速发展的态势来看，相信不久的将来，社会组织必定会创造更大的经济价值。

慈善事业能够调节收入分配，缩小贫富差距。改革开放后特别是20世纪90年代以后，随着市场经济体制改革在我国快速推进，我国收入分配差距逐步扩大、困难群体增多，城乡之间、区域之间发展的不充分不平衡而导致的城乡收入、区域收入、群体收入的差距，日益成为社会关注的焦点。党的十四大后我国开始实行市场经济体制，确立了市场在资源配置中起基础性作用的体制，推动了经济的快速发展。同时，市场经济体制的确立，催生了我国分配制度的改革，为与市场经济体制相适应，我国确立了按劳分配为主体、多种分配方式并存的基本分配制度，各种生产要素参与收入分配，激发了社会的创造力，促进了社会财富规模的快速增加。但同时，由于社会成员之间生产要素占有量不同，收入分配差距逐渐拉开。加之市场经济本身的局限——残酷的竞争也导致了贫富的分化，引发了各种社会矛盾，影响了社会和谐。2013年1月，在2012年国民经济运行情况新闻发布会上，时任国家统计局局长马建堂首次回应了社会关注的我国基尼系数，其中，2012年全国居民收入的基尼系数为0.474。尽管近年来基尼系数有所下降，但据有关机构和学者抽样测试，依然在0.4以上，不可否认，这一数据显示了当前我国仍然存在比较大的收入差距。在政府通过第一次、第二次分配进行调节，缩小社会贫富分化，促进社会公平的基础上，慈善组织运用其民间性、公益性的特性，将募集善款善物根据社会需求分配到有需求的弱势群体手中，这实际上是对社会再分配的补充，而且使社会财富直接从富裕阶层向贫困阶层转移，有效地缓解了社会的贫富差距和社会矛盾。

慈善组织是脱贫攻坚战的重要主体。党的十八大提出了"两个百年目标"，

---

① 恩德勒．美国的财富伦理与财富创造．上海师范大学学报（哲学社会科学版），2014（1）：13—20．

绪 论

无论是2020年全面建成小康社会，还是2050年实现社会主义现代化强国的战略目标，解决我国贫困人口的脱贫问题都是战略的重点和难点。当前，精准扶贫已经上升为国家的发展战略，帮助贫困人口脱贫成为党和国家的重要任务，而慈善组织在这场攻坚战役中成为不可或缺的重要力量。2016年12月2日，国务院发布了《"十三五"脱贫攻坚规划》，在第九章社会扶贫中专门设置"社会组织和志愿者帮扶"一节，提出要"广泛动员社会力量帮扶"，"支持社会团体、基金会、社会服务机构等各类组织从事扶贫开发事业"，并制定了社会工作专业人才和志愿者帮扶具体的服务贫困地区系列行动计划和脱贫攻坚志愿服务行动计划。2018年8月，《中共中央、国务院关于打赢脱贫攻坚战三年行动的指导意见》发布，提出了要充分调动全社会扶贫的积极性，发挥政府与社会两方面的力量打赢脱贫攻坚战。根据民政部部长黄树贤在2018年9月5日召开的慈善组织工作经验交流会上的介绍，2016年和2017年民政部登记的206个基金会向贫困地区、贫困人口累计投入48.13亿元。[①] 慈善组织充分发挥自己的专业优势和资源动员优势，通过产业扶贫、教育扶贫、卫生医疗扶贫和灾害救助等方式，为实施精准脱贫、全面建成小康社会发挥了重要作用。

慈善组织能促进就业，提高消费水平，拉动经济发展。随着我国慈善组织的不断发展壮大，覆盖的行业越来越多，慈善组织的固定资产不断增加，吸纳的各类就业人员越来越多。美国非营利组织为社会提供大量的就业机会，1994年大约140万个非营利组织中，有1000万以上的带薪雇员在这些组织工作，约占全美劳动力总数的9%。[②] 据统计，截至2016年年底，我国共有社会服务机构和设施174.5万个，职工总数1239.3万人。[③] 据中国发展简报2017年发布的《中国公益组织人才供需发展报告2016》显示，公益领域已经成为当前人才市场中不可忽视的新的就业选择，据不完全统计，目前我国社会组织吸纳专兼职就业人数达1500多万。尽管由于统计的路径不同，统计的就业人数数

---

① 中华人民共和国民政部网站.民政部召开慈善组织工作经验交流会.(2018-09-05)[2018-11-25]. http://www.mca.gov.cn/article/xw/mzyw/201809/20180900010946.shtml.
② 李勇.美国非营利组织考察报告//中国社会组织年鉴编委会.中国社会组织2008年年鉴.北京：中国社会出版社，2008.
③ 数据来源：民政部发布《2016年社会服务发展统计公报》.

量有些差距，但是慈善组织为社会提供越来越多的就业岗位已是共识。另外，随着慈善组织数量和规模的增大，其社会服务和救助能力不断加强，越来越多的社会弱势群体通过慈善组织的救助和服务解决了生存困境和特殊困难，在一定程度上提高了社会消费的总体水平，促进了经济的发展，同时也实现了资源的有效配置。

（三）慈善组织在文化建设中的功能和作用

文化是一个国家、一个民族的灵魂。作为世界上唯一不曾断绝的优秀文化，中华文化源远流长、灿烂辉煌，既有修身治平、知常达变等核心理念，也有求同存异、和而不同等人文精神，还有扶危济困、孝老爱亲等传统美德，是人类共同的精神财富，没有高度的文化自信，没有文化的繁荣兴盛，就没有中华民族的伟大复兴。慈善组织在社会治理现代化的推进过程中生成的公民意识、志愿精神和公共伦理的美好诉求和价值导向，最终体现为社会治理中公民社会责任的实践活动。

慈善组织的社会救助和社会服务实践是传承和弘扬中国传统文化的重要渠道。慈善组织所具有的公益性、非营利性、自治性和自愿性等特点决定了其具有独特的文化发展功能，既能够传承、弘扬优秀的中华传统文化，也有利于形成现代社会文化。慈善组织在扶贫、济困、扶老、救孤、恤病、助残、救灾、助医、助学服务等活动中向社会传播爱和奉献精神，通过对受灾群众或者特殊弱势群体进行救助，有效培育了民众的公民意识，以实际行动传承了中华民族友爱互助和济贫济弱的优良传统，也体现了民众在灾难和困难面前，勇于承担责任、奉献社会、利他主义的现代公民精神。慈善救助实践弘扬了乐善好施的文化传统，引领人们人心向善，有助于推动社会形成相亲相爱的社会氛围，增强抵制拜金主义、享乐主义、极端个人主义的能力。另外，社会成员通过参与各种志愿活动，有助于推动社会成员之间的互助合作，促进形成更广泛的社会信任，提升社会凝聚力。因此，慈善组织对于激发民众的社会责任感，培养公民意识有着重要的意义。

慈善组织积极引导大众践行社会主义核心价值观。党的十九大报告指出：

"社会主义核心价值观是当代中国精神的集中体现，凝结着全体人民共同的价值追求"。慈善组织所从事的公益事业和所传播的博爱和奉献精神，对净化人们的心灵，普化社会道德具有积极影响。[①] 社会主义核心价值观国家层面追求的"富强、民主、文明、和谐"的价值观，蕴含着慈善理念的价值诉求；社会层面倡导的"自由、平等、公正、法治"的价值观，散发着慈善精神；个人层面倡导的"爱国、敬业、诚信、友善"的价值观，要求公民具有内化于心和外化于行的慈心善行。[②] 慈善组织所倡导的价值观与社会主义核心价值观所提倡的价值观具有高度的一致性，慈善组织汇集社会善心，救助社会弱势群体和困难群众的过程，为社会大众践行社会主义核心价值观搭建了实践平台。而志愿组织以理想和信念，用自己的劳动、专业知识和爱心为社会提供无偿的服务，营造团结友爱的社会氛围，促使社会成员之间互爱互信和谐社会关系的建立，有利于解决社会矛盾，增进社会和谐。

（四）慈善组织在社会建设中的功能和作用

党的十八大把民生工程和社会治理作为社会建设的两大根本任务。十九大报告在加强和创新社会治理领域，提出要建立共建共治共享的社会治理格局，要进行社会治理的制度建设，提高四化水平和加强四个体系建设。新时代的慈善组织既是社会建设发展到一定阶段而改革创新的产物，也是社会建设的重要力量，是人民大众参与社会治理的载体和平台，是政府实施社会治理的重要伙伴，从某种意义上说，社会建设是慈善组织的主阵地、主战场。

慈善组织是参与社会治理的多元主体之一。党的十九大提出要发挥社会组织在社会治理体系中的主体作用，明确提出要"发挥社会组织的作用，实现政府治理和社会调节、居民自治良性互动"，形成政府与社会组织携手创造安定有序、充满活力的合作共治模式。在党的领导下，政府在社会治理中发挥着主导作用，这是我国现代社会治理的内在要求。政府在社会治理中的主导作用应

[①] 马庆钰，廖鸿.中国社会组织发展战略.北京：社会科学文献出版社，2015.
[②] 方世南.让慈善理念融入社会主义核心价值观.（2016-12-13）[2018-12-10]. http://theory.gmw.cn/2016-12/13/content_23252247.htm.

该通过政府制定社会发展规划、政策法规、制度性设计等宏观层面体现。政府不能也做不到对社会各个领域、各个方面实现全覆盖的治理，这就需要充分调动社会组织参与社会治理的积极性，形成政府与社会组织共同承担、分工合作和共同治理社会公共事务的模式。广泛发动民众参与到政府治理不能或难以覆盖的领域，填补政府的角色空缺，分担政府的部分社会职能，充当政府社会治理的助手。借助于基层、多样、灵活、及时等特点，慈善组织能够弥补政府在社会治理中宏观有余而微观不足、机动性差等不足，将政府"瘦身"的职能承担起来。同时，由于慈善组织所具有的专业性和公益性特征，使其对相关政策有比较深入的解读，加之其深入基层活跃在群众之中，因此，可以有效地对政府的社会治理行为进行监督，提高政府社会治理的威望。

慈善组织是动员社会资源的重要主体。以慈善组织为平台和渠道，聚集社会资金资源，根据社会需求进行再分配，达到增加社会福祉、解决社会问题的目标。2015年，我国实际社会捐赠总额为1215亿元，2016年实际捐赠额为1458亿元，2017年，我国社会捐赠总量约为1558亿元。[①] 这些资金大都通过慈善组织投入教育、医疗、扶贫、助学、救灾等领域。开展志愿服务是创新社会治理的有效途径，据中国志愿服务联合会在京发布的《中国志愿服务发展报告2017》显示，截至2017年6月，志愿服务团体数量增长到342 065个，注册志愿者人数为4242万。志愿服务参与社会治理有利于理顺政府与社会的关系，促进政府职能的转变，拓展多元主体参与社会治理的渠道。随着互联网时代的到来和移动通信的普及，慈善组织动员社会资源的能力会进一步增强，动员社会资源的速度更加迅速，参与社会治理的质量进一步提高。

慈善组织是满足多元化需求的社会服务提供者。中国特色社会主义进入新时代，制约我国社会发展的主要障碍是发展不平衡不充分的问题。同改革开放40年我国取得的巨大经济成就相比，社会建设相对滞后，民众日益多元化、多样化、多层次的社会需求与当前的社会服务供给之间存在着较大差距。目前，我国慈善组织已经从最初单一的贫困、灾难救助发展为具有专业化、职业化和

---

① 杨团. 慈善蓝皮书：中国慈善发展报告(2018). 北京：社会科学文献出版社，2018.

多样性等特征的组织,并为不断发展的社会提供个性化、人性化和多元化的公益产品与服务,这在一定程度上弥补了政府公共服务供给的不足。表明随着社会经济的发展,社会多元化需求越来越复杂,而介于政府与企业之间的慈善组织成为多元化需求的重要社会服务提供者。

(五)慈善组织在生态文明建设中的功能和作用

生态文明建设是关系中华民族永续发展的根本大计。党的十八大把生态文明纳入社会主义现代化建设总体布局,党的十九大进一步确立了21世纪中叶把我国建设成为富强、民主、文明、和谐、美丽的社会主义现代化强国的目标,"美丽"作为目标写入党代会报告。面对严峻的生态建设挑战,十九大提出防范化解重大风险、精准脱贫、污染防治三大攻坚战。如何攻坚,怎么治理?十九大报告特别提出了"构建政府为主导,企业为主体,社会组织和公众共同参与的环境治理体系",这表明,慈善组织在环境治理中也可大有作为。

慈善组织是生态文明建设的主体力量。作为慈善组织重要组成部分的环保组织,以保护环境、减少污染、促进绿色发展为宗旨,是生态文明建设的建设者和推动者。近年来,环保社会组织在专业性、持续性、动员能力、执行能力等方面的优势越来越得到社会及政府的认可。2016年颁布实施的《慈善法》第三条规定了慈善组织开展的慈善活动,第五项即是"防治污染和其他公害,保护和改善生态环境"。据有关统计显示,"目前各级民政部门登记的环境保护相关社会组织有6000多个,其中,在国务院民政部门登记的有36个,在省级民政部门登记的有300多个,在设区的市级民政部门登记的有700多个。"[①]2017年3月,环境保护部、民政部共同出台的《关于加强对环保社会组织引导发展和规范管理的指导意见》(以下简称《意见》)指出,以环保社会团体、环保基金会和环保社会服务机构为主体组成的环保社会组织是我国生态文明建设和绿色发展的重要力量。《意见》还提出,到2020年,在全国范围内建立健全环保社会组织有序参与环保事务的管理体制,落实综合监管,完

---

① 新浪司法.9家环保组织一年提起37起环境公益诉讼.法制日报,2016-03-22[2018-12-10]. http://finance.sina.com.cn/sf/news/2016-03-22/095224592.html.

善环保社会组织引导发展政策措施,基本建立政社分开、权责明确、依法自治的社会组织制度,基本形成与绿色发展战略相适应的定位准确、功能完善、充满活力、有序发展、诚信自律的环保社会组织发展格局。[①] 中国环保组织不仅积极参与中国环境治理,而且还逐渐参与到世界环境治理体系中,2017年11月23日,中华环保联合会正式获得《联合国气候变化框架公约》(UNFCCC)观察员身份,获得了为国际环境保护事业的进步和社会的可持续发展发挥作用的舞台。

  慈善组织是宣传和践行生态文明理念和风尚的重要力量。党的十八大指出,"面对资源约束趋紧、环境污染严重、生态系统退化的严峻形势,必须树立尊重自然、顺应自然、保护自然的生态文明理念,把生态文明建设放在突出地位,融入经济建设、政治建设、文化建设、社会建设各方面和全过程,努力建设美丽中国,实现中华民族永续发展。"生态文明建设,观念必须先行,要充分认识我国生态的严峻形势,树立生态文明的理念,树立经济效益、社会效益和生态效益相统一的效益意识。当前,我国存在大量的生态环保组织,其不仅是生态文明的践行者,更是生态文明的宣传者和推动者。作为慈善组织的环保组织,具有社区性、区域性,能够深入群众,真切了解地方的生态环境状况。同时,作为专业的环保组织,比其他经济主体更能深刻领会生态文明建设的重要性和现代生态文明理念,通过多样化的宣传和行动,引领民众广泛参与到节能减排、环境保护的生态文明实践中。因此,环保社会组织在培育公众生态文明意识,提升生态文明道德,促进公众参与环境保护,促使全社会形成绿水青山就是金山银山的理念,形成热爱生态环境、促进可持续发展人人有责的社会风尚等方面发挥着重要作用。

  慈善组织是动员社会资源积极参与生态文明建设的重要力量。作为介于政府与企业之间的慈善组织,在社会资源动员方面因其所处的第三方的位置,没有各种功利方面的羁绊,比起政府和企业更能得到社会资源的信任和支持。慈善组织在社会资源的动员上主要表现在两个方面:一是通过社会捐赠获取生态

[①] 环境保护部,民政部.两部门联合印发《关于加强对环保社会组织引导发展和规范管理的指导意见》.2017-03-27[2018-12-10].http://www.gov.cn/xinwen/2017-03/27/content_5181065.htm.

环境治理的资金和物资，弥补政府在生态治理投入的不足。比如，德国米索尔团结友爱基金会支持中国民间环保组织，保护本土生态环境的"蒲公英"环保小额资助项目自2002年开始在我国启动，每个项目资助额度在3000～50 000元不等。我国慈善资源比较短缺，大量慈善资源流入贫困救济、灾害救济、医疗救济和教育救济领域，生态环保社会组织所获取的善款和物资比较有限。二是可以动员社会成员通过志愿服务的形式参与到生态建设中去，以实际行动推进生态文明建设。当前，社会环保组织在动员志愿者参与社会环境治理方面取得较大成就。他们捡拾垃圾，美化环境；保护珍稀动物和植物，实现人与自然和谐相处；植树造林，绿化家园；进行环保监测，为社会治理提供原始资料等。志愿者的环保活动提升了整个社会的文明程度，在生态文明建设中起到了很好的示范作用。

慈善组织是推动生态文明法治建设的重要力量。我国环境管理方面长期采用政府单一管理模式，各级政府环保部门行使环境保护、执行、监督、监管等职能。受地方保护主义影响，特别是有些地方政府片面追求GDP增长，出现了在环境保护方面政府不作为和环保组织难作为的情形，从而导致了环境污染行为的泛滥。为维护社会公众利益，确保中国特色社会主义现代化目标的实现，国家制定法律，增加了环保社会组织作为环境公益诉讼主体，确立了环境公益诉讼制度。2015年1月1日，新修订的《环境保护法》正式实施，明确规定了环境公益诉讼制度。对污染环境、破坏生态、损害社会公共利益的行为，依法在设区的市级以上人民政府民政部门登记的相关社会组织和专门从事环境保护公益活动连续5年以上且信誉良好的社会组织，可以向人民法院提起诉讼，人民法院应当依法受理。2017年修改后的《民事诉讼法》第五十五条规定："对污染环境、侵害众多消费者合法权益等损害社会公共利益的行为，法律规定的机关和有关组织可以向人民法院提起诉讼。"环保社会组织作为环境保护诉讼案件提起主体的法律制度确立起来。自2015年《环境保护法》确立环保社会组织获得提起环保公益诉讼案件的主体资格以来，环保社会组织提起大量环保公益诉讼案件。据调查，自2015年1月1日新《环境保护法》施行至2017年

6月，全国法院共受理社会组织提起的环境民事公益诉讼一审案件246件。[①] 由于环保组织具有较高的环保意识，拥有较为先进的环境保护观念和技术手段，在对环境污染的调查中，环保组织所得出的结论相对其他部门和组织更为客观，其提出的环境治理方案或建议更具合理性。环保社会组织提起环保公益诉讼主体资格的获得，加大了环境保护的社会力量，起到了督促地方政府在环境保护方面的积极作为，增加了市场主体环境违法成本，对污染企业或个人产生了极大的威慑力。

党的十九大指出，"从全面建成小康社会到基本实现现代化，再到全面建成社会主义现代化强国"的新时代中国特色社会主义发展的战略，实现这一强国梦的战略目标，要求在党的领导下，在习近平新时代中国特色社会主义思想指导下，汇集全国各党派、各团体、各民族、各阶层的力量，而慈善组织作为一种新型的力量，必然随着规模的不断发展壮大，在实现民族伟大复兴的中国梦的历史进程中发挥越来越大的作用。

[①] 权敬．社会组织如何发起公益诉讼？．慈善公益报，2018-03-21．

第一章　中国慈善组织及其发展道路

中华慈善源远流长，纵观我国慈善事业的发展历程可以看到，慈善组织兴起于魏晋南北朝时期，至宋代家族式慈善组织出现，直到明末清初出现的善堂善会才算得上真正意义上的慈善组织。到了近代，西方慈善理念传入中国，中国开始出现了以红十字会等为代表的具有现代意义的慈善组织。中华人民共和国成立后至改革开放前，政府统管社会救济，慈善组织发展受挫并销声匿迹。改革开放后，随着我国以市场化为取向的经济体制改革，慈善组织也随着环境的改变而产生并逐步发展壮大起来，慈善组织在中国特色社会主义事业特别是社会建设中的作用也日益显现。党的十八大以来，逐步明确了社会组织在国家与社会治理中的作用，从法律和政策层面为慈善组织发展创造了良好的社会环境，激发了慈善组织活力，慈善组织获得了突飞猛进的发展。党的十九大报告对于慈善事业、社会组织、志愿服务、扶贫济困等着墨精练、字字珠玑，为慈善组织的发展打开了更为广阔的空间，对于正在奋发向上、砥砺前行的中国慈善组织来说，意味着站在新方位，走向新征程。

第一节　中国慈善组织发展

中国慈善组织的发展按照历史时代进行划分，可以划分为古代、近代和中华人民共和国成立后3个阶段。每个时代慈善组织都表现出不同的特征，而且随着时代的不断推进，慈善组织的地位和作用也不断得到提升。

一、古代慈善组织的发展

慈善活动在中国早已存在，但作为组织形态的慈善组织却经历了一个历史过程。中国古代慈善组织基本经历了3个历史时期：兴起于魏晋南北朝时期，兴盛于隋唐时期的宗教组织形态；兴起于宋代，一直发展到中国近代的以家族慈善组织形态为特征的义庄；兴起于明末清初，真正以民间救济为特征的善堂善会。

魏晋南北朝之前，政府是福利救济的唯一主体，没有出现作为民间组织的救济。到了两汉时期，社会开始出现了零星的宗族救济和民间救济。宗族救助是一种以血缘关系为基础而发展起来的民间自我救助形式，指在同一宗族成员内部之间互帮互助，扶危济困。随着两汉时期大土地所有制的发展，土地高度集中，尤其东汉时的庄园经济的高度勃兴，两汉宗族的势力得到空前的壮大。宗族内部提倡族人互助，抚恤贫弱，实行赈施活动，宗族内部互济是宗族的职能之一。民间救济的一个突出表现就是灾荒时期对乡邻施粥施米等。虽然这时期出现了民间的慈善救济，但这种救济限于宗族间或乡邻间，是以个人为主体，零星的和临时的行为，因此，这一时期的慈善有行为而无组织，不属于慈善组织的救济。

最早的慈善组织——寺院慈善组织在魏晋南北朝时期出现，这是慈善救济从个人转向组织的飞跃。自汉代佛教传入我国至魏晋南北朝时期，在社会各阶层中得到广泛的传播，形成了中国佛教发展的一个高潮。一些崇信佛教的皇帝、贵族等在佛家慈悲心的影响下，开始设立专门的医疗慈善机构，如齐文惠太子、竟陵王萧子良因信佛好释奉其慈悲之心乃"立六疾馆以养穷民"。[①] 六疾馆的设立表明我国出现了专门救治病者的慈善机构，这也是我国出现的第一个官办的慈善机构。至唐代，受佛教悲田、福田思想的影响，佛教寺院设置了专门救济的慈善组织——悲田养病坊，实现了我国慈善组织从无到有的第一次飞跃。悲田养病坊在唐初属于寺院自发组织的救济机构，专门收养贫病孤老者，早期属于完全民间的慈善机构。随着悲田养病坊数量增多，影响扩大，政府遂于长安年间（701—704年）设"置使专知"，由国家设官进行管理，但仍由佛教寺院协力管理经营。而在地方上大多为寺院经营，由僧尼直接管理。后来，

---

① 梁萧子.文惠太子传.北京：中华书局，1972：401.

第一章 中国慈善组织及其发展道路

地方各州的佛教寺院也开设悲田养病坊，到唐宣宗时期，连县里的佛教寺院也设置了悲田养病坊，养病坊在唐朝普及，在贫病救济中的作用也越来越大。与初期寺院自己供养不同，唐后期的悲田养病坊的经济来源除了寺田的收入和信徒的捐赠，官府供给、官置本钱的利息也占有很大份额，说明养病坊的资金来源出现了多元化的特征，唐代悲田养病坊逐步演变为半官方半民间的慈善组织。

民间慈善组织的第二次飞跃，宗族慈善组织——义庄的出现。义庄，是以族田为主体，以赡养贫困族人为宗旨的宗族共同体。它是在中国封建社会中后期，随着族田的创置，各族设立负责管理族田、掌握地租收入分配的机构。义庄最早由北宋仁宗时期范仲淹在江南平江府建立。皇祐元年（1049年），已60岁的范仲淹任杭州知州，倾终生所有，购田千余亩，以赡宗族，使其"日有食，岁有衣，婚娶凶葬皆有赡"，号为"义田"或"义庄"。由于范氏义庄赈济的示范效应，义庄这种救济模式得到社会的普遍认可。在儒家"施由亲始"观念的导引下，以家族照顾为特点的义庄在江南各地迅速建立起来，对族内人员遭遇经济困难或厄运时施以援助。义庄通过对同宗者的财富分配做有限的调节，以求得把本血缘团体的成员团聚在一起，保持和谐与稳定延续。相比唐代养病坊仅对贫病者实施救济，义庄实现了对族人生活、贫病、教育、婚丧嫁娶等方面的救济，特别是对族人教育的救济，已经超越了单一的生存救济。

慈善组织发展史上第三次飞跃发生于明末清初的善堂善会。宋明以降，儒、佛、道三教渐趋合流，三教中的慈善思想对中国民间社会的慈善救济产生了深远影响。受其影响，僧尼、道士与缙绅各阶层纷纷响应，以至善会风行，善堂林立。① 善堂善会是具有非宗族、非宗教、持续性和志愿性的民间慈善组织，不仅与宋以前的政府主持的救济不同，与宗教救济的养病坊和宗族救济的义庄亦不相同，不管是善款的来源还是救助的对象都超越了血亲宗族，具有更加广泛的民间性特征。一般认为，中国最早出现的同善会，由明代被贬谏官杨东明于万历十八年（1590年）在河南虞城建立，杨东明也因此被称为"中国民间

---

① 周秋光，曾桂林．中国慈善发展简史．北京：人民出版社，2006．

慈善的祖师爷"。同善会选择救济的对象不仅仅基于生活的贫困,还有道德标准。如同善会首先救济的就是生活无着的孝子、节妇,其次是未被养济院收容而不愿以乞讨为生(即知礼义廉耻)的贫老病者。同善会的经费主要依赖会员捐献,同善会一般以聚会的形式筹集经费,每次捐献的金额,在聚会日由会员交给会计。后来随着申请救济人数的增多,筹集的善款已越来越不能满足救济的需要,一些同善会为扩大善款的来源,采取其他措施筹措经费。同一时期除了同善会,清节堂则以专门救济无依寡妇及其子女,兼及贞女为主要对象,其救济善款来源于善堂善会。明末清初出现的民间慈善组织,最接近现代意义的"慈善"。至此,中国古代慈善组织的发展在这一时期达到高峰,直至鸦片战争后,随着西方慈善理论与实践的流入,慈善组织才又进入新的成长周期。

二、中国近代慈善组织发展

晚清以前,善堂善会是举办各类慈善事业的民间机构,但由于它的分散性和自发性,善堂善会在赈济灾荒贫病中的实际效果和社会影响微乎其微。1840年,鸦片战争揭开了中国近代史的序幕,由于外敌入侵和清政府的腐败,加之这一时期中国发生了严重的自然灾害,造成人民生活困苦不堪,建立在狭隘的血缘和地缘基础上的善堂善会由于资金和救助能力有限,与社会救助需求形成巨大反差。为适应社会救济的需要,在一些先进人士和西方宗教影响下,突破狭隘血缘和地缘限制、面向全国进行救助的具有近代意义的慈善组织开始兴起,出现了具有现代意义的慈善组织——中国红十字会、华洋义赈救灾总会和世界红卍字会等。

现代慈善组织——中国红十字会的成立。鸦片战争后,西方宗教在我国取得合法传教地位,随着西方宗教的传入,宗教慈善组织开始出现。以天主教和基督教为代表的西方宗教在我国举办慈善教育、慈善医疗,甚至直接开办娼妓救济所和育婴堂等实施救济。1904年,为争夺在中国的利益,日俄战争在辽东半岛爆发,这场帝国主义在中国领土的血腥厮杀,使中国人民深受其害。为救济东北难民,上海的一些工商人士、社会贤达借鉴西方慈善方式,成立"万国红十字会上海支会",从事救护伤兵、救助难民和赈济灾民活动,并积极参加入道主义救援活动。上海万国红十字会具有两个非常鲜明的特点：其一，该组织得到了清政府的支持与承认，救护范围不限于一隅，具有国家性；其二，该组织有多国洋人参与，形式上得到了各国的承认，又具有国际性。[1]1906年，清政府承认《日内瓦公约》，1907年，"万国红十字会上海支会"改名为"大清红十字会"，1912年，"大清红十字会"改名为中国红十字会。红十字会所奉行的是一套完整的现代化慈善管理及运作机制，这种带有完全民间性、自愿性和自治性的慈善组织的出现，推动了我国慈善组织由传统走向现代。

华洋义赈救灾总会的成立。清朝末年，面对灾害频发的民生问题，各种临时性救助组织纷纷建立，这些组织基本完成一定时限的救灾活动后即行解散。1920年，中国北方爆发大范围的严重旱灾，冀、鲁、豫、晋、陕5省尤甚，受灾民众近2000万人，死亡50万人。面对如此巨大灾难，各种救灾组织重新成立，开展义赈救灾。但是，由于各种救助团体小而散，多而杂，缺乏必要的沟通协调机制，达不到应有成效。1920年11月，由北京国际统一救灾总会牵头，组织各地义赈团体在南京召开联席会议，整合救助资源，实现救灾的统一组织计划。1921年11月，各赈灾组织以华北赈灾尚余款为基础，联合成立华洋义赈救灾总会，形成一个长期稳定的慈善机构。华洋义赈救灾总会成为民国时期专门赈济天灾的我国最大的民间性国际赈灾机构，秉承"提倡防灾事业"的救灾理念，把工作重点放在提高民众防灾能力方面。

世界红卍字会的成立及救济。20世纪20年代，一批有社会责任感的商人、文人、官员等，经由地方政府到中央立案、批准，于1922年在山东济南正式成立了新兴民间宗教组织——世界红卍字会。此后，总会相继在全国各省、市、县设立分支机构317处，并在朝鲜、中国香港、东南亚等地设立分会。世界红卍字会的慈善活动，主要可分为临时慈善活动和永久慈善活动两类，临时慈善活动指在战祸、天灾时的临时救济，比如赈粮、施衣、施药、兵灾救护等；永久慈善活动指为帮助贫民而常年开设的学校、贫民工厂、习艺所、残废院、恤

---

[1] 王俊秋．中国慈善与救济．北京：中国社会科学出版社，2008．

养院等。世界红卍字会是近代中国本土规模最大的民间慈善救助组织。[①]

近代慈善组织在一定程度上具有了现代慈善组织的特征。中国近代慈善组织与中国古代慈善组织相比地缘色彩被淡化，救济地域隔阂被逐渐打破，跨地域成为社会救济的主流趋势；在善款筹集方面表现出多元化的趋势，其善款来源包括了政府拨款、社会捐款、政府强捐、置产生息和发行彩票募集善款等方式；在对慈善组织的管理上，部分慈善组织引入董事会管理模式，实行赈募分离，建立了监督机制，在善款募集和使用上推行公开化原则。中国近代慈善组织在兵灾救济、灾害救济和医疗救济方面取得了很大的成绩，在一定程度上降低了灾难的破坏程度。

进入20个世纪30年代后到中华人民共和国成立前，慈善组织的发展速度放缓，并且相对稳定下来，但慈善组织的作用仍然不可低估。特别是在抗日战争中，慈善组织在集聚物资、战地救护及民间灾害救济等方面做出了巨大贡献。其中，中国红十字会、以宋庆龄为主席的保卫中国同盟、以陈嘉庚为主席的南侨总会等民间公益组织在抗日战争中发挥了重要作用。以宋美龄为首建立的江西第一保育院和以李德全为首组织建立的江西儿童教养院在民间灾害救济方面也做出了突出贡献，他们建立学校，设立难民收容所，在一定程度上减轻了战争给广大人民群众带来的灾难。

三、中华人民共和国成立后慈善组织发展

中华人民共和国成立初期，通过对旧社会遗留下来的包括民间慈善组织在内的各种社会团体进行清理、取缔和改造，我国基本不存在真正意义上的民间慈善组织。中华人民共和国成立后至改革开放前，我国采取的是"政社合一"的体制模式，政府控制着各种社会资源，政府统管社会救济，慈善组织没有生存的土壤和空间。改革开放以来，随着社会主义市场经济体制的推进，计划经济体制下形成的"总体性社会"逐步解体，由于国家在政治体制、经济形态、

[①] 李光伟．近代中国本土第一个规模较大的民间慈善救助组织：世界红卍字会．文史月刊，2009（11）：37-39．

社会理念和制度环境方面发生了根本性变化,为慈善组织发展创造了有利条件,慈善组织在我国复苏并发展起来,并在促进社会稳定和社会治理中发挥越来越大的作用。改革开放40年来,我国慈善组织的发展大体经历了"探索发展期""初步发展期""稳定发展期""快速发展期"4个时期。

（一）探索发展期（1978—1991年）

20世纪80年代初,我国开始出现了以官方为主导的慈善组织。当代慈善事业的复兴以1981年7月28日中国儿童少年基金会成立为开端,这是中华人民共和国成立后第一个以募集资金形式成立的全国性社会团体,属于非营利性质的社会公益组织。该组织实施了两项有影响力的公益项目：春蕾计划和安康计划。随后大量官办的慈善组织纷纷成立,代表性的慈善组织主要有：宋庆龄基金会、中国残疾人福利基金会、中国残疾人联合会、中国青少年基金会、中国妇女发展基金会、中华环保基金。特别是中国青少年基金会发起并实施的"希望工程"项目,帮助贫困地区失学儿童重返校园,在我国慈善救助领域影响极大。这些基金会基本是由政府发起成立的,比如中国儿童少年基金会隶属于全国妇联,康克清、陈慕华、顾秀莲、陈至立先后担任中国儿童少年基金会理事长（会长）,现任理事长为全国妇联原党组织书记、副主席、书记处第一书记宋秀岩。中国宋庆龄基金会兼具群众团体和公益慈善机构双重属性,属于国家副部级单位。以上这些基金会一方面可以对外募捐,获得社会捐款；另一方面也可以获得政府的财政拨款,其基金会的管理人员和工作人员大都属于国家公务员身份。除此之外,这一时期成立的慈善基金会还包括南京爱德基金会和中华见义勇为基金会等。1985年成立的南京爱德基金会,是由中国基督教会领袖丁光训主教与我国著名的教育家、思想史专家匡亚明先生、基督教杰出人士韩文藻先生共同发起创办的民间慈善团体。以上慈善组织大都由官方直接设定和管理,不具备慈善组织要求的民间性、非政府性和自愿性的特征,还不能认定为真正意义上的慈善组织。但是,这些组织又在非营利性和公益性等方面符合慈善组织的要求,而且面向社会募集善款,对特定群体实施救助,具备慈善组织的功能,因此,我们称其为半官方的慈善组织或者官方主导下的慈善组织。

这一时期，政府出台的相关制度对慈善组织以规范和控制发展为主。1988年7月，民政部设立社团管理司，专门负责基金会和社会团体的管理和登记；1988年9月，国务院公布《基金会管理办法》，这是中华人民共和国成立后，由国务院制定的第一部专门规范中国民间组织登记管理的行政法规。《基金会管理办法》规定了基金会准入需要"由其归口管理的部门报经人民银行审查批准，民政部门登记注册发给许可证，具有法人资格后，方可进行业务活动"，[①]即业务主管部门同意、民政部门登记和报人民银行批准的"三重管理体制"。1998年10月，国务院公布《社会团体登记管理条例》，正式确立了我国社会团体登记机关和业务主管单位"双重管理体制"。不管是"双重管理体制"还是"三重管理体制"，其主要目的在于控制风险，但同时造成了慈善组织找"婆婆"困难，限制了民间慈善组织的准入。一些业务主管单位因为怕承担责任，对慈善组织予以不恰当的干预，造成慈善组织门槛过高；而还有一些主管单位责任未落实，监管不到位，致使慈善组织产生了一些新的问题，造成非常不好的社会影响，阻碍了慈善组织的健康发展。

（二）初步发展期（1992—2001年）

这一时期是我国经济体制改革取得重大突破的时期。1992年10月，党的十四大正式确立社会主义市场经济的改革方向。市场经济的实施，一方面极大调动了企业和劳动者的积极性，推进了生产要素的有效配置，生产效率极大提高，人民生活得到快速改善，中国进入了发展的快车道；另一方面，由于市场经济体制遵循的是优胜劣汰规则，部分社会成员由于年龄、学历、技能、身体及所处行业等因素在市场竞争中处于劣势，加之每个人占有生产要素的多寡、优劣不同，造成收入差距有不断加大的趋势。而此时，我国的社会保障体系还没有完全建立起来，在快速发展的进程中，产生了新的贫困群体。在此情形下，寻求除福利机制以外的其他手段和途径来解决困难群体的生活和发展问题，成为摆在党和政府面前的重要问题。1993年1月8日，中国大陆第一个慈善组

---

① 《基金会管理办法》第十一条。

织——吉林省慈善总会在长春宣告成立，这是中华人民共和国最早经政府批准、依法注册成立的省级慈善组织。1994年4月12日，中华慈善总会成立，这是中华人民共和国成立以来第一个全国性非营利公益社会团体，标志着我国现代慈善事业发展的兴起。

自中华慈善总会成立后，慈善会形式的慈善组织如雨后春笋，在全国迅速发展起来，截至2000年年底，全国25个省、自治区、直辖市成立了省级慈善会（协会或总会）并作为团体会员加入中华慈善总会。此后，在中华慈善总会和省级慈善会的示范影响下，各地市、县开始成立慈善会，后来，浙江、江苏等地的一些乡镇也成立慈善会开展相关救济活动。至2000年年底，全国共建有各级慈善会306个。其中，地（市）级慈善会109个，县（市）级慈善会106个，乡（镇、街道）级慈善会66个。[①] 慈善会基本是从民政部门分化出来的，和各级政府有着密切的关系，很多地方将慈善会作为民政部门下属的一个职能部门，在具体运作环节上也与政府有着诸多相似之处。慈善会的领导一般由民政部门专职或退休人员担任，工作人员大多具有事业单位编制和公务员编制。2011年，中民慈善中心曾对全国30家省级慈善会进行调研：30家慈善会中，29家慈善会会长和理事长均为现任和曾任国家公务员，剩下的一家因换届空缺。其中，退休国家公务员19人，现任国家公务员10人，在行政级别待遇上，享受省部级待遇的25人，厅级待遇的4人。这一时期，慈善组织以官方背景的慈善会大批兴起为标志，与20世纪八九十年代成立的官方主导或半官方主导的基金会共同构成了慈善组织的主体。

（三）稳定发展期（2002—2012年）

进入21世纪，特别是党的十六大以来，随着政府由全能型政府向服务型政府职能的转变，社会组织的地位和作用不断强化。2004年，党的十六届四中全会把发展慈善事业提高到构建社会主义和谐社会的高度来认识，提出"要健全社会保险、社会救助、社会福利和慈善事业相衔接的社会保障体系"，慈

---

① 周秋光，曾桂林．当代中国慈善事业发展历程回顾与前瞻．文化学刊，2007（5）：14-22．

善事业第一次写进党的重要文件。2005年，我国首次召开了中华慈善大会，会议期间出台了《中国慈善事业发展指导纲要（2006—2010年）》，对慈善组织未来5年的发展提出了总体要求和主要目标。2005年以前，能够接受社会捐款的基本只有民政部门、红十字会和中华慈善总会，纯粹的民间慈善组织几乎没有。2004年，《基金会管理条例》颁布实施，国家允许企业和个人设立非公募基金会，民间慈善组织开始增多。2005年6月，由广东香江集团出资的香江社会救助基金会成立，这是中国首家全国性非公募基金会，它的诞生，标志着中国公募基金会一统天下时代的终结，标志着中国社会私人捐赠制度化的起航。

2006年，国家"十一五"规划明确提出"规范引导民间组织有序发展"，"完善民间组织自律机制，加强和改进对民间组织的监管"，为慈善组织发展提供了政策依据。同年，党的十六届六中全会通过的《中共中央关于构建社会主义和谐社会若干重大问题的决定》，再次提出"发展慈善事业，完善社会捐赠免税减税政策，增强全社会慈善意识"的要求。党的十七大报告提出"要以社会保险、社会救助、社会福利为基础，以基本养老金、基本医疗、最低生活保障为重点，以慈善事业、商业保险为补充，加快完善社会保障体系"，将慈善事业纳入社会主义保障体系。2008年汶川大地震，激发了中国人民空前的慈善热情，也将慈善事业推向高潮。大量民间公益组织自发成立并在社会救助中发挥着重要作用，但是，这些慈善组织由于找不到业务主管单位而无法在民政部门进行登记，从而难以取得合法身份。2008年9月1日，民政部成立社会福利与慈善事业促进司，专门负责福利彩票、慈善和社会捐助、老年人和残疾人福利及儿童福利4个方面的工作，其后，各省、自治区和直辖市及部分基层民政部门增设并明确了促进慈善事业发展的机构设置。各级地方政府建设公益慈善组织孵化器，推进慈善组织信息公开，开展政府购买服务，加大资金支持和项目支持，优化慈善组织的发展环境，慈善组织得到进一步发展，并在贫病救济、灾害救济、捐资助学和志愿服务等方面发挥越来越大的作用。2011年7月，民政部发布《中国慈善事业发展指导纲要（2011—2015年）》，明确了加快发展慈善事业的指导思想、基本原则和主要目标，提出了未来5年发展慈善事业的重点任务，其中对促进公益慈善组织发展提出加大政府的扶持和培育，完善慈善组织的内部制度建设，提升慈善组织的透明性和公信力，制定行业标准和规则，加强行业自律，完善第三方评估制度等措施，为慈善组织提供了发展方向和规则保障。

双重管理体制提高了慈善组织登记注册的门槛，增加了慈善组织合法地位取得的难度，因而影响了慈善组织的健康发展及作用的发挥。2005年12月，民政部发出《关于促进慈善类民间组织发展的通知》，要求各级民政部门培育发展慈善类民间组织，解决慈善组织因为找不到业务主管单位而难以注册的问题，明确要求对社会福利、社会救助等类型的慈善类民间组织，由各级民政部门承担业务主管单位职能。一些地方政府根据《关于促进慈善类民间组织发展的通知》精神，探索新的办法和路径。2008年9月，深圳市发布《关于进一步发展和规范我市社会组织的意见》，规定对工商经济类、公益慈善类、社会福利类3类民间组织实行无业务主管单位直接登记，成为双重管理制度改革的先例。随后一些省市开始试点慈善组织直接登记，2011年年初，北京民政局规定工商经济类、公益慈善类、社会福利类、社会服务类等四大类组织可直接在民政部门登记注册。2011年3月，国家《国民经济和社会发展第十二个五年规划纲要》发布，提出社会组织要"统一登记"，表明慈善组织登记管理体制改革实现"破冰"。2011年下半年开始，民政部启动了对工商经济类、公益慈善类、社会福利类、社会服务类的全国性社会组织直接登记的工作。

由于这一时期党和国家政策的支持，慈善组织发展环境得到优化，加之居民多元化需求的增加，各地的慈善组织数量迅速增长。同时，官办的慈善组织或者有官方背景的慈善组织在慈善事业发展中仍然占有重要的地位，所以，这一时期慈善组织表现出官民慈善组织共生的现象，至2011年，全国共有社会组织46.2万个。就整个社会组织行业来讲，在2011年，共吸纳社会各类人员就业599.3万人，形成固定资产1885.0亿元，社会组织增加值为660.0亿元，接收社会捐赠393.6亿元，社会组织成为一个蓬勃发展的领域。①

---

① 民政部.2011年社会服务发展统计公报.（2012-06-21）[2018-11-26].http//www.mca.gov.cn/article/zwgk/mzyw/201206/20120600324725.shtml.

（四）快速发展期（2013年至今）

党的十八大以来，党和政府高度重视社会组织在现代社会治理体系中的作用，社会治理模式发生了根本转变，由传统政府单一管理格局转变为政府、企业、社会组织的多元共治和良性互动的善治模式。党的十八大首次提出了"加快形成政社分开、权责明确、依法自治的现代社会组织体制"，为慈善组织发展指明了方向，打开了发展的空间。党的十八届三中全会《中共中央关于全面深化改革若干重大问题的决定》（以下简称《决定》）提出，"全面深化改革的总目标是完善和发展中国特色社会主义制度，推进国家治理体系和治理能力现代化"。《决定》要求通过深化改革，实现从社会管理转向社会治理的创新。围绕"创新社会治理体制"的新命题，提出将"激发社会组织活力"纳入"创新社会治理体制"的重要范畴，明确了社会组织作为社会治理的主体地位。党的十八届三中全会还提出重点培育和优先发展行业协会商会类、科技类、公益慈善类、城乡社区服务类社会组织，这4类组织成立时直接依法申请登记。2013年后，我国实施社会组织直接登记的省份进一步增加，各地进一步降低社会组织登记门槛。据民政部统计，截至2014年9月，全国共有27个省、自治区和直辖市先后出台推进社会组织直接登记工作。党的十八届四中全会进一步提出，"加强社会组织立法，规范和引导各类社会组织健康发展"，"发挥人民团体和社会组织在法治社会建设中的积极作用。建立健全社会组织参与社会事务、维护公共利益、救助困难群众、帮教特殊人群、预防违法犯罪的机制和制度化渠道。"社会组织被纳入经济社会发展全局，为社会组织的生存发展开放了公共治理空间。

2014年11月，国务院出台《关于促进慈善事业健康发展的指导意见》，这是中华人民共和国成立以来，第一次以中央政府名义出台促进慈善事业发展的文件。2016年8月，中共中央办公厅、国务院办公厅印发《关于改革社会组织管理制度促进社会组织健康有序发展的意见》，为促进社会组织健康有序发展指明了方向。党的十九大将社会组织协商纳入社会主义民主协商体系中，这一思想极大丰富了社会组织的功能，使其在社会主义民主政治建设中的地位和作用有了新的定位。建立共建共治共享的社会治理格局明确了社会组织作为社会治理主体的地位，特别强调了社会组织在城乡社区治理体系建设中的地位和作用。同时提出构建政府为主导、企业为主体、社会组织和公众共同参与的环境治理体系，为社会组织参与环境治理提供了依据。

《慈善法》及相关法律法规的颁布，规范了慈善组织的发展，是中国慈善史上的重要转折点，标志着中国慈善从传统走向现代。[①]2016年3月16日，第十二届全国人民代表大会第四次会议审议通过了《慈善法》，自2016年9月1日起施行。《慈善法》的颁布实施为构建我国慈善法律体系，强化政府监管责任，完善慈善组织注册登记，促进慈善组织健康发展，激发崇德向善的社会风尚提供了法律保障。2016年4月28日，为适应境外非政府组织快速发展的形势，切实保障其在华合法权益，依法规范其在华活动，更好地促进国际交流与合作，我国颁布《中华人民共和国境外非政府组织境内活动管理法》，并于2017年1月1日正式实施。在《慈善法》的宏观指导下，国家先后出台了一批与之配套的法律法规，如《关于改革社会组织管理制度促进社会组织健康有序发展的意见》、《基金会管理条例（修订草案征求意见稿）》、《社会服务机构登记管理条例》（《民办非企业单位登记管理暂行条例》修订草案征求意见稿）、《社会团体登记管理条例》（修订草案征求意见稿）、《慈善组织认定办法》、《慈善组织保值增值投资活动管理暂行办法（征求意见稿）》、《慈善组织信息公开办法（征求意见稿）》、《慈善组织公开募捐管理办法》、《公开募捐平台服务管理办法》、《慈善信托管理办法》、《慈善组织互联网公开募捐信息平台基本技术规范》、《慈善组织互联网公开募捐信息平台基本管理规范》、《社会组织登记管理机关受理投诉举报办法（试行）》、《社会组织信用信息管理办法》、《境外非政府组织代表机构登记和临时活动备案办事指南》、《境外非政府组织在中国境内活动领域和项目目录、业务主管单位名录（2017年）》等。2018年2月，财政部、税务总局联合发布《关于公益性捐赠支出企业所得税税前结转扣除有关政策的通知》。同月，《关于非营利组织

---

① 郑功成.《慈善法》开启中国的善时代.社会治理，2016（5）：30-36.

免税资格认定管理有关问题的通知》规定了非营利组织免税资格认定的具体条件。以上法律、法规、规章和政策文件不仅为慈善组织发展创造了优良的法律环境，加大了对民间慈善组织的支持力度，推动了慈善组织的发展壮大，而且也逐步形成了对慈善事业完整的政策支持体系。这些系列政策和法律制度，客观上也倒逼官办慈善组织的改革，推动官办慈善组织的"去行政化"。《慈善法》明确了慈善组织的非营利性质，既然是非营利性组织，就必然要凸显慈善组织的民间性、公益性、自治性、自愿性特征，这为具有官方背景的慈善组织改革指明了方向。2013年以后，民间慈善组织领跑中国公募市场，首次显现出"国退民进"的迹象。[①] 这一时期，中国慈善组织的数量和规模都得到快速发展。

当前，中国特色社会主义进入新时代，这意味着慈善组织要站在新的历史方位，承担新的历史责任和使命。进入新时代，我国社会的主要矛盾已经由人民日益增长的物质文化需要与落后的生产力之间的矛盾转化为人民日益增长的美好生活需要和不平衡不充分发展之间的矛盾，这为慈善组织提出了新的历史使命，要通过慈善救助和慈善服务改善民生，助力脱贫攻坚，减小地区差异、城乡差距和贫富差距，为实现人民美好生活提供更好的服务。党的十九大报告为社会组织发展带来了全要素、全方位的历史机遇，确立了今后社会组织将在社会主义民主协商、社区治理、生态文明方面发挥更重要的作用，为社会组织在国家治理中的作用打开广阔的空间。随着慈善组织社会定位的提升，慈善组织在促进社会和谐，实现社会主义强国梦的道路上会发挥越来越大的作用。

第二节　新时代背景下的慈善组织

不断发展壮大起来的慈善组织处在改革创新的大背景下，特有的政治、经济、文化、社会环境造就了中国慈善组织具有明显的阶段性甚至时代性的特征。

---

① 杨团. 慈善蓝皮书：中国慈善发展报告（2014）. 北京：社会科学文献出版社，2014.

第一章　中国慈善组织及其发展道路

一、新时代慈善组织的特点

随着我国经济社会的持续发展，社会主义核心价值观的弘扬和确立，特别是《慈善法》及一系列配套法律法规的颁布实施，慈善组织发展环境得到较大改善，我国慈善组织发展获得新活力，呈现出新特点。

（一）慈善组织地位不断提升，作用不断加大

慈善组织成为新时代国家治理体系的重要主体。2007年，党的十七大提出要"建立健全党委领导、政府负责、社会协同、公众参与的社会管理格局"，充分体现了在社会管理中慈善组织的作用和功能。2013年，党的十八届三中全会提出了"创新社会治理体制"，实现了从政府包揽向政府指导、社会共同治理转变，社会组织成为社会治理的重要主体。进入新时代，中国慈善组织有了明确的定位，慈善组织被纳入中国特色社会主义"五位一体"的总体布局。随着新时代社会主要矛盾的转变，慈善组织通过向社会提供更多优质的服务来满足人民群众对美好生活的需要，通过社会救助维护社会公平，实现社会和谐。在政治上，十九大将社会组织协商纳入我国人民有序政治参与的政治协商制度，提升了慈善组织的政治地位。当前，慈善组织已经成为新时代社会治理体系的重要主体，并在政治协商、社区治理、环境治理和社会文明中发挥着越来越重要的作用。

慈善组织从法律层面被纳入治理体系。2017年10月1日起实施的《中华人民共和国民法总则》（以下简称《民法总则》），将社会团体、基金会和社会服务机构3类社会组织纳入非营利法人类别，为慈善组织参与国家治理提供了法律上的主体身份。《民法总则》的颁布实施为"国家治理体系中的多元化主体赋予了明确的法人身份和法律地位，适应了社会组织多元化的发展要求，也顺应了治理体系多元化和多层次的主体需求。"[①] 慈善组织社会治理主体法律身份的确认，为慈善组织发展提供了重要的法治保障，开拓了慈善组织的生存和发展空间，激发了慈善组织在社会治理中的活力和作用。

---

① 黄晓勇．中国社会组织报告（2018）．北京：社会科学文献出版社，2018．

（二）慈善组织数量快速增加，募捐能力不断加强

党领导人民治理国家的思想观念的转变及相关法律法规的确立为慈善组织赋予了新的地位和功能。但是，当慈善组织还过于渺小的时候，是难以承担起这一社会责任的。中国慈善组织的快速发展肇始于2008年的汶川地震，因此，2008年也被称为我国"慈善元年"。2011—2016年，社会组织连续5年的数量增幅均在10%左右，其中基金会的增长率更是连年超过16%（基金会和民办非企业单位的增长率在2012年分别是15.9%和10.1%，2013年分别是17.2%和13.1%，2014年分别是16.0%和14.7%，2015年分别是16.2%和12.7%）①。根据民政部门发布的相关数据统计，截至2017年年底，全国共有社会组织80.3万个，比上年增长14.3%。②根据民政部"慈善中国"网站数据统计，截至2019年2月末，全国各级民政部门共认定和登记的慈善组织5539家，其中具有公开募捐资格的1502家。民政部认定和登记的慈善组织共计170家，具有公开募捐资格的78家。③根据全国志愿服务信息平台统计数据显示，截至2018年8月底，志愿者注册人数达到9566.7万，志愿团体总数为49.8万，志愿项目总数为150.2万。

慈善组织从小到大，从弱到强，其募捐能力明显提升。据民政部副部长顾朝曦2017年9月5日（中国第二个"中华慈善日"）介绍，慈善组织从2006年每年募捐不足100亿元发展到近5年每年超过500亿元；捐赠款物从一般资金、物资，扩展到有价证券、不动产和知识产权等。④据民政部门统计，2012年，各类社会组织接收捐款458.8亿元⑤；2013年，各类社会组织接收捐款524.9

---

① 数据来源：民政部《社会服务发展统计公报（2011—2016）》《社会服务发展统计公报（2012—2017）》。
② 黄晓勇.中国社会组织报告（2018）.北京：社会科学文献出版社，2018.
③ 中国慈善联合会.慈善行业2月主要统计数据.（2019-03-26）[2018-11-26].http://www.charityalliance.org.cn/org/12196.jhtml.
④ 中华人民共和国中央政府网站.我国有500多家慈善组织获公开募捐资格：民政部副部长详解慈善法实施一周年情况.(2017-09-05)[2018-11-26].http://www.gov.cn/zhengce/2017-09/05/content_5222841.htm.
⑤ 民政部网站.2013年社会服务发展统计公报.（2014-06-17）[2018-12-12].http://www.gov.cn/xinwen/2014-06/17/content_2702566.htm.

亿元[①]；2014年，各类社会组织接收捐款610.3亿元[②]；2015年，各类社会组织接收捐款786.7亿元[③]；2016年，各类社会组织接收捐款729.2亿元[④]。从民政部门公布的数据可以清楚地看出，近些年慈善组织募捐能力在逐年增强。

（三）慈善组织采用"互联网+"的创新模式

当今世界，网络信息技术日新月异，互联网全面融入社会各个领域，深刻改变着人们的思维方式及生产生活方式，"互联网+"已经成为各行各业创新发展的显著标志。在国家《关于积极推进"互联网+"行动的指导意见》的引领下，慈善组织与互联网深度融合，充分利用移动互联网，打造慈善组织服务新平台，提升慈善事业服务新质量。据民政部副部长顾朝曦2017年介绍："据不完全统计，《慈善法》实施一年来有超过10亿人次通过网络实施捐赠，有些基金会来自于互联网的公众捐赠已占捐赠总收入的80%以上。"[⑤] 为鼓励和规范慈善组织与互联网的进一步合作，2018年9月3日，民政部颁布《"互联网+社会组织（社会工作、志愿服务）"行动方案（2018—2020年）》（以下简称《行动方案》），以优化社会组织网上办事服务，推动社会组织法人库及相关信息系统建设，推动社会组织数据管理和数据共享，推动社会组织信息网上公开与公众查询，运用互联网手段实施社会组织执法监察，引导社会组织提升信息化服务能力和互联网传播水平。《行动方案》提出到2020年，实现各级社会组织登记管理机关信息化办公、网络化服务，实现全国社会工作和志愿服务等相关数据的互联互通、共建共享。

---

① 民政部门户网站.2014年社会服务发展统计公报.（2015-06-10）[2018-12-12]. http://www.mca.gov.cn/article/sj/tjgb/201506/201506158324399.shtml.
② 民政部门户网站.2015年社会服务发展统计公报.（2016-07-11）[2018-12-12]. http://www.mca.gov.cn/article/sj/tjgb/201607/20160715001136.shtml.
③ 民政部门户网站.2016年社会服务发展统计公报.（2017-08-03）[2018-12-12]. http://www.mca.gov.cn/article/sj/tjgb/201708/20170815005382.shtml.
④ 民政部门户网站.2017年社会服务发展统计公报.（2018-08-02）[2018-12-12]. http://www.mca.gov.cn/article/sj/tjgb/201808/20180800010446.shtml.
⑤ 新华网.慈善法一周年：500多家组织获公开募捐资格.（2017-09-06）[2018-12-12]. http://www.xinhuanet.com/2017-09/05/c_1121610001.htm.

当前，慈善组织积极主动运用互联网技术，不仅提升了善款募集的数量和效率，而且还通过互联网技术提高了对社会组织的监督力度，增强了慈善组织的公开性和透明性，促进了广大网民的捐赠意愿，提升了利用互联网平台实现社会救助的效果。为推进"互联网+"在公益慈善领域的广泛运用和规范运行，支持慈善组织在更大范围依法开展互联网募捐信息发布，民政部2016年9月公布第一批13家互联网公开募捐信息平台，2018年6月公布第二批9家互联网公开募捐信息平台。民政部两次公开遴选了20家慈善组织互联网公开募捐信息平台（中国慈善信息平台、基金会中心网已退出）①。当前，慈善信息平台包括民政部门的统一平台、民政部指定平台和慈善组织网站平台，这些平台为慈善组织提供信息服务。2017年1月—2018年6月，首批互联网公开募捐信息平台总筹款额超过35.7亿元，有98.2亿人次关注和参与。筹款金额前三名的平台分别为腾讯公益（20.40亿元）、蚂蚁金服公益（8.07亿元）和淘宝公益（4.65亿元）。②

（四）慈善组织单兵作战走向合作

在慈善组织数量增加、覆盖扩大的情况下，如何实现效果最大化？这就需要整合资源，协同作战。现实地看，由于慈善组织发展时间短，且各慈善组织分散在不同的领域、行业和区域，各自掌握不同的资源，加强慈善组织的资源共享、互联互通，扭转现有慈善组织孤岛型、碎片化的状态，实现慈善组织之间的跨界合作、协同发展，成为现实而紧迫的要求。

首先，要架起慈善组织互联互通的桥梁。2007年12月26日，中国首家省级慈善公益组织行业联合会——首都慈善公益组织联合会在北京成立，标志着慈善组织从封闭、弱小走向了公开、合作的新时期。慈善组织之间的合作不仅包括同类型组织之间的合作，也包括不同形式慈善组织之间的合作。例如，

---

① 滴滴公益、腾讯公益、淘宝公益、蚂蚁金服公益、新浪微公益、京东公益、百度公益、公益宝、新华公益、轻松公益、联劝网、广益联募、美团公益、善源公益、融e购公益、水滴公益、苏宁公益、帮帮公益、易宝公益、中国社会扶贫网．
② 中国公益研究院．《慈善法》实施两周年十大进展．（2018-09-05）[2018-12-12]．http://www.bnu1.org/cpri/2018/0905/4195.html．

中华社会救助基金会银天使计划，就是基金会与各地公益组织合作对空巢老人实施的救援计划，在这一计划实施中，中华社会救助基金会具有资金优势，而地方公益组织具有离救助者距离近，熟悉救助对象情况，便于上门提供服务的优势。2018年1月17日，由中华社会救助基金会、腾讯公益指导，商洛市爱心社区志愿者协会、商州妇联、巾帼志愿者协会一起为商州区老人送温暖也是各方合作的一个例子。2018年5月9日，中国网络社会组织联合会成立大会在京召开，这是我国首个由网络社会组织自愿结成的全国性、联合性、枢纽型社会组织，由10家全国性网络社会组织发起成立，国家网信办作为业务主管单位。首批会员单位总共有300家网络社会组织，包括全国性网络社会组织23家，地方网络社会组织277家。枢纽型社会组织所具有的同类社会组织的代表性，对各种资源的整合性和对同类组织提供服务的特性都推动了慈善组织的合作与共赢。

其次，实现慈善组织的跨界合作。近年来，慈善领域一些枢纽型社会组织的成立，为同类型慈善组织的联合搭建了合作的平台。2013年4月19日，我国慈善领域联合性、枢纽型社会组织——中国慈善联合会成立。其宗旨是：联合慈善力量、沟通社会各方、促进行业自律、推动行业发展。在联合会的业务范围中明确提出要推动跨界合作，推动建立慈善组织、企业、政府、媒体、学界等各领域的合作伙伴关系，为慈善行业可持续发展集合社会资源。随着《慈善法》和《慈善信托管理办法》等一系列法律法规的实施，慈善组织开始和金融机构合作，2016年年底，全国范围内共有18家信托公司和慈善组织成功备案了22单慈善信托产品，初始规模达0.85亿元。[1] 2017年，全国共有24家信托公司和7家慈善组织成功备案了44单慈善信托产品，初始资金规模6.94亿元，合同金额规模7.89亿元。[2] 2018年，我国慈善信托新设立慈善信托共计79单，同比增长75.56%；新设立的信托财产达11.01亿元，同比增长84.42%。[3] 由南都公益基金会联合中国扶贫基金会、深圳壹基金公益基金会、

---

[1] 数据来源．中国慈善联合会《2017年中国慈善信托发展报告》。
[2] 数据来源．中国慈善联合会《2017年中国慈善信托发展报告》。
[3] 数据来源．中国慈善联合会《2018年中国慈善信托发展报告》。

招商局慈善基金会、新华公益、腾讯公益等17家公益组织、企业和媒体共建的中国好公益平台已经运行两年多,好公益平台通过倡导新的公益理念,通过对资源的对接、能力的提升及信用背书等功能,实现慈善组织的联合与规模化发展,帮助优秀的公益项目解决单独突破的困境。南都公益基金会理事长、中国慈善联合会副会长徐永光认为,目前整个公益行业发展水平还很低,好公益平台更像是公益行业的聚宝盆和加速器,把最好的资源聚集在一起,联合各方力量,共同提高公益行业发展效率。①

(五)慈善组织国际化稳步推进

中国慈善组织起步比较晚,在其成长发展过程中,一直学习发达国家的组织理念、运作方式和人员培训等先进经验,并接受发达国家在教育、科技、扶贫和环境保护方面的慈善援助。一直以来,受我国经济不发达,社会发展不平衡的影响,我们接受国外的慈善救助较多,国外援助较少,但是随着我国社会经济的快速发展,慈善组织开始走出国门开展慈善救助,并积极参与到全球治理体系中。2009年后,中国扶贫基金会、中国青少年发展基金会、中国红十字基金会等慈善组织都先后走出国门,在儿童教育、医疗卫生和抗震救灾等方面实施救援。但是,至2013年以前,中国慈善组织在国外仍然处于无常设机构、无常驻人员、无稳定经费、无长期项目的"四无"状态。②2015年中国开始实施"一带一路"战略以后,越来越多的中国慈善组织走出国门,从参与救援,到设立驻外办公室,积极履行社会责任,参与全球治理,开启慈善组织国家化发展的探索和实践。中国多家民间组织深度参与厄瓜多尔地震人道主义救援,帮助当地建立和完善减灾防灾救灾机制;中国扶贫基金会于2015年7月27日获得缅甸内政部颁发的国际非政府组织牌照,这是中国扶贫基金会首家海外办公室在受援国登记注册、设立的办公室③。此后,2015年8月13日,中国扶

---

① 南都公益基金会网.徐永光:规模化是公益行业发展的自然规律和必然趋势.(2019-01-10)[2019-01-12].http://www.naradafoundation.org/content/6296.
② 杨义凤,邓国胜.中国慈善组织国际化的策略.行政管理改革,2016(7):25-28.
③ 中国扶贫基金会网.首家海外办公室在缅注册成立.(2016-03-07)[2018-12-12].http://www.cfpa.org.cn/new List.cn.

贫基金会尼泊尔办公室注册成功;中国民间组织国际交流促进会发起"丝绸之路沿线民间组织合作网络",从资金、政策、技能等方面打通慈善组织"走出去"的路径;中国红十字基金会与埃塞俄比亚红十字会签署中国公益联合援非行动首个非洲国家合作框架协议,援建社区综合减灾项目,改善当地社区卫生健康状况,还在社区开展学生免费午餐项目,资助社区开展免费厕所及厕纸项目;中国慈善联合会联合中国公共外交协会、中国华侨公益基金会、爱尔眼科医院集团等慈善组织和医疗机构,共同实施"湄公河光明行"项目,为老挝、缅甸、柬埔寨等国家的600名白内障患者提供免费复明手术,搭建了政府支持、行业组织协调、多方社会力量参与的工作平台。在经济全球化背景下,慈善组织日益成为全球治理的重要参与主体。当前,慈善组织正在以参与全球议题的高端论坛、设立海外平台、对外慈善捐赠、进行灾害救援、国际认证、国际颁奖等方式快速融入全球慈善版图,同时也体现出中国慈善组织参与全球治理的组织形式多样化、关注领域多元化和活动地域扩展化的特点。[1]

二、当前慈善组织存在的问题

自党的十七大提出"建立健全党委领导、政府负责、社会协同、公众参与的社会管理格局"以来,慈善组织积极协同参与国家治理,并取得了较好的成绩。但是,目前慈善组织无论从量上还是质上,与国家治理体系现代化的目标要求尚有很大的差距,直接影响了慈善组织在社会治理中作用的发挥。具体来说,主要表现在以下几个方面。

(一)慈善组织数量少、规模小,区域发展不平衡

现代化的社会治理需要社会广泛而有效的参与,慈善组织作为公众参与社会治理的载体,其发展的规模和数量都直接影响其在社会治理中作用的发挥。当前,我国社会组织的数量、规模与世界发达国家存在较大差距。据美国学者、约翰·霍普金斯大学萨拉蒙教授等人对世界22个国家的调查显示,社会

---

[1] 杨团.中国慈善发展报告(2017).北京:社会科学文献出版社,2017.

组织支出占国内生产总值比重的平均水平为 4.6%，参与社会组织的人数比例为 28%。而我国登记注册的社会组织平均吸纳的就业人员为 11 人，社会组织总支出仅占国民生产总值的 0.35%，提供志愿服务的人数不到总人数的 1%，远低于各国平均水平。① 慈善组织是社会组织中从事非营利、公益性、民间性的组织，是社会组织的重要组成部分。根据民政部"慈善中国"网站数据统计，截至 2019 年 2 月末，全国各级民政部门共认定和登记慈善组织只有 5539 家。由此来看，我国慈善组织总量与世界第二大经济体的国际地位不相适应，与发达国家慈善组织的发展程度存在较大差距。截至 2009 年，美国的公益慈善组织已超过 100 万个，从业人员超过 900 万人；英国比较活跃的公益慈善组织也超过 16 万个，亦有 60 万从业人员。② 相比之下，我国 2015 年 6 月，全国共有社会组织 66.7 万个，包括基金会 5038 家，社会团体 32.9 万家和社会服务机构 33.6 万家，这其中包括了大量的非公益慈善组织。③ 66.7 万个社会组织吸纳专兼职人数共 1500 多万，其中专职人员共 860 多万，只占全国就业人员的 1% 左右，与发达国家 4.5% 的水平相差甚远。

中国慈善组织募集资金的能力严重不足，影响了慈善组织在社会治理中的作用。由于慈善组织具有民间性和非营利性的特点，因此，它的经费既不能依靠经营途径获得，也不能依靠政府财政支持，其资金来源主要依靠成员和社会捐赠。受我国社会发展阶段和传统财富观的影响，慈善组织募集善款比较困难。根据相关评估资料显示，2014 年参评社会组织评估的 15 家基金会，其中公募基金会 7 家，非公募基金会 8 家，在 2013 年年末净资产总额约 22.5 亿元，平均净资产额为 1.5 亿元；2013 年的公益支出 15 家总额约为 5.2 亿元，平均公益支出 3466 万元，最高为 1.5 亿元，最低为 278.9 万元，公益支出在 1000 万元以上的有 10 家。④ 2016 年，我国接收国内外款物捐赠共计 1392.94 亿元，

---

① 夏雪. 发展社会组织，既要"管"更要"理". 光明日报, 2018-05-25(2)[2018-12-14]. http://news.gmw.cn/2018-05/25/content_28959553.htm.
② 王振耀. 当代中国慈善事业：现状路径前景. 中国社会科学报, 2010-07-20 (1) [2018-12-12]. http://www.cssn.cn/ddzg/ddzg_ldjs/ddzg_sh/201008/t20100810_810776.shtml.
③ 杨团. 中国慈善发展报告（2017）. 北京：社会科学文献出版社, 2017.
④ 徐家良，廖鸿. 中国社会组织评估发展报告（2015）. 北京：社会科学文献出版社, 2015.

占全国 GDP 的 0.19%。其中基金会和慈善会系统接收捐赠最多，两者接收的款物捐赠各为 625.50 亿元和 404.09 亿元。同时期，美国慈善捐赠总额约合 25 706.6 亿元，占 GDP 的 2.1%。英国捐赠总额约合 868.1 亿元，占 GDP 的 0.52%。①另据美国捐赠基金会（Giving USA Foundation）2018 年 6 月发布的数据显示，美国 2017 年度慈善捐赠量达到 4100 亿美元，其中基金会捐款达到 669 亿美元，过去几年，基金会捐赠量显著增加，2017 年美国基金会接受捐赠增长率达到了 15.5%。②

慈善组织区域发展不平衡情况严重。尽管国家在促进慈善组织发展的宏观政策和法律制度方面是统一的，但是受我国区域社会经济发展不平衡的影响，加之地方政府鼓励支持慈善组织发展的政策不同，造成我国慈善组织区域发展不平衡的现象。总体表现为地区之间和城乡之间的不平衡，社会对公益服务和救助的需求与组织本身发展不平衡不充分的矛盾比较严重。总体来看，社会经济发展程度高，政府支持力度大，制度环境优良的区域，社会对慈善组织的认同度高，慈善资源获取能力强，慈善组织发展水平高，相反慈善组织发展受到限制，发展水平较低。截至 2017 年年底，全国社会组织总量位居前十的省份分别是江苏、广东、浙江、山东、四川、湖北、湖南、河南、河北、安徽。其中江苏省社会组织数量超过全国的 1/10，排名前十的省份占全国份额接近 2/3。③江苏省之所以排名第一，除了其经济发展水平在我国排名仅次于广东，位居第二之外，江苏省慈善组织发展的制度环境优良。2005 年江苏省政府办公厅下发《关于加快发展慈善事业意见的通知》，2010 年出台的《江苏省慈善事业促进条例》是我国首部慈善法规，2015 年江苏省是出台省级《关于促进慈善事业发展的实施意见》的首个省份。尽管近些年慈善组织在我国所有区域都得到稳步增长，但是无论是增长数量还是增长速度，东南沿海地区都远超其他地区，而东北地区的社会组织无论是数量还是增长速度在全国都属于最落

---

① 数据来源：中国慈善联合会《2016 年度中国慈善捐助报告》。
② 王勇.2017 年美国慈善捐赠突破 4100 亿美元大关．（2018-07-03）[2018-12-25].http://www.chinadevelopmentbrief.org.cn/news-21504.htm.
③ 黄晓勇．中国社会组织报告（2018）．北京：社会科学文献出版社,2018.

后的地区。从全国范围来看，东南发达省份是慈善资源的主要供应区域，中西部地区是慈善资源的主要流入区域。同时，慈善组织在一、二线城市发展速度比较快，全国规模的慈善组织总部基本都在一、二线城市中登记注册，大城市的慈善组织不管是规模、影响力还是救助效果都比中小城市、特别是县级城市慈善组织更大更好。据统计，全国社会组织数量位居前十的城市（2017年）是上海、重庆、南京、北京、成都、苏州、深圳、盐城、温州和宁波。[1]在城乡慈善组织发展程度上，受经济发展水平和慈善意识较低的影响，加之大量年轻人口流入城市，留守农村的基本属于被救助和服务的对象。当前我国农村慈善组织还处在发展的初级阶段，不仅数量极少，规模小，而且救助能力非常有限。

（二）慈善组织专业化发展程度较低

慈善组织的专业化建设比较落后，影响了慈善组织在社会治理和社会救助中的效率和效果。慈善组织的专业化程度低主要表现在：第一，缺乏专业的标准。慈善组织作为社会治理的重要主体目前还缺乏行业标准，几乎每个慈善组织都制定了组织的规章制度、财产管理、募捐管理、慈善服务、信息公开等制度，但是组织之间却存在着制度标准不统一的问题，因此慈善组织缺乏行业规范。第二，慈善组织各类管理规范化、制度化、程序化的建设薄弱。第三，慈善组织之间资源不能做到优势互补，资源信息无法共享，造成项目重复的现象相当普遍，组织之间也缺乏有效的合作机制，影响救助的范围和效果。[2]此外，慈善组织的非专业化还因为慈善专业人才的缺乏。目前我国高等院校还没有开设公益慈善专业，这直接造成了专业人才供给的不足。尽管当前有些高校在行政管理和社会管理专业下开设了公益慈善类方向的人才培养，但是这种模式一般都是采用"2+2"模式进行学习，也就是在学习原专业两年后再修读公益慈善专业，其毕业时也是发放原专业的毕业证书。同时，慈善组织从业人员与政府、事业单位和国有企业等部门相比，无论是薪资、工作环境还是个人发展前景，慈善组织都存在很大的劣势，由此也造成慈善组织专业人才录用困难和流

---

[1] 黄晓勇．中国社会组织报告（2018）．北京：社会科学文献出版社，2018．
[2] 王振耀．探索"互联网+"时代中国公益规模化与专业化的均衡发展．人民论坛，2017（6）：64．

失严重的问题。特别是一些规模比较小,资金不充裕的慈善组织,组织本身的生存都很困难,聘请高水平的专业人才几乎是天方夜谭。

(三)慈善组织公信力不足

公信力是慈善组织的生命。慈善组织的主要任务是依靠社会力量募集资源,并用募集来的资源救助社会弱势群体,因此,慈善组织在社会救助中的作用就是联通慈善提供者和慈善需求者的中介与桥梁,公众和社会对慈善组织的信任是慈善组织得以生存的前提。由于我国相关法律制度还不够健全,慈善组织社会信用体系还没有真正建立起来,造成我国慈善组织信息公开制度滞后。诸如"郭美美事件""尚德诈捐门事件"等一系列负面事件对慈善行业的公信力产生了极大冲击,一度造成中国红十字会慈善募捐的金额急剧下降。从慈善组织公信力数据来看,尽管发布数据的机构各不相同,但是得出的结论都是一致的,就是我国慈善组织信息公开不足,透明指数较低。当前,我国有4家机构[①]开展了针对公益慈善组织信息公开和披露的相关评估,尽管4家机构在评价公益慈善组织透明度的指标体系的开发上,指标体系、评估对象有差异,但是,这些机构发布的慈善组织的透明指数却具有一致性,就是目前我国慈善组织的透明指数低。4家机构对我国慈善组织的评估数据显示最高分数为44.1(总分为100),其余3家评估数据分别为35.49、32.44和33.55。尽管近些年我国慈善组织的透明度在不断提升,但与社会发展要求相比差距仍然很大,慈善组织公信力的不足,不仅影响了慈善组织善款的募集,也挫伤了民众参与慈善的积极性。

(四)慈善组织发展的法律政策体系尚不完善

当前我国已经先后制定了《社会团体登记管理条例》、《民办非企业单位登记管理暂行条例》和《基金会管理条例》,特别是作为我国慈善制度基础性、

---

① 民政部主管的中民慈善捐助信息中心:《中国慈善透明报告》;基金会行业自律性组织——基金会中心网:中基透明指数;由深圳USDO自律吧:《中国民间公益透明指数榜单》;北京大学公众参与研究与支持中心:《中国公益慈善透明度观察报告(2013—2014)》。

综合性法律《慈善法》已于2016年9月正式实施，标志着我国慈善事业进入法制化轨道。为落实《慈善法》的实施，我国颁布了一系列配套的法规、规章和政策文件，初步形成了社会组织的法律法规体系。但从更高标准来看，与一些发达国家相比较，我国慈善组织的法律制度建设还不完善，尚有很大的规范空间。例如，慈善组织在登记管理、公益捐赠免税、组织员工就业和社会保障方面的法律法规还比较欠缺，相应的政策环境对慈善组织促进作用有限。主要体现在以下几个方面。首先，我国慈善法律体系过于原则，相应的慈善保障机制还不完善，甚至有些政策文件存在互相冲突的问题。比如，《慈善法》规定了慈善组织的类型主要有基金会、社会团体和社会服务机构3种形式，取消了过去一直沿用的双重管理体制，规定符合条件的慈善组织直接向县级以上政府民政部门申请登记，即取得合法地位。但是作为慈善组织重要组成部分的社会团体成立登记的条件，在《社会团体登记管理条例》第九条却规定"申请成立社会团体，应当经其业务主管单位审查同意，由发起人向登记管理机关申请登记"。第十一条规定申请登记社会团体，发起人应当向登记管理机关提交的文件里面，明确规定了提交"业务主管单位的批准文件"。社会团体登记增加了业务主管单位的审查和批准的规定，与《慈善法》的相关规定不一致。其次，在政府职能转换和简政放权的背景下，我国公民参与社会治理的热情高涨，社会组织成为国家治理体系和治理能力现代化的重要支撑。作为社会组织基本法的《社会组织法》，它调整的是中华人民共和国境内设立的各种社会组织，能保障公民结社自由和财产权利，规范社会组织的行为，保障其合法权益，促进社会公益事业的健康发展。但是，我国迄今为止还没有一部社会组织基本法，导致既缺乏保障其权益的法律规范，也缺乏规制社会组织与其他组织及个人之间的权利和义务关系的法律规范。[1] 目前，《社会组织法》还没有颁布实施，社会组织的运行管理主要依据《社会团体登记管理条例》、《民办非企业单位登记管理暂行条例》和《基金会管理条例》。然而，3个条例不仅法律的位阶低，而且比较陈旧，难以适应新时代社会组织快速发展的需要。《社会组织法》

---

[1] 郑功成. 尽快制定《社会组织法》. 公益时报，2018-03-20 (5) [2018-11-20]. http://www.gongyishibao.com/newdzb/html/2018-03/20/node_5.htm.

的缺失，既影响了社会组织与政府部门健康关系的建立，又影响了社会组织与其他社会主体之间公平关系的形成，造成社会组织权益保护法律规范的缺失，影响了社会组织与其他组织及个人之间合法权利和义务关系的建立。最后，在税收优惠方面，尽管国家有关部门先后制定出台一系列税收优惠政策，对于扶持慈善组织发展起到一定的积极作用，但给予慈善组织的税收优惠的种类、力度依然不够，税收减免政策往往采取区别对待、个案审批，造成同一种类的社会组织却不能享受相同的优惠政策。另外，还有慈善信托还没有税收优惠政策的配套细则，慈善组织用于公益事业的慈善投资收入没有享有免税待遇等问题。

第三节　中国特色慈善组织发展的道路

党的十八届三中全会提出全面深化改革的总目标是完善和发展中国特色社会主义制度，推进国家治理体系和治理能力现代化，这是对党的执政规律、社会主义建设规律和人类历史发展规律认识的重大深化。一般认为，国家治理体系由经济治理、政治治理、文化治理、社会治理、生态治理五大体系构成，社会组织作为社会治理的参与主体，也是国家治理体系和治理能力现代化的有机组成部分。党的十九大提出了建设中国特色社会主义现代化强国的战略目标，根据这个总的战略目标，党的十九大还提出了国家治理体系和治理能力现代化的战略规划：到2035年基本实现国家治理体系和治理能力现代化，到21世纪中叶实现国家治理体系和治理能力现代化。作为社会治理重要主体的社会组织，其必然也必须与国家治理体系和治理能力现代化的总目标相一致，与进一步全面深化改革的战略全局相呼应，与社会建设和社会治理目标相对接。[1]2016年，中共中央办公厅、国务院办公厅印发《关于改革社会组织管理制度促进社会组织健康有序发展的意见》，首次将"努力走出一条具有中国特色的社会组织发展之路"作为社会组织改革发展的总要求，明确了"社会组织是我国社会主

---

[1] 马庆钰，廖鸿.中国社会组织发展战略.北京：社会科学文献出版社，2015.

义现代化建设的重要力量",为我国社会组织长远发展提供了前进方向和行动指南。

一、党的领导是慈善组织发展的根本保证

中国慈善组织的发展道路,既要符合慈善组织发展的客观规律,又必然与中国的具体国情相结合,走出一条具有中国特色的慈善组织发展道路。习近平总书记在党的十九大报告中明确指出,"中国特色社会主义最本质的特征是中国共产党领导,中国特色社会主义制度的最大优势是中国共产党领导"。2014年5月9日,习近平总书记在参加河南省兰考县委常委班子专题民主生活会时说:"中国最大的国情就是中国共产党的领导。什么是中国特色?这就是中国特色。"因此,中国慈善组织要走出一条中国特色的发展之路,首先必须坚持党对慈善组织的领导,保证慈善组织正确的发展方向,还要做到以下几点。

第一,明确社会组织发展的指导思想和基本原则。中国社会组织的改革发展必须立足于坚持和发展中国特色社会主义道路,立足于社会主义初级阶段这一基本国情,既要坚持正确的政治方向,又要与中国传统文化、经济社会发展阶段相适应,必须服从和服务于中国发展战略大局。《关于改革社会组织管理制度促进社会组织健康有序发展的意见》明确了中国特色社会组织发展道路的基本内涵,诠释了社会组织发展的指导思想、基本原则和总体目标等。《关于改革社会组织管理制度促进社会组织健康有序发展的意见》指出,社会组织发展的指导思想是"邓小平理论、'三个代表'重要思想、科学发展观,深入贯彻习近平总书记系列重要讲话精神,按照'四个全面'战略布局要求,贯彻落实创新、协调、绿色、开放、共享发展理念,一手抓积极引导发展,一手抓严格依法管理,充分发挥社会组织服务国家、服务社会、服务群众、服务行业的作用,努力走出一条具有中国特色的社会组织发展之路。"为妥善处理社会组织改革发展中的重大关系,保证社会组织管理制度改革顺利推进,《关于改革社会组织管理制度促进社会组织健康有序发展的意见》提出了坚持党的领导、坚持改革创新、坚持放管并重、坚持积极稳妥推进4条原则。社会组织改革发展的这4条原则也是社会组织发展中的重点和难点,明确落实4条原则,就能

找到社会组织改革发展的突破口和路径。4条原则中，"党的领导是根本保证，改革创新是主要动力，放管并重是基本要求，积极稳妥推进是方法指引，四者相辅相成、相互作用，要一并坚持、统筹应用好"。①

第二，在慈善组织中建立党组织，是我国特有的制度安排，也成为我国慈善组织发展的最大特色。我党历来重视党的基层组织建设，在慈善组织中建立基层党组织，实现党对慈善组织的领导是中国慈善组织发展的鲜明特色。党的十八大以来，党和政府出台了一系列文件政策，确立了在慈善组织中设立党组织的顶层设计，要求实现党组织在慈善组织的全覆盖。加强党对慈善组织的领导是巩固党的执政基础，也是增强和扩大党的阶级基础和群众基础的必然要求。党组织在慈善组织中发挥政治核心作用，保证党的路线方针政策在社会新的领域、群体中全面贯彻执行，增强群众对党的大政方针政策的认同，提升其参与中国特色社会主义建设的积极性和主动性，实现党对慈善组织的领导，使慈善组织更好地融入国家发展的战略，更好地融入中国特色社会主义建设的大局，提升慈善组织在国家治理中的地位和作用，保证慈善组织健康有序地发展。

第三，明确党组织在慈善组织的地位，实现党的领导与慈善组织依法自治，有机统一。党组织要严格按照党的文件精神和政府规章制度要求，明确党对慈善组织的政治领导和方向指引，将党建工作融入慈善组织的运行和发展中，为慈善组织的健康发展保驾护航。按照中央文件指示精神，各级党委和政府要把社会组织工作纳入重要议事议程，定期听取社会组织的工作汇报，对社会组织工作的重大事项进行专项研究，加大对社会组织的支持力度；将对社会组织的领导列入党委和政府绩效考核内容，加强对社会组织领导。同时，党组织在促进社会组织遵守国家法律法规和党的方针政策的基础上，坚守政策法规确立的党对慈善组织领导地位的定位和职责，维护和支持慈善组织依法行使自治权，提高慈善组织的活力。另外，充分利用党组织的优势资源，加大党建工作对慈善组织发展的支持力度，为慈善组织获取更多的政府、政策和社会支持服务，

---

① 李立国. 全面领会和把握好《意见》精神促进社会组织健康有序发展. 中国社会组织, 2016 (17): 14-15.

使党组织成为慈善组织发展的重要推动力量。

第四，有针对性地开展党建活动，提升慈善组织的影响力和美誉度。党组织根据慈善组织的特点和使命，科学设计和安排党建活动，建立规范的党建制度和活动规划，将党建活动与慈善组织的业务活动有机结合，充分发挥党组织和党员干部的先锋模范带头作用，调动慈善组织从业人员的积极性和创造性，提升慈善组织的组织力和服务能力，扩大慈善组织在国家治理和社会建设中的作用和影响力。通过打造党建项目品牌，提高服务社会的能力和质量，密切党同群众亲密的关系，提升慈善组织的美誉度和社会认可。

二、改革创新激发慈善组织活力

党的十八大明确将政社分开作为中国特色社会主义行政体制改革的重要目标，提出"加快形成政社分开、权责明确、依法自治的现代社会组织体制。"2013年3月，第十二届全国人大一次会议第四次全体会议通过了《关于国务院机构改革和职能转变方案的决定》，开启了我国新一轮行政体制改革。《决议》将政府职能转变提到了与政府机构改革相同的地位，充分表明了政府职能转变的决心和力度，明确了政府将该管的事情管好，不该管的事情坚决放手，以提高政府管理的科学化水平，特别是提出了要激发社会组织活力，使其更好地成为政府职能的可靠承接者。政社分开是激发社会组织活力的前提，在此基础上政府要更加注重对慈善组织的监督管理和支持，充分调动慈善组织参与社会治理的积极性、主动性和创造性。

第一，政社分开为慈善组织发挥作用提供广阔的空间。政社分开，是实现国家治理体系现代化的重要举措。2012年10月，《国务院关于第六批取消和调整行政审批项目的决定》指出，"凡公民、法人或者其他组织能够自主决定，市场竞争机制能够有效调节，行业组织或者中介机构能够自律管理的事项，政府都要退出"。政社分开的核心在于政府和社会的分离，政府向社会释放更多的公共空间，将资源配置交给市场，将由社会组织承接的社会管理和公共服务交给社会组织。政社分开并非削弱政府的权力，而是明确政府和社会的边界。要实现政府与社会的协同治理，必须"进一步明确政府主导和社会参与的具体分工与协作模式，基于各自优势科学配置治权，明确各自权责"。① 这就要求政府根据行政体制改革的要求加快职能转变，明确政府权力的管辖范围，对慈善组织做到不干预不越界。慈善组织也要加快科学化、专业化发展，提高社会服务和社会救助的能力，在此基础上保持政府与社会相互合作以实现政府与社会协同治理社会事务。"政社分开不是削弱政府的权力，而是充分发挥政府与社会组织的各自优势，使政府专心于国家性公共事务的处理，社会组织则专注于微观生活生产领域的社会事务的运作。"② 只有界定清楚政府在社会领域的职能，才能从无限政府转变为有限政府，政府统揽社会、包打天下的传统体制才能得到改革；只有界定政府的职能，大社会的格局才有可能出现，各种形式的社会组织才会有发展和发挥作用的广阔空间。③ 党的十九届三中全会审议通过的《中共中央关于深化党和国家机构改革的决定》在推进社会组织改革中提出"加快实施政社分开，激发社会组织活力，克服社会组织行政化倾向。适合由社会组织提供的公共服务和解决的事项，由社会组织依法提供和管理。依法加强对各类社会组织的监管，推动社会组织规范自律，实现政府治理和社会调节、居民自治良性互动"。这为慈善组织的改革与发展提出了明确的要求和发展方向。

第二，政社分开使慈善组织真正走上依法自治、依章自治的道路。政社不分的背景下，社会组织从内部治理到组织管理、项目运作往往表现出对政府体系的依赖和依附。政社分开后，社会组织走向独立自主，其运作方式、管理规范将是按照法律法规和章程进行自主治理、自我规范。④ 慈善组织自身建设的根基在于享有独立的法人地位，在此基础上慈善组织才能真正拥有人事、财务、项目等方面的决策权，实现自我管理和自主发展。2017年10月1日开始实施的《民法总则》将法人分为营利法人、非营利法人、特别法人三大类，将慈善组织划为非营利法人组织，这就从法律层面赋予了慈善组织实现自治的基础。

---

① 江必新. 以党的十九大精神为指导，加强和创新社会治理. 国家行政学院学报，2018 (1)：23–29.
② 王栋，乔耀章. 整体化分散治理：中国特色政社关系与治理机制. 学术界，2017 (7)：91–99.
③ 竺乾威. 政社分开的基础：领导权与治理权分开. 中共福建省委党校学报，2017 (6)：4–10.
④ 朱晓红. 现代治理体系中的社会组织发展：新条例解读. 中国社会组织，2016 (12)：12–14.

慈善组织获得独立法人地位以后，就可以按照现代组织的治理方式运作，按照《慈善法》《基金会管理条例》《社会团体登记管理条例》《民办非企业单位登记管理暂行条例》的规范要求设立内部组织结构，确定决策权、监督权和执行权的分配，并根据法律授权制定组织章程，规范组织行为，完善组织治理结构和治理机制，提升慈善组织科学化和专业化发展。实现慈善组织的依法自治，不仅是政府和社会职能分离，而且还要将一些带有行政职能和背景的社会组织与行政机关进行剥离，该归行政管理的归行政管理，该归社会的归社会，避免出现"二政府"现象。政府对慈善组织要依法进行引导、治理，减少对慈善组织不正当的行政干预，让慈善组织能够依法独立工作。另外，严格执行中共中央办公厅、国务院办公厅《关于党政机关领导干部不兼任社会团体领导职务的通知》《中共中央组织部关于规范退（离）休领导干部在社会团体兼职问题的通知》规定，从严规范公务员兼任社会团体负责人，因特殊情况确需兼任的，按照干部管理权限从严审批，且兼职一般不得超过1个。在职公务员不得兼任基金会、社会服务机构负责人，减少和降低行政对慈善组织的决策、监督、执行和用人方面的影响，在制度上确保慈善组织实现依法自治。

第三，加大政府对慈善组织的扶持力度，促进慈善组织的健康稳妥发展。由于我国慈善组织发展规模和成熟程度直接影响其在社会治理中的作用，因此，在政社分开的改革背景下，为促进慈善组织的发展，还必须增大政府对慈善组织的扶持力度。按照《关于改革社会组织管理制度促进社会组织健康有序发展的意见》要求，政府对慈善组织的扶持主要包括：支持慈善组织提供公共服务，逐步扩大政府向慈善组织购买服务的范围和规模，对民生保障、社会治理、行业管理等公共服务项目，同等条件下优先向慈善组织购买；完善财政税收支持政策，安排专项资金支持慈善组织参与社会服务，落实国家对慈善组织的各项税收优惠政策，符合条件的慈善组织按照有关法律法规享受相关税收优惠政策；完善人才政策，把慈善组织人才工作纳入国家人才工作体系，建立慈善组织负责人培训制度，积极向国际组织推荐具备国际视野的慈善组织人才；发挥慈善组织的积极作用，支持慈善组织在创新社会治理、化解社会矛盾、维护社会秩序、促进社会和谐等方面发挥作用，使之成为社会建设的重要主体，支持慈善

第一章　中国慈善组织及其发展道路

组织在发展公益慈善事业、繁荣科学文化、扩大就业渠道等方面发挥作用，满足人民群众多样化需求。①

第四，强化政府对慈善组织的监管和服务，优化慈善组织发展的约束机制。慈善组织作为非政府、非营利性的民间组织，其组织运行主要依靠组织内部管理和治理机制，由于受组织管理人员素质和管理机制设置等因素的影响，有些慈善组织出现运行效率低下、运行成本过高，甚至出现损害社会公众利益的行为。加之，慈善组织承接了政府的部分职能，享有政府免税方面的优惠，因此，为防止慈善组织内部管理失灵和滥用免税政策等造成对国家和社会公众利益的损害，就必须加强政府对慈善组织的监管和服务，规范慈善组织的发展。政府对慈善组织的监管是提升慈善组织的社会认同度、获取社会资源能力、提高慈善组织服务社会水平、促使慈善组织融入实现社会主义强国战略大局的重要因素。近些年，我国出台了一系列规范慈善组织发展的法律、法规、政策和文件，强化了对慈善组织活动的监管，从过去的预防制逐渐过渡到追惩制，确保慈善组织活动在合法的轨道上运行。《慈善法》专设监督管理一章，确立了以民政部门为主的单一监管模式，消除了过去多主体监管出现的相互推诿的监管状态，在一定程度上避免了监管主体的虚置。政府对慈善组织的监管主要通过注册登记、对慈善组织年度报告和财务报告进行审查审计、建立慈善组织评估制度、接受投诉举报等方式。同时，通过建立慈善组织信用体系，规范慈善组织的发展。设立慈善组织信用分类监管制度，并对守信的社会组织进行联合激励，对失信的社会组织进行联合惩戒。通过建立慈善组织"异常名录"和"黑名单"，将慈善组织的实际表现情况与慈善组织享受税收优惠、承接政府转移职能和购买服务等挂钩。通过建立慈善组织统一代码和信息公开制度，运用新媒体技术推进慈善组织基础信息公示和信用信息公示，实现信息实时更新，扩大部门间信息共享和方便公众查询。通过健全和完善联合执法机制、投诉举报机制、公开曝光机制等制度，特别是通过信用管理手段，对严重违法失信的慈善组织降低其信用等级，加大对违法违规慈善组织的惩处力度，保证慈善组织健康有序

---

① 中共中央办公厅、国务院办公厅《关于改革社会组织管理制度促进社会组织健康有序发展的意见》。

的发展。

三、加强慈善组织自身建设

　　慈善组织的发展已经上升到国家战略的高度，作为慈善组织要自觉、准确地把握好在新时代国家战略中的地位和作用。站在新的历史起点上，把握新机遇，不断提升慈善组织职业化和专业化能力，致力于满足人民群众对美好生活的需求，为解决各种不平衡不充分发展的问题聚焦发力。新时代赋予了慈善组织新的历史使命，要加强慈善组织的自身建设，实现慈善组织科学化、专业化发展，提升慈善组织公信力，完善慈善组织的内部治理结构，打造具有现代化组织理念和能力的慈善组织。

　　首先，坚守公开透明的原则，提升慈善组织公信力。公开透明是慈善组织的必然要求和归宿。公信力不足已经成为当前阻碍慈善组织发展的最重要的因素之一。要充分发挥和实现慈善组织在国家发展战略和社会治理中的作用，就必须从提升慈善组织公信力入手，这就需要加强和完善慈善组织管理制度、慈善组织内部机制、社会监督机制，打造慈善组织发展的健康环境。《慈善法》颁布实施后，相关的法规和规章制度已经颁布实施，[①] 今后要在落实相关法律法规上下功夫，让法律制度和法律精神尽快变成详细、具体、易于操作的规章制度，明确各方责任和义务。对于不符合法律规范要求的慈善组织要坚决打击和取缔，对于不完善的慈善组织要加强整顿使其符合慈善组织的规范要求，不允许没有合法身份的组织打着慈善组织的名号进行各种所谓的慈善活动。加强政府监管，确立守信激励和失信惩戒制度机制，净化整个慈善市场。同时，慈善组织自身要加强诚信建设，打造慈善组织的信用体系，坚持信息公开以真实、

---

① 《关于改革社会组织管理制度促进社会组织健康有序发展的意见》、《社会服务机构登记管理条例》(《民办非企业单位登记管理暂行条例》修订草案征求意见稿)、《社会团体登记管理条例》(修订草案征求意见稿)、《慈善组织认定办法》、《慈善组织保值增值投资活动管理暂行办法（征求意见稿）》、《慈善组织信息公开办法》、《慈善组织公开募捐管理办法》、《公开募捐平台服务管理办法》、《慈善信托管理办法》、《慈善组织互联网公开募捐信息平台基本技术规范》、《慈善组织互联网公开募捐信息平台基本管理规范》、《社会组织登记管理机关受理投诉举报办法（试行）》、《社会组织信用信息管理办法》等。

完整、及时为原则，依法主动进行充分的信息披露，建立信息公开制度，自觉接受社会监督，让慈善在阳光下运行。

其次，加强慈善组织的专业化和科学化水平建设，提升慈善组织服务社会主义强国建设的能力。慈善组织人才队伍建设是慈善组织实现可持续、专业化发展的核心基础，慈善的专业人才不足已成为制约中国公益慈善事业发展的主要瓶颈。一方面，慈善组织要吸收更多高素质的专业人才，实现慈善组织职业化和专业化发展，不断优化服务模式，为社会提供更加专业化、精细化、多元化和个性化的服务；另一方面，针对我国慈善专业人才不足的现象，要运用多方教育培训资源加强对慈善专业人才的培养，特别是高等院校在专业设置和方向上增加投入，保证慈善专业人才的市场供给。慈善组织还要积极主动与国际、国内发展成熟、专业、美誉度高的慈善组织沟通交流学习，学习其现代化的管理和运作经验，并根据不同慈善组织的特点和国情打造不同特色的慈善组织。同时，慈善组织要树立人才第一的观念，重视人才、关心人才，要引得来、留得住、用得好，打造组织稳定的专业团队，提升组织专业化和科学化水平。

最后，建立科学的内部治理结构和治理机制。慈善组织要实现科学化内部治理，最主要的是要构建出科学合理的慈善组织内部治理结构。科学合理的组织结构是慈善组织实现高效规范运作并实现组织目标、宗旨的关键。在法律规定的框架内，通过组织章程确立组织的内部治理结构，建立和完善会员大会（会员代表大会）、理事会、监事会制度，使慈善组织成为权责明确、运转协调、制衡有效的法人主体。明确权力机构、监事机构和执行机构的形成及权力界限，实现决策权、监督权和执行权的合理分工与制衡。同时，建立完善的慈善组织内部治理机制，以保障内部治理结构运作的效率和效果。具体包括建立完善的决策机制、监督机制、激励机制、财务机制、用人机制、信息公开机制等，规范慈善组织的发展，激发调动慈善组织从业人员的积极性和创造性，打造中国特色的品牌慈善组织，提升慈善组织服务社会的能力和在实现中华民族伟大复兴中国梦中的作用。

总之，中国特色慈善组织的发展道路既要坚持慈善组织发展的一般规律，又离不开中国特有的国情。当前，中国特色社会主义已经进入新时代，通过改革创新营造出慈善组织健康发展的制度环境。在习近平新时代中国特色社会主义思想的指引下，慈善组织通过不断深入地改革创新加强自身建设，提高在国家治理中的地位，提升服务社会的能力，必然走出一条具有中国特色的慈善组织发展之路。

第二章 慈善组织发展环境研究

慈善组织作为社会治理的重要主体,在我国社会转型、体制转轨的形势下,是弥补市场失衡、政府局限性的缓冲阀、平衡器,科学、专业、高效的慈善组织对促进社会和谐、公平正义发挥重要作用。慈善事业作为社会保障的重要补充,其地位和作用在一定程度上受制于慈善组织的数量和规模。慈善组织健康、可持续发展所需要的基本环境包括积极的政治认同、规范的法律制度,持续的经济增长,宽松和谐的文化和社会环境等要素。

第一节 政治制度环境

慈善组织的发展离不开国家的政策、法律和行政管理体制等政治因素,政治因素在慈善组织的发展中起到了决定性的作用。甚至有人认为,政治因素对中国慈善事业发展的影响最直接、最明显,甚至具有生杀予夺的权力。[①] 慈善组织发展的政治制度环境可以分为3个层面:一是宏观层面,主要有党和国家对于慈善组织的认同、鼓励和推动慈善组织发展的宏观政策;二是中观层面,主要有规范和促进慈善组织发展所需要的相关法律制度;三是微观层面,主要指行政管理体制改革。

一、慈善组织发展的政策环境

慈善组织是慈善事业发展的载体,一个国家慈善组织发展程度和在社会治理中的地位直接决定这个国家的文明程度。慈善组织的发展壮大在很大程度上取决于政府是否对其支持,是否制定出规范和鼓励慈善组织发展的法律制度。

---

① 张奇林.论影响慈善事业发展的四大因素.经济评论,1997(6):80-86.

中华人民共和国成立后，慈善组织经历了停顿、复苏、繁荣再到成为社会治理主体的过程，与此相对应，政府对慈善组织的态度也从否定、限制、鼓励再到大力推进，经过了曲折漫长的过程。

中华人民共和国成立后，慈善组织经历了停顿、复苏到繁荣的历程。中华人民共和国成立初期，全国旧有的慈善机构按其状况，大致可以分为3类：第一类是国民政府在各省、县举办的省城救济院和县救济院及其他善堂会；第二类是地方乡绅兴办的带有封建地域性的各类善堂善会；第三类是接受外国津贴的慈善机构，主要包括一些教会医院和育婴堂等。[1] 旧的慈善组织是建立在当时经济政治和社会制度基础之上的，是私有制基础上的社会救济机构。中华人民共和国成立后，要建立以公有制为主体，人民群众当家做主的国家政权，实行社会主义计划经济，慈善组织存在的基础和社会条件发生了根本变化。1950年4月24日，中央政府委员会委员、副总理董必武在中国人民救济代表大会上所做的《中华人民共和国的救济福利事业的报告》里指出，"中国人民成立了自己的政府，把中国的命运掌握在自己手中，救济福利事业不再是统治阶级欺骗麻醉人民的装饰品，也不再是少数热心人士的孤军苦斗，而是政府和人民同心协力医治战争创伤并进行和平建设一系列工作中的一个组成部分。"[2] 中华人民共和国成立后，社会救济和社会福利都是由政府包办，政府主导的济贫帮困活动使慈善公益组织几乎没有存在的必要。由中央人民政府统管的政府救济，挤掉了民间慈善事业的"地盘"，由此也造成了我国慈善事业在这一时期的衰落和停顿。自此，作为真正民间性、自愿性和自治性的慈善机构在我国已经不存在，这种状况一直持续到20世纪80年代初。

党的十一届三中全会后，随着改革开放的推进，理论界开始关注慈善事业，对慈善事业在社会发展中的地位和作用给予了充分的肯定。但从政府层面来看，国家一直对社会组织持谨慎态度。直至20世纪80年代，出台的政策和法律制度基本以约束慈善组织为主，例如，1988年颁布实施的《基金会管理办法》第十一条规定，基金会准入需要"由其归口管理的部门报经人民银行审查批准，

---

[1] 王俊秋. 中国慈善与救济. 北京：中国社会科学出版社，2008.
[2] 徐达深. 中华人民共和国实录：第1卷（上）. 长春：吉林人民出版社，1994.

第二章 慈善组织发展环境研究

民政部门登记注册发给许可证,具有法人资格后,方可进行业务活动",即业务主管部门同意、民政部门登记和报人民银行批准的"三重管理体制",为基金会成立设立了比较高的门槛。1998年10月,国务院公布了《社会团体登记管理条例》,正式确立我国社会团体登记机关和业务主管单位双重管理的体制。从以上两部法规对慈善组织的规定可以看出,这一段时间国家对慈善组织的发展基本采取的态度是约束和抑制。

1994年中华慈善总会成立,标志着慈善事业在中国的复兴。值中华慈善总会成立之际,1994年2月24日,《人民日报》发表了题为《为慈善正名》的重要社论,以中国式的宣传方式,褪去裹挟在慈善上的污名外衣,让慈善重返中国社会和公众视野。同年2月,国务院首次确定慈善捐赠税前扣除比例,规定企业和个人在公益性捐赠前进行税前扣除,在税收政策上支持慈善事业的发展。中华慈善总会成立不久,就在社会救助中彰显了其重大价值。1998年,我国爆发特大洪水,直接经济损失达1660亿元。面对重大洪涝灾害,单靠国家的财力难以满足救灾的需要,党中央向全国人民发出"万众一心、众志成城"抗击洪涝灾难的号召。中华慈善总会在这次救灾中募集到3.6亿元捐款和3亿元左右救灾物资,全部送往灾区,慈善组织的救助功能和作用得以初步显现。党和政府对于慈善组织在社会发展中的作用予以肯定,并制定专门政策支持和鼓励慈善组织的发展。为鼓励社会捐赠,规范捐赠和受赠行为,保护捐赠人、受赠人和受益人的合法权益,促进公益事业的发展,1999年6月,第九届全国人民代表大会常务委员会第十次会议通过了《中华人民共和国公益事业捐赠法》,这是中华人民共和国成立以来第一部捐赠法律,也是慈善事业方面的第一部法律;2000年国务院发布的《关于加快城镇社会保障体系建设试点方案》和2001年发布的《国民经济和社会发展第十个五年计划纲要》中都明确提出了"发展慈善事业"的要求。2004年党的十六届四中全会提出了"健全社会保险、社会救助、社会福利和慈善事业相衔接的社会保障体系",第一次明确将慈善事业写进党的重要文献,慈善事业成为社会保障的重要组成部分。2005年,党的十六届五中全会上,党中央更加明确地提出了"支持社会慈善、社会捐赠、群众互助等社会扶助活动","加快完善社会保障体系"的要求。2005

年11月21日，民政部发布《中国慈善事业发展指导纲要（2006—2010年）》，规划了未来5年慈善事业发展目标和原则，从10个方面提出了发展慈善事业的基本政策和措施，为慈善事业发展提供了明确的发展方向。2006年，党的十六届六中全会再次提出"发展慈善事业，完善社会捐赠减税免税政策，增强全社会慈善意识"的要求。由于这一时期中国慈善市场基本以官办或有官方背景的基金会和慈善会为主体，因此，这一时期国家出台的一些慈善事业鼓励性政策基本针对的是这些慈善组织。比如，2003年财政部、税务局关于"非典"捐赠税前扣除优惠政策的享有者只有中华慈善总会和中国红十字会，2004年《财政部、国家税务总局关于向宋庆龄基金会等6家单位捐赠所得税政策问题的通知》（财税〔2004〕172号）规定，对个人通过中国宋庆龄基金会、中国福利会、中国残疾人福利基金会、中国扶贫基金会、中国煤矿尘肺病治疗基金会、中华环境保护基金会用于公益救助性的捐赠，准予在缴纳个人所得税税前全额扣除。至2006年7月，财政部、税务局先后批准了60家社会团体可以享受税前扣除优惠，其中准予在缴纳个人所得税税前全额扣除的23家慈善组织全部为官办。

  党的十七大首次把社会组织放到全面推进社会主义经济建设、政治建设、文化建设、社会建设"四位一体"的高度进行全面而系统地论述。将社会组织作为"发展基层民主，保障人民享有更多更切实的民主权利"的重要内容，提出"发挥社会组织在扩大群众参与、反映群众诉求方面的积极作用，增强社会自治功能"。这意味着党和国家在国家治理理念方面的变革，反映出社会组织在我国社会政治经济生活中成为不可或缺的重要地位。2008年9月1日，民政部社会福利和慈善事业促进司成立，此后各省（自治区、直辖市）及部分基层民政部门增设或明确了促进慈善事业发展的职能机构，专门负责慈善事业的管理和服务。2011年，民政部发布慈善事业的"十二五"纲要，为慈善事业绘制了宏伟蓝图。此后，各省市纷纷出台促进慈善事业的规划和指导意见，使地方政府发展慈善事业有了规划性和可行性。

  2012年11月，党的十八大报告指出，应"加快形成党委领导、政府负责、社会协同、公众参与、法治保障的社会管理体制，加快形成政府主导、覆盖城乡、可持续的基本公共服务体系，加快形成政社分开、权责明确、依法自治的现代社会组织体制"，为慈善组织的发展指明了方向。党的十八届三中全会《中共中央关于全面深化改革若干重大问题的决议》对社会组织在国家与社会治理现代化背景中的功能作用更加重视，并就社会组织管理制度改革做出举措安排，明确提出"创新社会治理体制、改进社会治理方式"，完成从"社会管理"到"社会治理"的转型升级。在论述创新社会治理体制方面，提出"适合由社会组织提供的公共服务和解决的事项，交由社会组织承担。支持和发展志愿服务组织"，并提出了重点培育和优先发展行业协会商会类、科技类、公益慈善类、城乡社区服务类4类社会组织，慈善组织获得了前所未有的发展条件。2016年8月21日，中共中央办公厅、国务院办公厅印发了《关于改革社会组织管理制度促进社会组织健康有序发展的意见》，此意见充分肯定了社会组织是我国社会主义现代化建设的重要力量，科学阐述了社会组织健康发展的指导思想、基本原则和总体目标，提出在降低准入门槛、积极扶持发展、增强服务功能3个方面大力培育发展社区社会组织，明确提出包括公益慈善类等4类社会组织实行直接登记。

党的十九大报告给慈善组织发展带来了全要素、全方位的历史机遇。党的十九大提出了我国社会已经进入中国特色社会主义新时代，指出了新时代中国社会主要矛盾已经转化为人民日益增长的美好生活需要和不平衡不充分的发展之间的矛盾，为慈善事业的发展指明了方向。慈善组织将在平衡地区差异、城乡差距和贫富差距方面发挥更大的作用，实现慈善组织在促进教育、科学、文化、卫生、体育、环保等领域的全面发展。党的十九大提升了社会组织在国家治理中的地位和作用，明确了社会组织在协商民主、社区治理、环境治理、扶贫工作中的重要作用，这对于社会组织，特别是慈善组织，将是重要的历史机遇。2017年11月21日，习近平总书记在给首届丝绸之路沿线民间组织合作网络论坛发去的贺信中指出："民间组织是推动经济社会发展，参与国际合作和全球治理的重要力量"。这标志着我国慈善组织走出国门，在国际合作和全球治理的舞台上彰显风采。党的十九大还提出要加强社会组织基层党组织建设，注重在社会组织发展党员等要求，这从政治上强调了发挥党组织的政治核心作用，确保社会组织发展的正确方向。当前慈善组织处在历史上最好的政策环境中，党中央和政府对慈善组织一系列的支持和扶持的宏观政策，为慈善组织在我国的快速发展和壮大起到了无可替代的作用。

二、慈善组织发展的法律环境

慈善组织的发展除了政策在宏观上的支持，还需要促进和规范慈善组织发展的法律规范，没有慈善相关法律的保驾护航，慈善组织的发展将寸步难行。自 2016 年《慈善法》颁布实施以来，我国密集出台了社会组织领域多部法律法规，预示着我国慈善组织发展的法制环境不断完善，慈善组织法律体系更加健全。

目前，我国在慈善组织立法规范方面主要存在着法律、法规和地方性法规几个层面。此外，与《慈善法》配套的系列行政规章也促进了《慈善法》的落实。

1. 法律层面。当前，我国慈善组织立法方面层次最高的是 2016 年 9 月 1 日开始实施的《慈善法》。该法是社会领域的重要法律，是慈善制度建设的基础性、综合性法律，为规范和促进慈善事业健康发展提供坚实法治保障。《慈善法》对慈善和慈善活动进行了界定，明确了我国慈善活动是指自然人、法人和其他组织以捐赠财产或者提供服务等方式，在扶贫、济困、扶老、救孤、恤病、助残、优抚、救助自然灾害等突发事件造成的损害，以及促进教科文卫体事业发展、保护环境等领域自愿开展的公益活动；明确了慈善组织的定义及其设立程序，规范了慈善组织的行为准则和内部治理，强化了慈善组织的信息公开义务。《慈善法》还对慈善行为和慈善财产进行了规范，建立起了政府监管、行业自律和社会监督为一体的立体监管体系，明确了民政部门为慈善事业的主管部门，并对主管部门的监管职责、措施和履职程序进行了规定等。《慈善法》对于慈善组织行为、政府的管理行为和公民的慈善方式都进行了规范，保障了我国慈善组织健康有序的发展，为慈善组织在新时代平衡社会经济发展不平衡，参与国家治理提供了法律依据。

《慈善法》颁布以前，规范慈善组织相关的法律主要有《中华人民共和国红十字会法》和《中华人民共和国公益事业捐赠法》。《中华人民共和国红十字会法》是对作为慈善组织的红十字会进行规范的专门法律，内容包括对红十字会的职责确认、财产管理等；《中华人民共和国公益事业捐赠法》主要是规范慈善主体中最重要的两方主体，即捐赠人与受益人之间的行为，包括捐赠人的捐赠行为和受益人的受赠行为，此法对捐赠财产如何规范管理与使用做了相关规定，明确了违反相应规定的法律责任。两部法律颁布后，对慈善组织的规范化发展起到了一定的促进作用。但由于这两部法律发布时间较早，适用范围较狭窄，因此，对于慈善组织发展的促进作用有限。

为了规范、引导境外非政府组织在中国境内的活动，保障其合法权益，促进交流与合作，2016年4月28日《中华人民共和国境外非政府组织境内活动管理法》颁布并于2017年1月1日起实施。这是我国第一部针对境外非政府组织的立法，明确了境外非政府组织开展活动的原则和规范，在赋予境外非政府组织合法权益的同时，也按照法治原则，明确其开展活动不得损害我国的国家利益、社会公共利益和公民、法人及其他组织的合法权益。同时，法律规定了境外非政府组织具体的义务和责任，将境外非政府组织在华活动纳入了法治轨道，为境外非政府组织在华开展慈善活动提供了法律保障和政策支持，同时法律也为政府部门依法惩处打着非政府组织的名义从事违法犯罪活动的行为提供了法律依据，维护了国家安全和公众利益。自该法正式生效实施后，境外非政府组织代表机构在华登记和临时活动备案的数量逐渐增加。截至2017年12月31日，已有305家境外非政府组织登记了代表机构，其中组织注册所在国家或地区数量排名前五位的为美国、中国香港、日本、韩国和德国，占总数的71.48%。[1]

除了以上专门规范慈善组织的法律外，还有一些其他法律的条款涉及慈善组织。比如，2017年10月1日开始实施的《民法总则》，该法将法人分为营利法人、非营利法人、特别法人三大类别。非营利法人包括事业单位、社会团体、基金会、社会服务机构等，在非营利法人之下设置捐助法人，专门规范基金会和社会服务机构的管理。非营利法人类别的创设，适应了我国社会组织管

---

[1] 人民网.《慈善蓝皮书》2017中国慈善行业年度十大热点事件发布.(2018-01-08)[2018-12-25]. http://gongyi.people.com.cn/n1/2018/0108/c186202-29752452.html.

理制度的变革。《民法总则》从法律层面明确了慈善组织的法律地位和治理的主体身份，不仅有力促进了慈善组织参与社会治理，而且对健全慈善组织法人治理结构，促进社会组织健康有序发展起着非常重要的积极作用。

2. 行政法规层面。在《慈善法》出台之前，我国对慈善组织的规范，主要依靠国务院颁布的3个行政法规，即《社会团体登记管理条例》、《基金会管理条例》和《民办非企业单位登记管理暂行条例》。2016年《慈善法》颁布实施以后，为了与《慈善法》有效衔接，国务院在2016年启动了对以上3个条例的修改，使《慈善法》相关的规定得以具体化，推进我国慈善组织快速规范化发展。为了更准确地反映社会服务机构的定位和属性，与《慈善法》的表述相衔接，将"民办非企业单位"名称改为"社会服务机构"，将现行《民办非企业单位登记管理暂行条例》名称改为《社会服务机构登记管理条例》。

《社会团体登记管理条例》（修订草案征求意见稿）明确了行业协会商会类、科技类、公益慈善类、城乡社区服务类社会团体可以直接登记，降低了登记的门槛。增设第五章"组织机构"，引导社会团体通过建立完善的内部治理机制，健全内部监督制度，提高社会团体运行的效率。专设"信息公开"一章，明确规定了登记管理机关、社会团体的信息公开义务，以年度工作报告制度替代年检制度，并向社会公开。提出加强政府监管对社会团体的信用约束，探索建立社会团体及其负责人的信用记录、异常名录等制度，加强社会团体自律和社会监督，以提高社会团体透明度，提升公信力。

《基金会管理条例》（修订草案征求意见稿），规定了成立基金会以直接向民政部门申请登记为一般原则，登记需要业务主管单位同意的为例外。将基金会的登记管理权限由部、省两级拓展为部、省、市、县四级，对市、县级登记的基金会规定了较低（200万和400万）的注册资金标准。不再区分公募和非公募基金会，成立满两年后可以依法申请公开募捐资格。规定了政府监管、社会监督和行业自律的综合监管模式，实行年度报告制度以取代过去的年检制度，实行信息公开，建立信用制度和活动异常名录制度。条例降低了基金会准入门槛，鼓励基金会的发展，特别是基金会在基层的发展。

《社会服务机构登记管理条例》（《民办非企业单位登记管理暂行条例》）

总则中充分体现了国家鼓励和保护政策,改变了过去诸多的限制性条款。明确了国家鼓励兴办社会服务机构,通过政府补助、购买服务、土地划拨、人才培养等方式,支持社会服务机构发展。降低了社会服务机构的准入门槛,规定对于科技类、公益慈善类、城乡社区服务类社会服务机构,可直接到民政部门申请登记。增加了组织机构、活动准则和财产管理两章,对社会服务机构财产的管理和使用、接受和使用捐赠、会计和审计监督、注销和清算程序提出了明确的要求,以引导社会服务机构实现自我管理、依法自治。将年度检查调整为向主管部门提交年度工作报告,履行信息公开义务。同时,登记管理机关通过实施随机抽查,通过将不履行年度工作报告和信息公开义务的社会服务机构列入异常名录等手段,加强对社会服务机构的监督和处罚。

2017年12月1日正式实施的《志愿服务条例》是我国第一部关于志愿服务的专门性法规,填补了国家在志愿服务立法上的空白。条例对志愿服务组织的法律地位、规范管理和活动开展等进行了系统规定,明确了各级民政部门作为本行政区域志愿服务的行政管理部门,县级以上人民政府有关部门按照各自职责,负责与志愿服务有关的工作。条例从多方面强化了志愿者权益保障,规定了政府和有关部门在资金、政策、税收和购买服务等方面对志愿服务的支持。国家鼓励企业和其他组织在同等条件下优先招用有良好志愿服务记录的志愿者,同时将志愿服务纳入公务员录用、事业单位招聘的考察内容,将学生志愿服务活动纳入实践学分管理,激发志愿者参与志愿服务的积极性。条例的颁布实施对推动志愿服务制度化、常态化发展,提升志愿服务整体效能将会起到巨大的引领作用。随着全国志愿服务信息系统上线,中国志愿服务也进入了信息数据化时代,截至2017年12月31日,通过该系统共可查到实名志愿者69 895 407人,志愿团体425 388个;其中,记录时间的志愿者10 149 735人,服务时间共为830 603 830小时。①

3.行政规章层面。与《慈善法》配套的行政规章,内容涵盖慈善组织登记认定、慈善募捐、慈善信托备案、慈善活动支出和管理费用及监督管理等多

---

① 中国慈善联合会.《慈善蓝皮书》2017中国慈善行业年度十大热点事件发布.(2018-01-08)[2018-12-25]. http://www.charityalliance.org.cn/org/10963.jhtml.

个方面。行政规章的颁布主体是国务院各部委及各省、自治区、直辖市的人民政府,现阶段我国国务院职能部门颁布的关于慈善组织的部门规章主要包括:《社会福利机构管理暂行办法》,此办法以社会福利机构为主体,依法对其具体运作进行管理;《救灾捐赠管理暂行办法》,此办法是根据《中华人民共和国公益事业捐赠法》制定的,进一步细化了救灾捐赠活动的规范;《扶贫、慈善性捐赠物资免征进口税暂行办法》《关于公益性捐赠税前扣除有关问题的通知》等也对慈善组织做出了相应的规定。2016年8月15日,民政部印发了《社会组织登记管理机关受理投诉举报办法(试行)》,设立了投诉举报邮箱,推进了社会监督制度建设。2016年8月30日,民政部联合工业和信息化部、国家新闻出版广电总局和国家互联网信息办公室等四部委制定《公开募捐平台服务管理办法》,规范公开募捐平台服务,维护捐赠人、受益人和慈善组织等慈善活动参与者的合法权益,促进我国慈善事业的健康发展。2016年8月31日,民政部印发《慈善组织认定办法》《慈善组织公开募捐管理办法》。《慈善组织认定办法》是针对《慈善法》公布前已经设立的基金会、社会团体、社会服务机构等非营利性组织,申请认定为慈善组织专门制定的办法。《慈善组织公开募捐管理办法》是为规范慈善组织公开募捐资格和公开募捐活动管理而制定的。为加强社会组织信用信息管理,推进社会组织信用体系建设,促进社会组织健康有序发展,2018年1月24日,民政部《社会组织信用信息管理办法》颁布实施。办法规定:社会组织未按照规定时限和要求向登记管理机关报送年度工作报告将被列入活动异常名录,被列入活动异常名录满2年的社会组织将被列入严重违法失信名单,成为重点监管对象,受到相关惩戒。此外,《慈善信托管理办法》发布,《慈善组织保值增值投资活动管理暂行办法》及《慈善组织信息公开办法》的公开征求意见稿陆续出炉,表明《慈善法》配套的法律制度从税收优惠、信息公开、资产保值增值、慈善信托等方面对慈善组织实施规范。此外,各地还陆续出台了许多规范慈善组织发展的地方性法规和规章制度。这些规章,特别是《慈善法》颁布后颁布实施的规章,为《慈善法》的落实增加了实用性和可操作性,进一步规范推动了中国慈善法治进程的有序发展。

《慈善法》颁布实施以来,我国社会组织起草或修订的法律法规层次之高、数量之多、频率之密前所未有。当前以《慈善法》为核心的慈善组织法律体系已经初步建立起来，为慈善组织的健康发展提供了可靠的法律保障。在这个体系中，《慈善法》在立法层次上属于基本法，是关于整个慈善事业的基本法律，在慈善法律体系中居于核心的位置，其他单行的法律、法规必须依照或者参照慈善法的相关要求进行规范，慈善领域法规和规章制度的颁布实施进一步提升了慈善法律的可操作性，弥补了法律规定在适用上过于原则的缺陷。尽管慈善组织发展的法制环境得到了极大改善，但是我国当前法律制度建设与慈善组织在社会治理中的作用和地位相比还是显得滞后，对慈善组织从法律层面的实体性规范还显得不足，影响了政府治理与社会调节、居民良性互动的局面的形成。

三、行政体制改革为慈善组织创造发展空间

行政体制改革为慈善组织释放出生存和发展的空间。改革开放前，我国的行政管理体制以计划经济体制和全能政府的职能体系为基础，政社合一的社会管理模式压缩慈善组织的生存和发展空间。改革开放后，为适应经济体制改革的要求，政府改变过去高度集中的政治体制，逐渐厘清了政府组织、市场组织和社会组织的关系和界限，开始向社会适度放权，慈善组织逐渐有了生存和发展的空间。1988年，党中央提出政府职能转变，明确了政府职能从微观管理、直接管理到更加着重宏观管理和间接管理的转变。20世纪90年代后，在经济体制和行政体制改革的推动下，国家行政权力开始逐步有序退出经济和社会领域。权力不再只集中于政府行政，开始分散于各类社会组织之中，单方强制性使用行政权力的空间开始缩小，社会组织逐渐降低了对政府的依附。党的十八大以后，以习近平总书记为核心的党中央从全局出发把转变政府职能作为深化行政体制改革的核心，把简政放权等改革作为供给侧结构改革的重要内容，进一步加大了简政放权力度，国务院部门先后分9批取消和下放618项行政审批事项，其中多数下放给市场机制调节或下放给地方政府，还有一部分交由社会组织通过行业自律和社会化服务方式承担，非行政许可审批彻底终结。[①]当前，

---

① 李立国. 简政放权应发挥社会组织积极作用. 人民日报，2014-09-29(12).

我国行政管理工作制度正在实现深度转型，其实质是改革传统的工作制度，完成全能型政府向服务型政府的转型，全能式的行政管理逐渐走向国家与社会合作共治式的公共管理。

政府职能转变为社会组织参与公共管理打开了空间，改变了在全能型政府下，社会没有相对独立性，依附于政府组织的状况。进入21世纪后，随着政府行政体制改革不断推进和政府职能转变，原有官方色彩浓厚的社会组织逐渐走向民间化，加之社会组织数量大规模增加，政府开始将一些社会性、公益性和服务性的社会公共服务与管理职能转移出政府，交由社会组织来承接。党的十八届三中全会通过的《中共中央关于全面深化改革若干重大问题的决定》明确提出"切实转变政府职能，深化行政体制改革，创新行政管理方式，增强政府公信力和执行力，建设法治政府和服务型政府。"政府职能转变是行政体制改革的关键环节，转变政府职能就是要厘清政府与市场、政府与社会的关系。《中共中央关于全面深化改革若干重大问题的决定》提出在创新社会管理体制中要"激发社会组织活力。正确处理政府和社会关系，加快实施政社分开，推进社会组织明确权责、依法自治、发挥作用。适合由社会组织提供的公共服务和解决的事项，交由社会组织承担"。同时，对于我国社会组织整体发展较弱，社会治理能力不足的情况，政府继续不断加大对社会组织重点培育和扶持，发展壮大社会组织，以承接政府转移出来的职能。党的十九大报告提出，转变政府职能，深化简政放权，创新监管方式，增强政府公信力和执行力，建设人民满意的服务型政府。当前，我国政府基本实现了由全能型政府向有限政府转变，通过政府机构改革已经基本实现政社分开。在政府职能转变的过程中，不仅为社会组织让出一部分公共资源，而且各级政府在管理体制和运作机制等方面的深入改革，也为社会组织参与公共管理，为其提供公共产品和服务创造了更多条件。比如，政府通过购买服务，培育、引导和发展社会组织，充分发挥社会组织在公共服务中的作用。

共建共享共治社会治理格局的逐渐形成，为慈善组织提供了更广阔的发展空间。党的十八届三中全会提出的"创新社会治理体制"明确了社会治理主体的多元化，政府成为多元治理主体中的一个，打破了政府在社会管理中的垄断地位。党的十九大报告进一步提出"打造共建共治共享的社会治理格局",为新时期社会治理指明了方向。在各级党委政府的主导下,发挥社会各方力量的协同作用,推进社会管理规范化、专业化和科学化。作为政府与社会缓冲地带的社会组织,扎根于群众之中,成为人民群众参与社会治理的平台,而且人民群众的诉求也通过社会组织这个渠道进入政府决策系统,实现群众有序参政。当前社会治理方式正在从传统的政府行政性行为转向社会多元主体协商共治,在厘清政府、企业和社会组织职能边界的基础上,向全社会开放。[①]

中国特色社会主义进入新时代,慈善组织在社会治理中的地位和作用得到党和政府高度关注和重视,国家给予慈善组织长期稳定的政策环境对于慈善组织的可持续发展提供了政治保障。慈善组织参与社会治理的相关法律制度已经基本具备,政治体制改革也为慈善组织发展创造了有利条件,拓展了发展空间。

第二节 经济制度环境

改革开放前,我国在经济上实行的是公有制基础上的计划经济体制,在这种体制下,国家对社会资源全方位垄断和控制,对一切经济活动采取指令性的行政管理和配置。与计划经济体制相适应的国家福利制度,也由国家按照行政权力对福利资源实施指令性的分配和计划,完全由国家和官办的机构完成,作为民间社会组织的慈善组织失去了生存的空间和物质基础。改革开放以来,随着经济体制、政治体制改革的推进,我国社会主义建设取得了辉煌的成就,特别是市场经济体制的确立、分配制度的改革为慈善组织的发展提供了强有力的物质基础和发展空间。

一、经济发展奠定了慈善组织的物质基础

中国是在"一穷二白"的基础上开始进行社会主义建设的,受生产力水平低的影响,我国经济整体实力比较落后。"文化大革命"结束的1976年,我

---

① 程萍. 打造共建共享共治社会治理新格局. 小康,2017(34):26-28.

国的GDP总量为1539.4亿美元，占当年世界GDP总量的2.2%；人均GDP仅165.4美元，排在世界第120多位。改革开放后，党和国家把工作重点转移到经济建设上来，坚持一个中心两个基本点的基本路线，提出了"三步走"发展战略，而第一步是从1981年至1990年解决人民温饱的问题，说明我国改革开放之初的物质基础非常薄弱。经过改革开放40年的发展，中国的经济得以快速发展，1978—2017年中国经济年均增长9.5%，相当于同期世界经济年均增速的3倍多。据国家统计局《2017年国民经济和社会发展统计公报》数据显示，2017年，我国国内生产总值比上年增长6.9%，总量达到82.7万亿元，稳居世界第二位，而到2018年，我国经济总量第一次超过90万亿，达90.03万亿元。根据世界银行数据显示，1978年中国GDP仅为1495亿美元，占世界GDP的比重仅为1.77%；2017年达到122 377亿美元，占世界GDP的比重达到15.17%。从宏观经济上看，经济发展与慈善捐赠数量呈正相关，国家经济实力的提升和壮大，为慈善组织的发展提供了强有力的经济基础。中国近几年慈善捐赠总量不断提升，在捐赠总额上，2014年共接收国内外慈善捐赠1042.26亿元，[①] 2015年共接收国内外慈善捐赠1392.94亿元[②]，2016年全国社会捐赠总量达1346亿元[③]，2017年全国社会捐赠总量达1499.86亿元[④]。表明慈善捐赠总量的提升与国家经济实力不断提升有着直接关系。从世界慈善组织发展来看，越是经济发达的国家其慈善组织成熟程度越高，运行越规范，在社会治理中所起的作用越大。

善款是慈善组织得以生存和发展的基础，社会捐赠意愿的强弱影响到慈善组织生存状况的好坏。尽管慈善捐赠数量的总体趋势是随着经济的增长而增长，但是经济总量的提升并不直接决定慈善捐赠数量，决定捐赠数量的直接经济因素是个人和企业的收入，毕竟慈善捐赠是建立在自愿、非营利基础上的，是在社会成员满足自己物质精神需求的基础上所做出的选择。改革开放以来，随着

[①] 数据来自中民慈善捐助信息中心发布的《2015年度中国慈善捐助报告》。
[②] 数据来自中民慈善捐助信息中心发布的《2016年度中国慈善捐助报告》。
[③] 杨团. 慈善蓝皮书：中国慈善发展报告（2017）. 北京：社会科学文献出版社，2018.
[④] 杨团. 慈善蓝皮书：中国慈善发展报告（2017）. 北京：社会科学文献出版社，2018.

国家经济实力的不断提升，国民个人的收入也逐年增加，1978年，全国居民人均可支配收入仅为171元，2017年达到25 974元，增加了150.9倍，剔除价格因素，增加了22.8倍。① 尽管我们离世界高收入国家（人均国民年收入在12 736美元以上）的标准还有一定的距离，但中国已经踏入中上等收入国家水平。当人们满足了温饱并生活比较富裕后，社会的自主意识开始觉醒，公共的社会参与热情会随着生活质量的提高而不断提升。此时，作为民间性、公益性、自愿性的慈善组织成为人们奉献社会、承担社会责任的平台和媒介。

二、市场经济体制的确立为慈善组织发展创造了条件

社会主义改造完成至党的十一届三中全会以前，我国在所有制方面实行单一的公有制，在公有制的实现形式上仅仅有城市的国有企业和集体企业，农村的集体所有制是以队为基础、三级所有的人民公社。在这种经济制度下，强调全部生产资料归全民共同所有，全部的社会福利和救济也由政府负责完成，慈善组织失去发展的空间和经济基础。改革开放以来，我国根据生产力发展的水平，逐步展开了生产关系领域的改革，通过经济体制改革，我国逐渐形成了以公有制为主体、多种所有制经济共同发展的基本经济制度，非公有制经济成为社会主义初级阶段社会主义经济的重要组成部分。生产资料所有制多样化的发展，特别是非公有制经济的发展不仅为慈善组织提供了经济基础，也为慈善组织的发展创造了有利条件。

市场经济体制的确立为慈善组织的发展提供了物质上的可能性和客观的必要性。党的十四大以后，我国进行了市场经济体制改革，市场经济的发展也促进了我国社会阶层结构的深刻变化。在计划经济向市场经济的转型过程中，由于部分领域改革不到位导致的机会不平等、资源分配不合理及权力寻租等现象是造成我国收入差距较大的主要原因。随着社会主义市场经济的推进，城乡居民社会地位和经济收入距离逐渐拉开，社会阶层出现了新的分化、转换和组合，

---

① 中国社会科学院课题组. 改革开放40年中国民生发展：城乡居民收入每十年翻一番. 人民日报，2018-12-20(7).

形成了新的利益格局。由此也造成不同阶层之间利益的冲突和矛盾，社会不稳定因素增加。在市场经济中处于优势地位的利益群体逐渐成为社会中上层，占有较多的社会资源，拥有更多的话语权。与此同时，在竞争中处于劣势的广大农民和城市中缺乏知识技能、又处在劣势行业领域的工人阶层，特别是一些偏远的穷困地区的困难群众和残疾人、失业人员、缺乏经济条件的孤寡老人组成的弱势群体处于社会下层，他们的生存权和发展权受到严峻的考验。由此导致了社会贫富分化比较严重的现象，从而引发社会矛盾和冲突，影响社会的和谐和强国梦的实现。同时，受市场经济发展不完善、资本逐利性的影响，我国出现了诸如生态环境恶化、食品安全、安全事故频发等社会问题。慈善组织作为市场与政府之外的第三种力量，运用组织专业性和影响力参与社会治理，在扶贫济弱、改善生态环境，关注人民群众健康，促进科学、教育、文化、卫生、体育服务等领域发挥作用。慈善组织通过汇集社会慈善资源弥补政府在公共服务和对社会弱势群体救助不足的问题，减轻各级政府和社会的负担，平衡社会贫富差距，维护了社会稳定和谐。

三、分配制度的改革促成我国慈善供给和需求群体的形成

改革开放以前，受我国生产力发展水平的限制，在分配制度上采取的是平均主义的分配方式，社会成员之间贫富差距较小，加上都处在没有解决温饱的状态下，没有能力去救助别人，慈善事业失去了物质基础。改革开放后，为与初级阶段基本经济制度相适应，我国实行了按劳分配为主体、多种分配方式并存的分配制度，在此基础上确立了劳动、资本、技术和管理等生产要素按贡献参与分配的原则。分配制度的改革，一方面充分调动了生产主体的劳动积极性，使生产要素流向效率高的行业和企业，资源得到合理利用，提升了整个国家的经济实力；另一方面，在市场经济体制下，由于劳动者个体所具备的竞争能力不同，所占有的生产要素不同，甚至由于我国市场经济发展的不成熟，劳动者所处的行业、地域不同都会造成劳动者有收入差距。同时，处在社会低端的劳动者大多不享有资本、技术和管理等生产要素，单一的劳动收入必然造成总收

入水平低的现象,再加上社会主义初级阶段的社会保障还不完善,如果再遇到一些天灾人祸就会重新陷入赤贫。与此同时,市场竞争中处于优势地位的社会精英阶层拥有资本、技术、管理等生产要素,占有较多社会资源,造成中国社会财富不断向精英阶层聚集,中国开始出现富豪阶层,由此也形成了我国慈善救济上的供给群体和需求群体。据定量测定社会居民收入分配的差异程度的基尼系数显示,2012—2017年,中国居民收入的基尼系数分别为0.474、0.473、0.469、0.462、0.465、0.467[①],显示我国近些年虽然收入差距有缩小的趋势,但是差距依然很大。富裕阶层随着财富的积累和社会的发展,社会责任意识也逐渐觉醒,他们通过捐赠的方式使财富和资源直接向贫困阶层流动,通过财富的合理转移,在一定程度上化解了社会危机,缩小了收入差距,有助于维护社会稳定,弥合社会裂痕。

  治理贫富差距是一项长期的工作,需要从政治、经济、文化和社会多方面努力,但不可否认的是,慈善组织在需要帮助的社会成员和希望反哺社会的社会成员之间架起了一座桥梁,是缓解贫富差距的重要途径。事实也表明,通过市场化手段积累巨额财富的民营企业家已成为我国现代慈善事业的主力军。胡润慈善榜显示,2009年捐赠超过百万元的民营企业有282家,占慈善企业总数的62.9%。在捐赠总额前十名的上榜企业中,民营企业占据了5个席位,外资企业占3个席位,国有企业占2个席位。2011中国慈善排行榜捐赠数据显示,在上榜的707个企业中,民营企业数量为374个,占总数的52.9%,捐赠总额约为65.3亿元,占全部捐赠总额的56.3%。据《公益时报》发布的2015年中国慈善榜统计,2015年,上榜企业数量349家、捐赠总额48.667 385亿元,其中民营企业共有219家企业上榜,占所有企业数量的62.75%,其捐赠总额达到39.174 9亿元,占榜单总捐赠额的80.49%,占据了这份榜单前十名的八个席位。另据中国慈善联合会《2016年度中国慈善捐助报告》数据显示:2016年,我国捐赠过亿的企业达到了34家,其中国有企业8家,民营企业26家。这些企业的捐赠合计达到98.22亿元,比2015年增加

---

① 中国新闻网.统计局:2016年基尼系数为0.465较2015年有所上升.(2017-01-20) [2018-12-10]. http://finance.china.com.cn/roll/20170102/4077333.shtml.

18.91%，分占全年企业捐赠和社会捐赠总额的 10.81%、7.05%。民营企业在不断引领慈善捐赠风潮的同时，越来越多的企业发起成立基金会，如阿里巴巴集团成立阿里巴巴公益基金会、中国长江三峡集团公司成立三峡集团公益基金会、腾讯公司成立腾讯公益基金会、万科集团成立万科公益基金会、京东集团成立北京京东公益基金会等，进一步壮大了我国慈善组织的队伍，提升了慈善组织的质量。

第三节 文化制度环境

慈善文化对慈善组织的发展起着巨大的推动作用。一个国家和地区慈善组织的数量和发展水平，往往受到这个国家和地区的慈善文化的影响。中国慈善文化源远流长，儒家的仁爱思想深深影响着中华民族的民族性格。从古代以仁爱为核心的慈善文化，到当代以权利与责任为特征的公民意识，以"社会主义核心价值观"为核心的当代慈善文化，都深刻影响和推动了慈善组织的发展。

一、中国优秀传统文化为我国慈善组织的发展奠定了伦理基础

自古以来，中国人民就有着乐善好施、扶贫济困、尊老爱幼、扶弱助残的传统美德，这些传统美德不仅蕴涵于诸子百家的慈善思想体系之中，深植于中华儿女的道德信仰和价值观念之中，体现于社会大众自觉自愿地扶贫济困的朴素行为之中，而且还造就了中华民族独特的慈善文化，对中华民族的团结、文明和进步起到了重要的作用。

作为中华传统文化之主脉的儒家思想，其代表人物孔子、孟子提出了仁爱思想、民本思想和大同思想，并以此形成了儒家慈善思想的基础，成为中国慈善思想最主要的文化渊源。在孔子的大同社会里，"鳏寡孤独废疾者皆有所养"体现了社会对弱者的救济和关爱，孔子主张的"仁者爱人""己所不欲，勿施于人"的仁爱思想与现代慈善价值要求高度一致。仁爱是孔子思想体系的核心，

后来发展成整个儒家文化的中心范畴，成为中华民族慈善思想的理论渊源。孟子在孔子以忠孝作为爱人的基础上，发展了其仁爱思想，从人性出发提出了"恻隐之心，人皆有之"[①]的思想，提出"出入相友，守望相助，疾病相扶持，则百姓亲睦"[②]的社会互助观。同时，孟子认为理想社会的状态是"老吾老以及人之老，幼吾幼以及人之幼"[③]，以此发展了孔子的仁爱思想。儒学思想自先秦创立至今，深刻地影响着我国的政治、经济和文化的发展，并深刻影响着统治者的治国方略，也为慈善组织的发展提供了伦理前提。

道教的善恶因果报应的思想深刻影响着我国民众的伦理标准和行善弃恶的行为标准，成为影响古代中国慈善组织发展的又一重要思想渊源。在老子看来，"善有善报，恶有恶报"，善恶报应作为一种必然的循环规律，直接规范着人们的生活实践并衍生为国人根深蒂固的慈善伦理传统。道家"承负说"指出：前辈行善，今人得福；今人行恶，后辈受祸。这种因果关系，在以血缘关系为纽带的中国封建社会，对于扬善惩恶自有其特殊意义。"上善若水，水善利万物而不争。"[④]在这里，老子认为善的最高境界应该像水一样，滋养万物而不求回报，老子的这一观点与现代慈善思想的要求不谋而合。

佛教作为外来宗教，其慈悲观、修善功德观和因缘业报说对于我国慈善事业的发展起到了很大的作用。慈悲精神是佛教教义的核心，"大慈与一切众生乐，大悲拔一切众生苦。大慈以喜乐因缘与众生，大悲以离苦因缘与众生"。[⑤]佛教的慈悲就是一种完全利他的道德观，这种道德观正是人们从事慈善活动的出发点。佛教布施、福田的思想，推动了中国传统社会的慈善实践，而作为佛教伦理基础的善恶果报说，给人以今生修善德，来世升入天界；今生造恶行，来世堕入地狱的伦理启示。尽管佛教的因缘业报说为了维护统治阶级的利益要民众甘心今生受苦换取来生幸福具有麻痹性，但它在引导世人行善积德，去恶从善，维护伦理道德，客观上唤醒了民众的道德自觉与自律。

---

① 源自《孟子·告子上》。
② 源自《孟子·滕文公上》。
③ 源自《孟子·梁惠王上》。
④ 源自《道德经》第八章。
⑤ 鸠摩罗什. 佛说象法决疑经. 上海：上海古籍出版社，1991.

除了以上介绍的儒家、道家和佛教文化中的慈善思想，对我国慈善事业发展影响比较大的还有墨子的"兼爱"思想。墨子主张"天下兼相爱则治，交相恶则乱"，爱无差等，爱无差别，主张"兼相爱，交相利"，①提倡"天下之人皆相爱，强不执弱，众不劫寡，富不侮贫，贵不敖贱，诈不欺愚"②，倡导人们之间要不分你我、亲疏、贵贱、强弱、智愚和众寡地相互爱护。墨子的"兼爱"思想，突破了儒家"仁者，爱人"，但"爱有差等"，以维持"亲亲有术，尊贤有等"的宗法观念。墨子的兼善天下思想要求的超血缘、地缘，完全利他的理念与现代的慈善理念不谋而合，对于推动我国慈善组织的发展有一定的积极意义。

二、公民主体意识的觉醒有力推动了我国慈善组织发展

公民意识是公民对自身的政治地位和法律地位应履行权利和应承担义务的自我认识。公民意识包括参与意识、监督意识、责任意识和法律意识等，其中责任意识是公民意识的核心。在中国漫长的封建社会，小农经济及专制主义导致社会大众权利意识、平等意识、责任意识、法制意识不足，民众主动参与社会事务治理、维护公共利益的意识不强，面对灾难和困难，民众习惯于自我救济，而且以不为国家和政府增加负担为美德。民众既没有把得到国家和社会的救助当成一种权力，也没有把维护社会的公平与和谐作为一种社会责任。尽管自古以来，中华民族就有扶危济困、乐善好施的慈善传统，但是这种传统意义上的救助行为更多是基于人们的道德情操，而不是一种社会责任和义务的选择。同时，受中国以家庭为单位的农业社会影响，费孝通先生的"差序格局"在慈善领域表现明显，即救助对象大都是血缘宗族，救助范围也局限于周边地域，救济内容以灾害和贫病为主，因此，尽管中国古代就有乐善好施的思想传统和道德行为，但总体看，这种救济还处于狭隘和封闭阶段，与建立公民主体意识和社会责任的现代慈善有很大的不同。中华人民共和国成立特别是社会主义制

---

① 源自《墨子·兼爱中》。
② 源自《墨子·兼爱》。

度的建立，人民成为国家的主人，社会大众的主体意识、社会责任发生了根本性变化。但是，由于是计划经济体制，社会救济以政府为主体，普通大众施行慈善的行为和释放空间不足。改革开放后，社会政治经济体制改革和国家治理模式发生了改变，一方面，在社会利益主体多元化的背景下，社会大众要求通过国家和社会保障法律所赋予的权力，维护自身的合法权益；另一方面，在社会尚存在困难群体的情况下，希望通过自己的救济行为，体现自己的主人翁地位和社会责任，彰显人生价值。介于政府组织和市场组织之外的慈善组织，就成为民众参与社会治理、实现社会责任的重要载体之一。

志愿精神是公民意识的重要体现。志愿精神是一种可贵的公民意识，它由社会责任感、国家自豪感、人类同情心等基本价值理念组成。在我国经济社会逐步转型的过程中，社会成员也逐渐走向自主独立、有社会责任感，主动自觉地参与社会管理，从而形成了民众的志愿精神。随着社会的发展和时代的进步，这种自愿贡献时间和精力，不以取得物质利益报酬为目的志愿精神在我国逐渐形成并成为社会主流价值观。志愿精神倡导关爱他人、关注社会价值取向，呼吁人们走出私人空间，积极关注公共生活空间的发展，促进公民主动参与社会事务，这对公民意识的形成和发展起到至关重要的作用。[①] 通过参与志愿服务活动可以增强社会成员的自觉意识，使其关注社会公共事务，主动承担社会责任，提升整个社会的发展速度。在汶川地震、抗洪救灾等自然灾害面前都能看到志愿者们人道主义的救援力量；在奥运会、世博会、APEC 峰会等重大活动上，志愿者专业、规范、热心的服务给中国赢得荣誉；在扶贫、支教、环保、公共秩序等领域也体现了志愿服务在社会治理中的作用。

三、社会主义核心价值观为慈善组织提供强大的价值支撑

价值观是决定人们判断是非标准、决定行为取向的重要观念集合。生活在现实社会中的人，由于所处阶层、生活方式等诸多不同，价值观自然是多样、多元的。然而，任何一个稳定的、健康的社会，其占主导地位的价值观又必须

---

① 马海韵.中国公民志愿精神：价值愿景、成长现状及培育路径.南京社会科学，2011（12）：86–91.

是统一的、一元的。中国社会主导核心价值观——社会主义核心价值观的确立和弘扬，为当代慈善组织的发展，为中国慈善事业的进步，提供了强大的价值支撑。

中华人民共和国建立以来，由于实行以公有制为基础的高度集权体制，社会奉行集体主义的价值观。虽然不否认个人利益，但在其现实性上，往往将集体利益置于个人利益之上。改革开放后，人们在享受个性解放、价值自由的同时，随着西方思潮的涌入，剧烈的体制变革，中国社会一度出现了道德滑坡、信仰缺失、价值观失衡。重新构建与社会主义市场经济相适应的主流价值观，统摄和引领中国社会大众的价值观，已是当务之急。2006年10月，党的十六届六中全会通过《中共中央关于构建社会主义和谐社会若干重大问题的决定》，第一次明确提出了"建设社会主义核心价值体系"这个重大命题和战略任务，党的十八大进一步从国家、社会和个人3个层面概括了社会主义核心价值观：富强、民主、文明、和谐，自由、平等、公正、法治，爱国、敬业、诚信、友善。强劲的经济发展，系统的体制机制完善，持续的价值观重塑，中国社会正在悄然发生变化。

价值观对慈善意识和慈善行为发挥着非常重要的支撑作用。"核心价值观，承载着一个民族、一个国家的精神追求，体现着一个社会评判是非曲直的价值标准。"[①] 一个社会的核心价值观是维系整个社会团结和睦的精神纽带，是推动经济社会全面发展的精神动力，是指引社会前进方向的精神旗帜。"核心价值观，其实就是一种德，既是个人的德，也是一种大德，就是国家的德、社会的德。"[②] 社会主义核心价值观是对中华民族传统美德的弘扬与光大，同时它又以开放的胸怀包容了世界上一切先进的文化，从而成为培养公民慈善意识和慈善行为的思想基础和价值取向，为慈善组织的发展提供了强大的价值支持。

社会主义核心价值观在国家层面倡导"富强、民主、文明、和谐"，折射

---

① 人民网.2014年5月4日,习近平在北京大学师生座谈会上的讲话.（2014–05–04）[2018–12–10]. http://edu.people.com.cn/n/2014/0505/c1053–24973276.html.
② 方世南.让慈善理念融入社会主义核心价值观.（2016–12–13）[2018–12–10]. http://theory.gmw.cn/2016–12/13/content_23252247.htm.

出了慈善理念的价值追求。富强是对国家经济方面的要求，慈善组织发展的物质基础是经济的发展繁荣，没有国家富强基础上的共同富裕，慈善组织就会成为无源之水。民主是对国家政治上的要求，其实质和核心是人民当家做主，作为国家主人的社会公民必然在国家繁荣强盛、社会和谐稳定方面承担更大的责任和使命。文明是在文化方面的要求，中国传统文化和新时代社会主义文化为慈善事业的发展提供了智力和精神的支持。社会和谐是慈善事业发展追求的目标。因此，社会主义核心价值观在国家层面上的价值要求为慈善组织的发展提供了物质基础和价值追求目标。

社会主义核心价值观在社会层面倡导"自由、平等、公正、法治"，充分体现了慈善事业对社会的价值要求。追求自由和实现自由是现代民主社会的基本要求，自由的基础是人们物质和精神层面的满足，而慈善救助与社会服务为困难群众和社会弱势群体实现自由提供了物质条件。当前，要有效改变人民群众特别是社会弱势群体由于经济状况的限制而自由度还不够的现象，促进"自由"这一价值观的普遍实现。① 平等是现代社会的基本特征，是衡量社会进步的重要标准。平等作为一种社会价值，在承认公民个体差别的前提下，要求作为社会主体的个人是平等的，社会应确保每个人的生存权和发展权都受到同样的尊重。只有充分认识公民在法律面前的一律平等，才能要求尊重和保障人权，实现每个人生存和发展的实质平等。"公平正义"的价值观要求社会的每个成员的基本权利都要得到维护，保障每个公民有尊严地生活。慈善组织通过救助改善社会弱势群体的生存状况，维护了社会公平正义。法治是治国理政的基本方式，依法治国是社会主义民主政治的基本要求。慈善组织必定在法律的框架下进行依法行善，没有法律制度的保障，慈善事业不可能实现健康有序的发展。由此可以看出，社会主义核心价值观在社会层面的价值要求，为慈善组织的发展提供了社会价值基础。

慈善组织的发展除了需要政治、经济和社会环境的完善和配合，最根本的还取决于公民个人的价值观和道德水平。社会主义核心价值观在个人层面要求

---

① 方世南. 让慈善理念融入社会主义核心价值观. (2016-12-13) [2018-12-10]. http://theory.gmw.cn/2016-12/13/content_23252247.htm.

"爱国、敬业、诚信、友善",为公民的行为和道德提出了基本规范和要求。爱国是公民最基本的价值准则,是一种高尚的品格和情怀,爱国不是口号,要落实到公民维护国家、民族利益,为国家的发展承担责任上来,更体现在每个人的本职工作中。敬业是爱国在社会生活中的表达,也是公民对于社会责任的承担和公民义务的履行。"诚信、友善"与慈善组织所要求的公信力和利他主义价值观高度吻合。诚信是对公民价值观的要求,也是慈善组织公信力的体现,慈善组织通过信息公开提升组织的透明度,从而获取更多的慈善资源。友善是要求公民之间尊重个体差异,维护生命尊严,和谐人际关系。友善是慈善之源,是慈善组织得以成立和发展的基础,只有怀有友善之心才会对弱势群体、困难群众和自然环境行使友善之举,从这个意义上说友善为慈善组织提供不竭的动力。

第四节 社会发展环境

慈善组织作为扎根于社会、服务于大众的民间组织,离不开良好的社会环境。社会环境有广义和狭义之分。广义的社会环境是指社会政治环境、经济环境、法制环境、科技环境、文化环境、语言环境、卫生环境等宏观因素的综合,即慈善组织发展的大环境。狭义的社会环境指社会组织生存和发展的具体环境,即慈善组织与公众不同层面的关系网络,包括公民社会的发育程度、社会风气和社会舆论等。本书慈善组织发展的社会环境选取狭义的社会环境,主要从社会成员对社会活动的参与度,成员之间的关系及互动方式等方面考察社会组织的发展程度,从社会保障程度考察慈善组织发展的必要性,从社会风气、社会舆论方面考察社会对慈善组织的支持力度。社会环境是慈善组织发展的重要外部条件,同时也是慈善组织可持续发展必不可少的基础条件。当前,我国社会环境在公民社会发育程度方面,社会风气、舆论环境都为慈善组织发展提供了良好的环境。[1]

---

[1] 张奇林,巩春秋.中国慈善事业可持续发展的现实需求与战略选择.山东社会科学,2016(7):54–59.

第二章 慈善组织发展环境研究

一、社会转型要求慈善组织在社会治理中发挥作用

社会组织是现代公民参与社会的一种存在方式和生活形态。改革开放以来，中国社会领域经历了一场广泛而深刻的历史性变革，逐渐实现了从身份社会向契约社会、从单位社会向个体社会的历史性转型。身份社会和单位社会将人的地位固化，限制了人的自由流动和个体积极性、主动性和创造性的发挥，制约了社会发展的生机和活力。进入21世纪，特别是2008年汶川地震和奥运会的召开，激发了公民意识，民间力量在抗震救灾和奥运服务中的作用充分体现出来，并被社会和政府认可。社会组织的发展奠定了公民自治的平台，民众通过社会组织平台参与社会服务和社会治理已经成为一种新的生活方式。

社会管理创新依托公民主体意识的觉醒，公民积极参与社会事务是社会管理创新的社会基础。当前，我国社会发展进入新时代，经济成分的多元化必然产生多元化的利益主体，造成利益关系复杂化，不同利益群体的自主意识被不断唤醒和强化。而且随着不同利益群体之间的利益差距的加大，群众的诉求出现日益多样化的形态，由此造成不同利益群体之间矛盾的加剧。在此背景下，如果仅仅依靠政府的力量调整不同利益主体之间的复杂社会关系，就会出现治理成本过高而效率降低的局面，难以充分回应广大民众的诉求，不利于提高社会治理水平。同时，随着民众公民意识的提高，社会参与的诉求也不断加大，公民通过社会组织平台参加公共领域的活动，参与到公共事务和社会政治生活中来，以实现国家与公民社会的良好合作与互动关系，最终实现公民和社会的共同成长。党的十九大提出要建立共建共治共享的社会治理格局，与之前提出的共建共享的社会治理格局相比增加了"共治"，这一改变体现了党在新时代鼓励多元主体共同参与社会服务和治理的思想。在这一社会治理思想的影响下，政府应该以开放的心态，平等地对待各类社会主体，整合社会各种资源、动员社会多个主体来共同参与对群众的服务和对国家社会公共事务的管理，形成社会治理人人有责、人人尽责的局面，实现社会共建共治，才能共享和谐稳定的社会发展环境。在推进全民共建共治共享社会治理格局的过程中，要求政府逐步地从一些经济社会职能中退出，而由包括慈善组织在内的社会组织越来越多

地承担部分公共事务管理、公共产品和公共服务提供的职责。把激发社会组织活力作为创新社会治理体制机制的内在要求和重要抓手,通过推动政府职能转变,实现政社分开,提升社会组织在社会治理体系中的地位和作用。加大对社会组织的扶持和培育力度,激发社会组织的内生活力,为民众参与社会治理提供广阔的平台。

二、社会保障的发展水平对慈善组织提出现实要求

社会保障是国家和政府基于民众生活状况而进行的国民收入再分配,是社会发展的结果,是文明进步的表现。中华人民共和国成立后,就把社会保障作为基本国策,中华人民共和国第一部《宪法》就规定,"中华人民共和国劳动者在年老、疾病或者丧失劳动能力的时候,有获得物质帮助的权利。国家举办社会保险、社会救济和群众卫生事业,并且逐步扩大这些设施,以保证劳动者享受这种权利"。由于中国的落后现实,城乡分割的二元经济社会结构,一直采取城乡不同的保障制度。在城市,到20世纪60年代后期,逐步建立起以国家和单位为核心、与计划经济相适应的社会保障制度;在农村,农民的生活保障主要以生产队和村级组织为依托,医疗保障创造性地建立了合作医疗制度,至20世纪70年代后期,90%以上的行政村实现了合作医疗,基本建立起了以县、公社、生产队为基础的三级预防保健网。改革开放后,特别是实行市场经济体制后,依靠国家和单位一包到底的保障模式已经不能适应社会经济的发展。经过改革开放40年的努力,与社会主义市场经济相适应、生产力发展水平相协调的中国特色社会主义保障体系已经基本建立。但总体上看,受我国经济社会发展现状的制约,我国的社会保障水平还比较低,还处在保基本、兜底线的状态,并且受政府财力状况的影响,在保障标准和保障水平方面不仅存在地区、城乡、部门之间的差距,而且差距还存在于不同体制单位之间。特别是农村社会保障和居民社会保障水平与满足人们基本生活所需还有较大的差距,难以满足民众生存和发展的需要。尽管近些年国家加大扶贫的力度,每年都有大批贫困人口通过政府和社会的扶持脱贫,但是,扶贫工作进入攻坚阶段以后,扶贫难度增大,当前依然有大量的贫困人口存在。据国家统计局发布的《2018年

国民经济和社会发展统计公报》数据显示，2018年按照每人每年2300元（2010年不变价）的农村贫困标准计算，农村贫困人口仍然有1660万人。政府实施社会保障制度是为了在第一次分配基础上将收入差距调整到一个相对合理公平的范围，它着眼于保证社会成员的普遍权力，不可能照顾到每个成员或特殊群体的各个方面，加之政府财力有限，以此造成社会上一些弱势群体生存和生活出现困难，影响其健康发展。[①] 这就需要在政府和市场机制之外建立一种相对独立的分配机制，发挥补偿性的作用。慈善事业作为社会保障的重要补充，通过社会救助和社会服务弥补了市场的公正失灵和政府的效率失灵，提高了社会财富的配置效率，增进了社会整体福利的提升，实现了社会财富和资源从富裕阶层向贫困群体转移，缓和了贫富差距带来的社会矛盾。党的十九大报告提出，按照兜底线、织密网、建机制的要求，全面建成覆盖全民、城乡统筹、权责清晰、保障适度、可持续的多层次社会保障体系，让人民群众的获得感、幸福感、安全感更加充实、更有保障、更可持续。

新时代社会主要矛盾的转换为慈善组织打开新的作用空间。新时代社会的主要矛盾已经转化为人民日益增长的美好生活需要和不平衡不充分发展之间的矛盾，表明人民需要的层次已经不仅仅是物质文化，而且在民主、法治、公平、正义、安全、环境等方面的要求日益增长。我国城乡之间、区域之间和部门之间收入分配存在的不平衡问题，已成为满足人民日益增长的美好生活需要的主要制约因素。尽管经过几十年的发展，我国经济取得辉煌的成就，但是我们底子薄，人口规模大，解决不平衡不发展所需要的人力物力单靠政府难免会捉襟见肘，力不从心，这就要求充分发动社会力量参与社会经济发展。作为民间力量的慈善组织通过募捐吸纳社会资金和物资，通过社会服务弥补政府在财力和人力上的不足，在一定程度上缓解社会发展不平衡问题。另外，慈善组织提供的社会服务，在一定程度上满足了人民对美好生活的需要。志愿服务秉持"奉献、友爱、互助、进步"的志愿精神，为社会提供智慧服务、技术服务、行为服务、信息服务、资源服务等，在扶贫、助学、养老、环保、救灾等领域，实

---

① 孙迎联. 收入分配机制：共享发展视野下的理论新思. 理论与改革，2016(5)：155-159.

现了帮助困难群众、调节了贫富差距，促进了社会和谐和稳定。特别是在人人共建、人人共享的发展理念下，实现发展成果由人民共享这一目标上，慈善组织在解决我国发展中共享性不够、受益不平衡问题方面发挥了重要的作用。

三、优良的社会环境是慈善组织可持续发展的重要条件

在影响慈善组织发展的社会环境因素中，社会风气和社会舆论因素对慈善组织的影响最大，和谐向善的良好社会环境必然极大促进慈善组织健康发展。

社会风气是指一定历史时期、历史阶段，特定社会的各个阶层民众整体思想意识和行为与该社会所倡导的社会文化价值观念，特别是人类普遍的社会文化价值观念相一致的程度和状态。[①] 社会风气是社会道德文化水准的外在体现，一定时期的道德文化水准总是表现为社会成员或群体的精神面貌、行为方式、特定习俗，与社会风气有着重要关联。随着我国社会经济的发展，特别是在市场经济体制下，我国社会风气表现出了民众主体意识觉醒，权利意识觉醒和竞争意识觉醒的状态。通过党的十八大以来社会主义核心价值观的培育传播，民众的价值观由多样、分化走向主流整合，民主、法制、文明、和谐、团结、友爱、互信、责任、公平等成为当代民众认同的价值理念，并影响着人们的行为方式。在良好社会风气引导下，全民开展慈善的良好局面正在形成。移动互联网技术的发展，为微慈善提供了平台，尽管人们捐赠的数额不大，但是由于参与者众多很容易汇集成一股暖流，对求助者来说不仅仅是得到物质上救助，而且获得的社会关爱，对处于困境中的人们不亚于荒漠甘霖。当前，不仅企业捐赠和富豪捐赠不断刷新纪录，许多民众将慈善捐赠和参加志愿服务当成一种生活方式，慈善已经成为一种社会风气，并直接影响着人们的行为，可以说当前我国的社会风气对于慈善组织发展来说是历史上最好的时候。相信随着我国经济社会的持续发展，我国公民的责任意识和主体意识的提高，慈善必然会成为一种普遍的生活方式，而作为连接捐助者与受助者载体的慈善组织必然迎来快速发展的时期。

---

① 何云峰.社会风气的改善需要示范性群体引领.争鸣，2012（1）：20—22.

第二章　慈善组织发展环境研究

　　社会舆论是指人们对普遍关注的社会事件或社会问题公开表达的一致意见，它与社会心理有着密切的联系。随着社会现代化程度的不断提高和移动互联网技术的发展，民众的主体意识得到增强，对于自己的情绪、意见、诉求等表达得更为直接和强烈，而微博、微信等网络自媒体的发展，给人们表达自己的观点提供了便利。当前，网络已经成为公众政治参与和舆论表达的重要渠道。随着互联网的快速发展，网络舆论成为社会舆论的重要组成部分。舆论能够引导慈善捐赠，提升慈善组织的规范化发展。汶川地震发生后，中央电视台24小时不间断地对灾区受灾情况和救灾情况进行报道，其他媒体包括电视台、报纸、电台等传统媒体和互联网新媒体也对灾区救援进行了立体报道，从而形成了全国万众一心抗击灾难的热潮，在舆论宣传推动下，我国民间慈善捐赠2008年实现了爆发式增长，地震发生后，社会向灾区的捐款累计达到760多亿元。① 同时，舆论对在救灾中表现积极的企业和表现不好的企业给予了不同的评价，也促使了企业和大量公众人物的捐赠。可以说5·12汶川大地震推动了我国慈善事业进入一个新的时期。社会舆论对激发慈善事业的发展，规范慈善组织，提升慈善组织公信力有着重要的积极意义。慈善项目通过媒体的广泛传播，也能最大限度地吸纳社会善款和社会关注并得到社会舆论的支持，比如2011年4月开始实施的"免费午餐"项目，就得到媒体的广泛宣传和肯定，截至2015年4月，4年里筹款达到1.35亿元，其中小额捐款比例占到68%。累计捐助学校总数达到439所，覆盖全国23个省区，受益人数11.1万多人。②

　　当然，社会舆论是一把"双刃剑"，有时候也会给慈善组织带来困惑甚至是致命伤害。由于自媒体的传播主体多样化、平民化、自由化的特点，网络充斥大量的谣言、偏激言论、负面新闻和不良企图的非法信息，通过网民不断传播引发大众连锁反应，迅速发酵、酿成事端，影响慈善组织的发展。比如，"郭美美事件"引发的中国红十字会的危机就是社会舆论引发了对红十字会的信任

---

① 陈劲松. 社会各界向汶川灾区捐助逾760亿元. 人民日报海外版，2009-05-07 (4) [2018-12-07]. http://paper.people.com.cn/rmrbhwb/html/2009-05/07/node_868.htm.
② 田国垒. 免费午餐何以累计募捐过亿. 中国青年报，2015-04-29 (8) [2018-11-29]. http://news.sina.com.cn/o/2015-04-29/063931774271.shtml.

危机，造成 2011 年，各级红十字会系统接受社会捐赠只有 28.67 亿元，同比减少 59.39%。① 当前，党和政府对慈善事业高度重视，在引领社会舆论参与慈善救助和社会服务方面起到了决定性的作用。各慈善组织普遍重视慈善的宣传工作，通过透明化救助和管理提升组织的公信力，塑造慈善组织的良好的社会形象。随着慈善组织在社会治理中作用的发挥，社会舆论会更加关注慈善，引导人们参与慈善，逐渐形成人人皆可慈善，人人参与慈善的社会氛围。

---

① 王亦君.2011年红十字会系统接受捐赠下降近六成.中国青年报，2012-06-29（3）.

第三章　慈善组织公信力建设

公信力是慈善事业的生命和灵魂，是慈善组织赖以存在和健康发展的核心要素之一，直接决定着慈善组织获取社会资源和社会救助的效果。慈善组织作为民间性、非营利和公益性的社会组织是联通慈善提供者和慈善需求者的中介与桥梁。慈善组织的发展离不开民众的支持和参与，民众基于自愿向慈善组织捐献物资，是基于对慈善组织的信任，而这种信任是建立在慈善组织的公信力基础之上的。一些慈善组织，因为公信力较差而得不到公众的信任，导致慈善资源枯竭而成为"无源之水"。随着社会公民意识不断增强，人们不仅以捐款捐物的形式表达爱心，而且还要求慈善组织公开善款的使用，以便接受社会的监督，实现社会救助效果最大化。慈善组织承载着人类道德的最高期待与神圣使命，担负着维护人类心灵净土的责任，因此，社会公众对慈善组织的公信力有着更高的期望。[1]

第一节　慈善组织公信力的构成

《现代汉语词典》对公信力的解释是：使公众信任的力量。公信力既是一种社会系统信任，也是公共权威的真实表达，属政治伦理范畴。近些年，学界对慈善组织公信力的内涵进行了富有成效的探索，尽管学界对慈善组织公信力的定义和内涵表述有所不同，但普遍认为作为慈善组织公信力就是公众对慈善组织的评价，是公众对慈善组织的认可度、满意度和信任度。公信力作为一种无形资产，体现了慈善组织存在的合法性、在社会中的信誉度及在公众中的影响力。

---

[1] 石国亮，廖鸿．慈善组织公信力的危机与重建．马克思主义与现实，2015（6）：86—94．

一、合法性是慈善组织公信力的基础

慈善组织公信力首先表现在组织的合法性。慈善组织的合法性包括形式上的合法和实质上的合法两个方面。形式上的合法是指慈善组织是否是按照国家规定登记注册或认定的慈善组织，是否具有合法的身份；实质上的合法是指慈善组织是否在法律规范的范围内以合法的形式和方式开展慈善活动。合法的慈善组织才能够在社会治理和社会服务中享有一定的权利和承担相应的责任义务，没有合法的身份的组织不允许开展。根据《慈善法》的规定，慈善组织是指"依法成立、符合本法规定，以面向社会开展慈善活动为宗旨的非营利性组织"，"慈善组织可以采取基金会、社会团体、社会服务机构等组织形式"。而且《慈善法》还规定了慈善组织的活动范围为：①扶贫、济困；②扶老、救孤、恤病、助残、优抚；③救助自然灾害、事故灾难和公共卫生事件等突发事件造成的损害；④促进教育、科学、文化、卫生、体育等事业的发展；⑤防治污染和其他公害，保护和改善生态环境；⑥符合本法规定的其他公益活动。当前，慈善组织要获得合法身份一是要向县级以上政府民政部门申请登记，二是《慈善法》颁布前已经设立的基金会、社会团体、社会服务机构等非营利性组织，要到县级以上政府民政部门申请认定为慈善组织。经过民政部门登记或者认定，并在《慈善法》规定的活动范围内开展慈善活动，是慈善组织合法性的前提条件，也是慈善组织公信力的基础构成要素。

二、信息公开是公信力建设的关键

公信力的塑造中信息公开是关键。信息公开也叫信息披露，是指慈善组织将组织信息面向社会公开透露和发布，目的是消除社会救助中的信息不对称，满足社会捐赠者和受助者及政府、社会监督主体的信息需要。民众对慈善组织的认可度、满意度和信任度是建立在对慈善组织了解的基础上，这就要求慈善组织在组织网站和民政部门门户网站及民政部指定的信息平台上发布信息向社会公开。《慈善法》第八章专设信息公开一章，规定"慈善组织、慈善信托的受托人应当依法履行信息公开义务。信息公开应当真实、完整、及时。慈善组织应当向社会公开其组织章程和决策、执行、监督机构、主要成员信息及国务院民政部门要求公开的其他信息。慈善组织应当每年向社会公开其年度工作报告和财务会计报告，具有公开募捐资格的慈善组织的财务会计报告须经审计，并定期向社会公开其募捐情况和慈善项目实施情况。慈善组织开展定向募捐的，应当及时向捐赠人告知募捐情况、募得款物的管理使用情况"。慈善组织按照法律要求披露信息，让社会了解慈善组织及项目运行情况，由此化解社会的误解和质疑，维护社会公众的知情权，提升慈善组织的公信力。

三、社会美誉度是慈善组织公信力的重要体现

美誉度是慈善组织公信力的直接体现。慈善组织美誉度是指慈善组织获得公众接纳、信任、好感和欢迎的程度，意味着慈善组织的社会影响广度和深度及慈善组织在公众心目中的地位，代表着社会舆论的高度注意和赞许、好评。信息化时代，特别是随着无线网络和自媒体的发展，慈善组织的筹资能力、管理能力、策划营销能力、服务能力和宣传能力等都会在社会上引起一定的反响。慈善组织只有真正做到诚信运作，才能被公众信任，从而获得慈善组织发展所需要的慈善资源。对一个充满负面新闻的慈善组织来说，失去公众的信任也就失去了生存的物质基础。慈善组织要将声誉作为组织的重要资产来管理，要像维护自己生命一样自觉维护组织声誉，主动自觉地依法履行信息公开义务，提高组织社会救助和社会服务质量，进而提高慈善组织公信力。[1] 除此之外，慈善组织还必须重视诚信形象的塑造及品牌效应，杜绝慈善丑闻，减少慈善组织负面新闻，充分运用多元化媒体宣传，向社会传播正能量，以获取社会美誉，这对慈善组织的健康发展是十分必要的。

四、高效运行是慈善组织公信力的重要表现形式

高效性指的是慈善组织在运营中以自身专业性的管理，高质量的服务实现

---

[1] 党生翠. 慈善组织应主动进行声誉管理. 人民日报，2018-05-05 (7) [2018-11-07]. http://www.xinhuanet.com/gongyi/2018-05/07/c_129865938.htm.

慈善资源的优化配置，保证公众慈善捐赠的最大效益。慈善组织的高效性不仅仅指在一定的时间内募集了多少善款，组织了多少志愿者，而且还要看善款使用和提供服务的效率和效果。高效性就其内涵来讲包括两个方面，一方面，慈善组织运作绩效体现了慈善组织对慈善资源的配置效率，即将募集的善款快速送到被救助者手中达到最大的救助效果；另一方面，体现在慈善组织在组织内部每一个环节上实现沟通与协调的工作效能。[①] 慈善捐赠者出于社会责任感和爱心向慈善组织捐赠，必然希望慈善组织将善款善物快速、准确地发放给求助人，以发挥善款善物的最佳救助效果。当捐赠者认为慈善组织低效率地使用捐赠时，会降低对慈善组织的信任度和满意度。2013年壹基金在雅安地震救灾中，因为"花钱慢"遭受公众质疑，使包括壹基金在内的整个慈善行业遭受公信力的危机。2010年5月4日，福耀玻璃董事长曹德旺与中国扶贫基金会签署协议，委托后者把2亿元善款发放给92 150万户受灾民众，要求中国扶贫基金会在6个月内发完救助款，差错率低于1%，而中国扶贫基金会也在约定的时间内完成捐赠，这次捐赠救助不管是曹德旺还是中国扶贫基金会都赢得了社会赞誉。以上两个事例充分说明良好的组织绩效是社会公众对慈善组织功能认可的保证，提升和改善慈善服务及供给质量能够提升公众对慈善组织的信任度。

五、慈善组织影响力是公信力的重要组成部分

慈善组织的影响力决定了社会对其的认知度和参与度。慈善组织的影响力一般从两个方面显现出来，一是慈善组织的规模，二是慈善组织的知名度。一般来说，规模越大的慈善组织影响力越大，在中国影响力最大的慈善组织大都是国字头的，比如，中华慈善总会、中国红十字会、中国扶贫基金会、中国青少年基金会等。这些慈善组织因为规模大、级别高而得到民众的信任，从而获得更多社会捐款。社会知名度高的除了那些国字头规模较大的慈善组织，剩下的大都因为组织创始者是知名人士或者慈善组织具有自己的品牌项目。比如，壹基金就是因为创始人李连杰的影响力而知名，而品牌项目一般运行时间长，

---

① 侯利文. 被困的慈善：慈善组织公信力缺失及其重建. 天府新论，2015（1）：99–105.

有稳定、长效的资金来源，社会参与广泛。公众一般会认为享有品牌慈善项目的组织在项目管理、善款使用、内部机制方面会更加专业和规范，在国家法律制度的执行上更加严格，因此公信力也越强，如免费午餐项目。由于品牌慈善项目社会影响力强、社会认可度广，从而也提高了慈善组织的知名度。随着我国慈善事业的不断发展，越来越多的慈善组织积极实施品牌战略，通过打造慈善品牌项目，扩大组织影响力，增强善款募集能力和管理运作能力，提高善款的使用效率，提升慈善组织形象。

慈善组织的公信力是慈善组织综合要素构成的结果，一个具有公信力的慈善组织，必然在合法性、信息公开、社会美誉度、运行效率和社会影响力方面具有积极的表现。慈善组织获取社会公信力是艰难的，但是失去公信力却是非常容易的，只要慈善组织在以上因素中有一个方面出现问题，慈善组织的公信力必将受到极大挑战，严重的还会直接影响慈善组织的生死存亡。

第二节　当前慈善组织公信力状况

公信力决定着慈善组织能否从社会获得组织发展所需要的慈善资源，是保障慈善组织可持续发展的前提和基础。随着慈善组织在社会治理中作用的不断加大，社会对慈善组织的要求越来越高。而且由于慈善组织队伍的不断壮大，慈善组织之间对慈善资源的竞争也越来越激烈，在慈善资源社会供给有限的条件下，公信力成为慈善组织竞争力的最重要的体现。

一、慈善组织公信力建设的重要意义

（一）公信力是慈善组织赖以存在和发展的基石

慈善组织存在的重要作用就是汇集社会爱心、募集救助善款善物和吸引广大志愿者加入，为社会提供贫病、灾难、教育、科技、环保等领域的救助和服务，弥补政府在社会救助方面的不足，协调社会关系。从社会实践来看，一般

来说公信力高的慈善组织更容易得到政府、企业和社会的信任和支持，有助于增进与各方的合作关系，吸引更优秀人才，获取更多的社会慈善资源，并发挥慈善资源最大限度的有效利用。从"郭美美事件"前后，民众对中国红十字会的态度及获取慈善捐赠的数量对比就充分说明了公信力对一个组织的重要性。因此，获取慈善资源能力与慈善组织的公信力属于正相关的关系，一个慈善组织要想发展壮大，想在社会治理中发挥更大的效益，必然要加强公信力建设，提升组织在慈善市场的竞争力。

（二）慈善组织公信力建设推动我国慈善事业发展

慈善事业作为社会保障体系的重要补充，有效弥补了政府组织和市场组织在分配上的不足。现代慈善事业以政府的支持为前提，以市场组织、社会组织和广大群众的积极参与为基础，慈善事业的成败从很大程度上取决于慈善组织能否取得社会大众的信任。各主体参与现代慈善是将慈善组织作为平台和载体的，那么慈善组织是否得到各慈善主体的信任和认可，将直接影响各主体参与慈善事业的积极性。只有那些到社会信任和认可的慈善组织，才能获取慈善资源，慈善组织才会生存和发展，慈善事业也才会蓬勃发展。公信力被看作慈善组织的生命，是一个国家慈善事业发育程度的重要指标。[①] 因此，慈善组织公信力的整体水平直接决定着慈善事业的发展水平，提高慈善组织的公信力，对提升慈善事业在中国特色社会主义建设中的地位和作用，具有深远的意义。

（三）公信力建设有利于促进和谐社会构建

从和谐社会建设的意义讲，慈善组织为社会提供的社会救助和社会服务，本身就是平衡社会贫富差距，缓和社会矛盾和冲突，推动和谐社会建设的重要途径。在当前社会现代化的进程中，随着社会经济的深度转型，社会阶层逐渐分化，利益主体日益多元，由此造成价值观和道德思想的摩擦，社会出现信任危机、人际关系冷漠，社会不和谐的因素增多，造成社会治理成本的增加。如

---

① 陈东利. 论中国慈善组织的公信力危机与路径选择. 河北师范大学学报，2012（1）：101-104.

何建立社会信任关系，促进社会关系和谐发展需要政府、社会和公众一起努力，慈善组织公信力建设是社会公信力建设的具体实践和重要的组成部分，人们通过奉献爱心，捐助贫困，互相形成良好的社会信任关系。在慈善组织的公信力建设中，诚实、守信是慈善组织公信力建设的原则，也是社会和谐有序运转的润滑剂和黏合剂。①

二、慈善组织公信力现状

随着慈善法律制度的不断完善，我国慈善组织的公信力水平也不断得到提升，但与发达国家相比，我国慈善组织透明指数低、慈善丑闻频发，说明我国慈善组织在公开透明方面严重不足。

（一）慈善组织透明指数低

目前，我国有4家机构开展了针对公益慈善组织信息公开和披露的相关评估，分别是：民政部主管的中民慈善捐助信息中心自2009年开始，每年发布《中国慈善透明报告》，并由此开发了中国慈善透明指数；基金会行业自律性组织——基金会中心网在2012年8月开始上线运行的评估基金会透明度的中基透明指数；由深圳USDO自律吧在深圳壹基金公益基金会、浙江敦和慈善基金会、南都公益基金会、基金会中心网等多家机构支持下开展的《中国民间公益透明指数榜单》；2015年北京大学公众参与研究与支持中心发布的《中国公益慈善透指数明度观察报告（2013—2014）》。尽管4家机构在评价公益慈善组织透明度的指标体系开发上，指标体系、评估对象有差异，比如，中基透明指数的适用对象限于基金会，USDO自律吧民间公益版本的评估对象是不包括基金会的没有官方背景的草根公益慈善组织，但是这些机构发布的慈善组织的透明指数却具有一致性，就是目前我国慈善组织的透明指数低。

2014年9月，中民慈善捐助信息中心发布了《2014年度中国慈善透明报告》（以下简称《报告》）。《报告》选取全国1000家公益组织进行第三方

---

① 詹成付．加快社会组织信用体系建设 提升公益慈善的社会公信力．中国民政，2018（9）：10-12．

的网络监测，从完整性、及时性、易得性3个维度，基本信息、治理信息、业务信息和财务信息4个方面进行评估。评估对象包括基金会、慈善会、红十字会等各种社会组织。《报告》显示，2014年度我国慈善透明指数为44.10分（满分为100）。《报告》将公益慈善组织的透明指数分为不同区间，透明指数在60～80分的为进取组织，80～90分的为优秀组织，达到90分以上的是卓越组织。根据数据显示，透明指数高于60分的组织数量有233家。这也意味着，2014年透明指数及格的组织数量不到三成，占比仅为23%。《报告》分析显示，对于公益慈善组织的信息披露情况，约有28%的公众"比较满意"，而公众最希望了解的是资金去向和使用情况，其次是善款来源。①

2015年3月，北京大学公众参与研究与支持中心发布了《中国公益慈善透明度观察报告（2013—2014）》，这是国内首次由独立学术机构开展的公益慈善信息透明度调查。选取的93个测评对象分别是31个省级红十字会、31个省级慈善总（协）会，以及31个省（区、市）中净资产排名前列的公募基金会。93个公益慈善组织的透明度平均分为35.49（满分为100）。最高得分是上海市慈善基金会，得分83分，还有4个组织得分是0。如果以60分作为及格线，仅有8个组织过线，及格率为8.6%；如果以50分作为及格线，有16个组织过线，及格率为17.2%；还有16个组织的得分不足20分。3类组织中透明度最好的是慈善会，平均分也仅有37.65，公募基金会次之，红十字会最差。《报告》指出，慈善组织不同类别的信息透明度尽管有差异，但普遍都不高，3项一级指标中，业务信息得分率最高，为45.00%，监督信息得分率最低，为21.60%，业务信息下二级指标财务信息在所有信息中最不透明，得分率仅为20.28%。②

2016年3月，由USDO自律吧联合壹基金、南都敦和、SEE等多家基金会，委托清华大学创新与社会责任研究中心和廉政与治理研究中心开发的《中国民间公益组织透明度发展研究报告》发布，报告涵盖了2013年1月1日前成立的1738家民间公益机构（不包括基金会）。2015年度中国民间公益组织

---

① 数据来源：中民慈善信息中心《2014年度中国慈善透明报告》。
② 数据来源：北京大学公众参与研究与支持中心《中国公益慈善透明度观察报告（2013—2014）》。

透明度平均得分为32.44（满分为100）。从各机构的具体得分来看，得分最高的接近100分，得分最低的接近0分，中位数只有30.81分，低于平均分5%，说明在整体分布上，较低得分的机构数量大；最能反映组织管理规范程度的财务信息竟然是千家机构得分为0。这也是导致整体民间公益组织透明度平均得分低的一个重要原因。

2018年1月，由基金会中心网主办、清华大学廉政与治理研究中心协办的"中基透明指数FTI2018"发布。中基透明指数FTI2018指标体系由基本信息、财务信息和项目信息3个方面的41个客观评价指标组成。数据主要来源于基金会官方网站、各级民政部门网站，以及基金会主动提供的数据。本次纳入指数的基金会为2015年年底之前注册成立的4960家基金会。数据显示，基金会透明指数均值仅为33.55分（满分为100）。截至2017年年底，全国共有182家透明指数得分低于1分的基金会，说明这些基金会只有一个基金会名称，无任何其他信息。

从以上机构发布的我国慈善组织透明指数可以看出，尽管发布透明指数的机构评估对象不同，评估指标也不尽相同，得出来的透明指数有差异，但是，透明指数所反映出来的我国慈善组织信息公开不足、透明指数低却是共识。作为从事阳光事业的慈善组织，公开透明已经成为公益慈善行业遵纪守法的基本要求。慈善组织公信力是公众对慈善组织信用的判断与评价，是慈善组织赢得公众信任的一种重要能力。慈善组织公信力的缺失，直接影响了民众慈善捐赠的热情，造成慈善组织慈善资源的不足。

（二）慈善组织"丑闻"不断，加剧公众对慈善组织的不信任

我国慈善组织起步较晚，相应的法律制度不健全不完善，由此造成近些年一些"慈善丑闻"的发生，这些"慈善丑闻"事件不仅伤害了公众的慈善感情，也严重透支了慈善组织的公信力，伤害了慈善组织发展的根本。

上海卢湾区红十字会被实名举报的万元餐费事件。2011年4月15日，一条微博上传了上海市卢湾区红十字会就餐发票，发票显示消费金额为9859元。随后，该微博信息在网络疯传，引发人们对红十字会的质疑。上海市红十字会

16日通报"卢湾红十字会高额餐饮费"调查及处理情况,称该资金开支为卢湾红十字会工作业务经费,并非救灾救助款。人均消费水平明显高于人均150元的标准,因此,超接待标准部分的7309元人民币由个人承担,予以退回。上海红十字会对卢湾区红十字会"在公务接待活动中铺张浪费"的行为在全市红十字系统进行通报批评。但民众依然对红十字会的财务信息和善款使用充满质疑,直接影响了民众为慈善组织捐款的热情。天价餐费后有网友在网上发起投票,截至17日下午6点30分,共有650名网友参与了网友仇某某发起的"是否向红十字会捐款"的投票,其中,90%以上的网友选择不会向红十字会捐款。[①]

2011年6月的"郭美美炫富"事件,将红十字会的信任危机推向最高峰。尽管事后红十字会发表说明否认郭美美与红十字会有任何关系,但是网络质疑声依然不断,从而引发了红十字会的信任危机。"郭美美事件"发生后,公众更愿意选择一对一的直接捐赠,对通过慈善组织进行捐赠表现出极大的不信任。据民政部中民慈善捐助信息中心统计,全国捐赠数据监测显示,2011年6月"郭美美事件"发生前后,慈善组织在接受公众捐款方面出现较大反差。事件前的2011年3—5月,慈善组织接收捐赠总额62.6亿元,事件后的6—8月,捐款总额降为8.4亿元,降幅达86.6%。[②]与此同时,善款更多流向政府和直接受助人也说明民众对慈善组织的不信任。2011年3—5月,政府接收的捐赠总额约为70亿元,一对一直接捐赠数额仅为3887万元,但到6—8月,政府接收的捐赠总额上升到90亿元,一对一直接捐赠数额大幅上升,达到1.27亿元。[③]

嫣然天使基金在2014年受到实名举报,认为其提供的唇腭裂手术成本较高,提出7000万善款使用不明并涉嫌利益输送等问题。针对举报,民政部请中国红十字基金会的业务主管单位中国红十字会总会就举报事宜进行核查。2014年8月12日,民政部民间组织管理局公布调查结果显示,未发现举报人

---

① 中华网新闻. 天价接待费致信任危机. (2018-05-05) [2018-11-07]. http://news.china.com/zh_cn/focus/redian/nsmlxxnzggy/.
② 崔烜. 郭美美事件后全国慈善组织接受捐款下降8成. 时代周报, 2011-12-08 (3) [2018-12-08]. http://news.sina.com.cn/c/sd/2011-12-08/110923597945.shtml.
③ 陈荞. 民政部:再穷追猛打郭美美事件或伤害慈善事业. (2011-08-27) [2018-12-10]. http://news.sohu.com/20110827/n317507041.shtml.

所举报的问题。尽管如此，对嫣然天使基金的质疑行为已经明显地影响了嫣然天使基金的公信力，进而直接影响到了募集的善款金额。中国红十字基金会公布的《2014年年报》显示，中国红十字基金会下属专项公益基金——嫣然天使基金2014年度仅收入捐赠善款126.5万元，是2013年1062万的12%。这一数据是嫣然天使基金自2006年成立以来的最低值。①

除了以上事件，近些年还有诸如"中非希望工程事件"②"尚德诈捐门事件"③让中国青少年发展基金会和中华慈善总会落入了公信力危机的泥潭。仅2017年慈善领域发生的影响比较大的负面事件就有腾讯99公益日出现了700多万元异常捐赠，深圳市爱佑未来慈善基金会的"同一天生日"网络募捐涉嫌非法募捐而被责令停止并立案调查，"善心汇"事件使用"扶贫济困、均富共生"口号构建传销网络，"云南慈善妈妈"以"保护儿童，预防拐卖"的名义骗取钱财等事件。事件发生后，虽然大部分慈善组织进行了说明澄清，但是公众对于慈善组织内部管理的问题仍然存在质疑，使慈善组织陷入严重的信任危机。公益慈善事业是社会的良心的体现，阳光和透明理应成为公众、政府主管部门对于慈善事业的基本要求。社会负面新闻之所以引起社会强烈反响，是因为公众对慈善组织的诚信、财务制度、项目管理等问题存有疑虑。因此，慈善组织必须按照法律规定的要求进行信息公开，定期向社会公开募捐情况和项目实施情况，特别是善款的使用和去向，以满足社会公众对慈善组织的知情要求，通过阳光运行提升慈善组织的公信力。

三、慈善组织公信力不足的原因分析

当前，我国慈善组织公信力不足的问题已经严重影响了慈善事业的发展。

---

① 彭拜新闻.红十字基金会2014年报：嫣然基金捐赠减近九成，历史最低.（2015-05-12）[2018-12-10].https://www.thepaper.cn/newsDetail_forward_1330530.
② 中非希望工程是世界杰出商会和中国青少年发展基金会共同发起的，其服务范围是在非洲捐建希望小学、资助困难学生等。2018年8月，网友发现24岁的卢星宇是"中非希望工程执行主席兼秘书长"，管理20亿元项目资金，而卢星宇是世界杰出华商协会主席卢俊卿的女儿，由此引起人们对青少年基金会的质疑。
③ 2018年8月，全球最大的光伏组件制造商——无锡尚德太阳能电力有限公司受到"诈捐"质疑，而中华慈善总会则涉嫌违规出具收据，客观上使捐赠企业有逃税可能，网友质疑其"假捐款、真骗税"。

慈善组织公信力危机尽管包含一些偶发因素诱发公众对慈善组织质疑的情况，但是我们应该看到慈善组织自身发展不规范和外部监督机制不完善是造成慈善组织公信力不足的深层次原因。

（一）慈善组织管理不规范是造成慈善组织公信力不足的重要因素

《慈善法》颁布以前，慈善组织要得到合法身份，必须通过民政部门的登记和业务主管部门的审查，由此产生的高门槛导致大量慈善组织无法登记注册，难以取得合法身份。一方面，通过登记注册的慈善组织既要接受业务主管单位的业务指导，也要受到相关登记管理机构的监督管理，由此造成了慈善的官方垄断，限制了民间慈善组织的快速发展和功能的发挥；另一方面，由于慈善组织登记的高门槛，部分民间组织无法取得合法身份，这些没有合法身份的民间组织由于服务专业化水平低，财务管理不规范、不公开，内部监督机制缺乏，社会救助效果差等，影响了社会公众对慈善组织的信任。合法性是慈善组织获取公信力的内在要求，也是获取社会公众的信任的基础。《慈善法》颁布实施后，赋予民政部门对慈善组织进行登记管理的法定职责，明确新设立的慈善组织可向民政部门申请登记；已设立的社会组织，可以向民政部门申请认定为慈善组织。但是，登记门槛的降低，并没有迎来我国慈善组织登记、认定的高峰。截至2017年8月底，《慈善法》实施一周年，全国各级民政部门仅认定和登记慈善组织2109家[①]，因此，有些人甚至认为"慈善组织注册好像更难了"。针对这一情况，全国政协委员、清华大学公共管理学院院长王名说："《慈善法》中所有的制度安排和原则都是新的，不光对慈善组织来说从来没有过，对各级政府部门来说也是全新的"[②]。因此，《慈善法》的落实还需要政府相关部门、社会的准确理解和掌握，尽快制定出详细、有针对性、易于操作的配套措施。对一些没有认定或登记的组织来说，认定慈善组织既是权力，但是也增加了责任，由于《慈善法》的配套政策还在逐渐完善，慈善组织具体的权利和义务还

---

① 王亦君．《慈善法》实施一年 已认定登记慈善组织2109家 513家获得公开募资格．（2017-09-01）[2018-12-10]．http://news.cyol.com/content/2017-09/01/content_16459238.htm．

② 王名．三大信息公开平台是慈善法落地关键．南方都市报，2017-10-10(14)．

有待进一步明确；同时，由于慈善法律政策的普及还有待加强，许多组织无法充分了解慈善组织"身份"将给组织带来的影响。因此，不少组织对于是否申请认定或登记慈善组织仍处于观望状态。缺乏合法身份和自身运作不规范的民间组织的大量存在，给慈善组织整体形象带来负面影响，降低了慈善组织的公信力。

（二）信息公开性不足，降低了慈善组织的透明度

信息公开制度的不完善，信息公开、反馈平台建设的相对滞后，使慈善信息不能及时公之于众，导致慈善组织无法接受法律、社会和舆论的监督，影响了慈善组织的公信力。[①] 近年来，我国在信息公开方面的制度建设取得了很大进展，关于慈善组织信息公开制度的规定就包括《基金会管理条例》《基金会信息公布办法》《公益慈善捐助信息披露指引》等法规和部门规章，这些规定对于信息公开都做了原则性的规定。2016年9月1日实施的《慈善法》专设信息公开一章，对慈善组织的信息公开做出了较为详细的规定，它涵盖了向社会公开的相关组织信息、公众募捐情况和项目实施情况，以及对于捐赠人、受益人应当公开的相关信息。《慈善法》不仅区分了不同主体应履行的信息公开的义务，明确了不同信息的披露要求，而且也规范了信息公开的时效性，使得慈善组织的信息公开有法可依。从表面来看，慈善组织信息公开制度已经建立起来，但是在实践操作中，信息公开制度却难以真正落实，其主要原因就是《慈善法》对信息公开的规定过于原则，缺乏可操作性。比如，法律法规对信息公开的程度没有做出硬性规定，使监管无从下手。《慈善法》规定慈善组织应当向社会公开年度工作报告和财务会计报告，但是年度工作报告和财务会计报告具体内容包括哪些没有具体的要求，缺乏硬性规定。《慈善法》第七十一条规定：慈善组织、慈善信托的受托人应当依法履行信息公开义务。信息公开应当真实、完整、及时。法律只原则要求信息公开要真实、完整和及时。但是对于完整的标准没有详细规定，这样会不会造成慈善组织对于不利的信息不予公开

---

① 高小枚.论健全慈善监督体制与提升慈善公信力.贵州社会科学，2017（9）：75-80.

的情况发生，从而影响其信息的真实性的问题，这值得考虑。关于及时发布信息，法律只规定了：公开募捐周期超过6个月的和慈善项目实施周期超过6个月的，要求至少每3个月公开一次信息。不管是募捐还是慈善项目的运行，在当前互联网大数据时代完全能够做到实时更新，而法律却提出3个月的期限显然太落后于时代的发展和要求，也影响了社会公众知情权的实现。再如，《慈善法》对慈善组织重大事件、高管薪酬等也没有明确要求公开，由此造成慈善组织的各类信息披露不规范、信息披露不彻底和项目运作不透明的情况，导致社会公众对慈善组织难以做出客观、全面的判断，容易引起各方误解和质疑，慈善组织公信力无法得到有效提升。

慈善信息平台建设滞后，影响了慈善信息公开的程度和质量。2017年7月，民政部颁布《慈善组织互联网公开募捐信息平台基本技术规范》和《慈善组织互联网公开募捐信息平台基本管理规范》，进一步完善慈善组织互联网公开募捐信息平台指定流程，引导互联网公开募捐信息平台服务能力建设，强化互联网公开募捐信息平台事中事后监管，维护捐赠人、受益人和慈善组织等慈善活动参与主体的合法权益。尽管法律法规对慈善组织信息公开做了较为详细的规定，但是相对于法律制度的规定，国内慈善信息平台与信息服务系统的建设整体滞后。《慈善法》第六十九条第二款规定"县级以上人民政府民政部门应当在统一的信息平台，及时向社会公开慈善信息，并免费提供慈善信息发布服务。"2017年9月4日，依据《慈善法》要求，全国信息统一平台开通，用于慈善组织、慈善信托受托人等慈善活动的参与主体面向社会公开慈善信息。要求信息平台及时向社会公开的信息包括：慈善组织登记事项、慈善信托备案事项、具有公开募捐资格的慈善组织名单、具有出具公益性捐赠税前扣除票据资格的慈善组织名单、对慈善活动的税收优惠、资助补贴等促进措施、向慈善组织购买服务的信息、对慈善组织和其他组织及个人的表彰、处罚结果等。2017年8月，《民政部办公厅关于全国慈善信息公开平台上线运行的通知》公布，要求各级民政部门认定或登记慈善组织后，应及时通过信息录入或数据导入方式，在全国慈善信息公开平台生成该慈善组织账号，发布登记管理机关对该组织的相关公示信息，并通过该平台进行慈善组织公开募捐资格管理、公开募捐活动在线备案等。有关公益性捐赠税前扣除票据资格、购买服务、慈善组织奖惩等信息，亦应发布。目前，统一的信息平台受制于人才、资金和技术，特别是县级民政部门的慈善信息的录入和数据导入还不及时，影响了信息公开的时效性。另外，慈善组织信息公开也需要一定的成本，会耗费一部分人力物力，这对于较小的慈善组织而言会比较吃力，过高的成本也会影响其组织发展。

此外，缺乏慈善组织信息公开奖励处罚机制，造成慈善组织信息公开的动力不足。在当前的法律法规中，对慈善组织信息公开的处罚和激励不到位，造成了慈善组织透明化工作的动力不足。信息公开表现优秀的组织没有得到恰当的表彰，信息公开不足的组织也没有得到足够的鞭策。清华大学程文浩教授通过中基透明指数的研究发现，有些基金会基本上没有任何的信息公开，但是可以照样通过年检，照样可以生存。有些基金会非常不透明，尤其是它的收入、支出、项目信息，但是仍然能够获得大部分的捐赠。[1] 这使得慈善组织信息公开缺乏制约机制和激励机制，从而影响了慈善组织信息公开的主动性，造成公众对慈善组织的善款的募集和使用，项目的运行与效果，组织管理与财务信息都缺乏了解，影响或降低了慈善组织的公信力。

（三）政府监督有限，难以实现对慈善组织的规范要求

慈善事业作为一项阳光工程，公开透明是保障其健康发展的基础。而对慈善组织的监管是使其有序运行的基本保障。目前，政府对慈善组织的监管体系已经基本建立，但是在政府监管模式和监督能力方面还存在问题，不能有效规范慈善组织不规范行为的发生。

民政部门单一监管模式对慈善组织的监督作用有限。《慈善法》颁布以前，我国慈善组织实行双重管理体制，在这种体制下，对慈善组织享有监督管理职能的主体包括民政部门、业务主管部门、财政部门和审计部门。作为登记管理机关的民政部门，主要承担慈善组织依法注册管理和依法监督职责。业务主管部门，主要负责慈善组织的业务指导、日常管理和项目运作。税务、审计主管

---

[1] 庄庆鸿．我国公益基金会透明指数排行榜发布 4成不及格．(2012-08-30) [2018-12-10]. http://www.cnr.cn/gundong/201208/t20120830_510789948_1.shtml.

部门依法对基金会实施税务监督和审计监督。看起来慈善组织要受多重主体监督，但是由于没有具体规定监督主体监督的实施细则，造成了多元监督主体之间职责不清、责任不明的情况，由此产生了相互扯皮、互相推诿和摩擦的尴尬状况。而且由于缺乏监督主体监督不到位的责任追究制度，造成了监督主体的随意性和消极性。①为改变这种监而不管、空头监管的状态，《慈善法》将这种多头监管转变为以民政部门为主的单一监管模式。《慈善法》专设监督管理一章，其中第九十二条规定"县级以上人民政府民政部门应当依法履行职责，对慈善活动进行监督检查，对慈善行业组织进行指导"。这说明我国对慈善组织的监管已经实现以民政部门为主的单一监管替代过去多元监管的模式，这种模式减少了多主体监管可能出现的相互推诿的监管状态，可以在一定程度上避免监管主体的虚置。但现代慈善是一个含有内部治理结构、有社会力量参与、政府监督的复杂的组织体，慈善组织的资金管理、成本核算，年度报告等方面都需要专业化的监督，而民政部门受内设机构编制、专业化水平的影响，难以满足对慈善组织的专业化监督管理。②比如，对财务报表、财务会计报告的审核就是专业性极强的事务，民政部门为此就需耗费很大的人力物力。而且《慈善法》规定了慈善组织采取直接登记制度，将对慈善组织的监管由重准入发展向事中、事后的全过程监管转变。但是受民政部门主管的社会事务多、职责分工的影响，以现有民政部门的机构规模和人员配置还不足以满足对慈善组织监督的需求。监管人员的财会、审计、税务等监督管理所需要的专业能力不足，难以有效保证慈善组织科学化、专业化和规范化发展。

当前，民政部门对慈善组织的监管受客观条件的限制难以做到全程监督。民政部门主要通过在统一平台、指定平台发布的慈善组织定期报告和年度报告对慈善组织和慈善活动实施监督，受目前慈善组织信息公开性不足的影响，民政部门主动性监督不足。同时，《慈善法》在监督管理一章中，对涉嫌违反本法规定的慈善组织，仅要求做出说明、查阅、复制有关资料等措施，现场监督也只是涉及现场检查慈善组织住所及慈善活动现场和慈善组织的金融账户的合

---

① 王俊秋. 论构建和谐社会中的慈善事业监督体系. 社会科学家，2008（5）：104-106.
② 李慧敏. 预防与追惩：慈善组织政府监督的价值取向与制度完善. 社会科学研究，2017（1）：75-82.

规情况，并不具有行政强制措施等行为，追惩措施的不足也影响了民政部门的监督效果。

（四）社会监督受制于客观条件，监督效果不佳

社会监督对慈善组织运行起着重要的外部约束功能，作为整个监督体系中的一环，社会监督的内部也构成一个系统。当前，我国对慈善组织的社会监督主要有媒体监督、公众监督和第三方的评估监督等。慈善组织信息公开是社会监督主体获取慈善组织信息的主要渠道，但是由于当前相关法律对慈善组织信息公开的范围、内容、时限和方式并没有做出具体的规范要求，社会对慈善组织内部管理、决策的内容、程序和结果无从了解，对慈善组织参与社会救助涉及的善款募集、慈善资金的运作、支出等信息较难获取，由此造成公众监督和媒体监督等外部监督机制弱化。媒体和公众对慈善组织的资金运营、善款使用、受益人分布、救助效果等情况的信息来源多样化，权威性不足，面对慈善组织的各种各样的消息很难做出客观的评价。特别是新媒体技术的发展，使社会进入自媒体时代，每个人都是新闻的发布者和消费者。一方面，网络技术的发展使人们社会求助和募捐行为更加便捷；另一方面，也使公众置身于海量的慈善救助信息中难以选择。甚至一些网民为了吸引大家的注意力，追求点击率，刻意制造或夸大其词，由此造成海量的慈善信息真假难辨，网络诈捐、骗捐的事件层出不穷。例如，被中国社会科学院社会政策研究中心、社会科学文献出版社共同举办的《慈善蓝皮书：中国慈善发展报告（2017）》评选出的2016年十大慈善热点事件中的"罗尔事件"[①]就是通过微信打赏筹款的典型个人求助事件。事件的结果让人大跌眼镜，罗尔不仅隐瞒了真实经济状况和女儿救治费用，而且还使用了网络营销手段。"罗尔事件"中爱心+营销的方式，不仅浪费了社会的慈善资源、透支了公众的爱心，对社会诚信也造成了很大的伤害，

---

① "罗尔事件"：白血病女童的父亲罗尔通过个人微信公众号的赞赏功能"卖文救女"，其原创文章经朋友的公司推广转发，短短几日就获得网友打赏260余万元。但医院、媒体、网友等"知情者"纷纷发布信息指责求助人夸大事实、谴责求助人消费公众同情心。后经慈善监管部门和募捐平台介入，罗尔退回赞赏资金。

而且还破坏了脆弱的慈善舆论生态。《慈善法》第十章第九十七条第二款规定："国家鼓励公众、媒体对慈善活动进行监督，对假借慈善名义或者假冒慈善组织骗取财产及慈善组织、慈善信托的违法违规行为予以曝光，发挥舆论和社会监督作用。"尽管法律赋予了公众、媒体对慈善活动的监督权，但是社会监督与公众的觉悟、公众的参与意识、公共的责任意识紧密相连，与媒体的社会责任感、职业道德有直接关系。当前，媒体监督和公众监督缺乏主动性，在监督慈善组织上不作为或乱作为都造成了对慈善组织的伤害。

缺乏第三方评估机构也是造成我国慈善组织公信力不足的重要因素。第三方评估机构因其专业性、中立性等特点，可以有效保障其评估的科学性、客观性和公正性，相较政府评估更容易被各方认可和接纳。第三方评估机构通过设立科学的评估指标体系对慈善组织的透明度、财务状况、绩效、内部治理等状况做出科学、公正和权威性的评价。通过评估，能够使慈善组织了解自身优势和不足，及时发现问题，纠正偏差。近年来，为规范慈善组织的发展，社会一直呼吁对慈善组织建立第三方评估机制，对慈善组织进行专业化的评估。《慈善法》第九十五条第二款规定，"民政部门应当建立慈善组织评估制度，鼓励和支持第三方机构对慈善组织进行评估，并向社会公布评估结果"。当前，不管是政府还是社会都对第三方评估机构在慈善组织发展中的必要性和作用有了较充分的认识。许多发达国家特别重视第三方评估机构对慈善组织的监督、规范作用，设置专门管理、评估慈善组织的机构强化对慈善组织的监督，提高慈善组织的公信力水平。例如，美国慈善信息局就是专门对慈善组织进行评估的机构，通过对慈善组织的评估，提高慈善组织的公信力和自身治理能力，帮助公众辨识优秀的慈善组织，引导公众捐赠的方向。[①] 同时，第三方评估机构对慈善组织的专业性、权威性的评价直接决定了慈善组织在慈善市场中的地位，决定了公众对慈善组织的信任程度和获取慈善资源的能力。相比之下，国内慈善组织，特别是具有官方背景的慈善组织行政化色彩浓厚，在慈善组织中处于垄断地位，在慈善市场中具有天然的优势，这些组织对于民间背景的第三方评

---

① 邓国胜.民间组织评估体系：理论、方法与指导体系.北京：北京大学出版社，2007.

估机构的作用重视度不够。2014年，由中国社会组织促进会作为第三方评估机构，对全国性基金会和社会团体进行评估，参与评估的公益类社会团体只有4家，基金会15家，①表现出我国慈善组织参与社会评估还缺乏主动性。同时，由于我国第三方评估机构发展较晚，不管是数量还是规模，或者权威性上，第三方评估机构都明显不足，难以承担起慈善组织评估的重任。总之，我国第三方评估制度还处在起步阶段，慈善组织评估的覆盖面有限。而且，慈善组织类型的多样化，也决定了评估指标体系的复杂性。缺乏科学、系统地评估指标体系影响了第三方评估机构对慈善组织的监督，这也是我国慈善组织公信力不足的一个重要原因。

（五）慈善组织内部监督机制不完善，缺乏行业自律

慈善组织的内部监督机制是通过制定内部监督章程、制度和标准以达到使慈善组织健康发展并规避运行风险的机制。《慈善法》第十一条规定，慈善组织的章程，应当符合法律法规的规定，在必须载明的九项事项中的第六项就是要求载明内部监督机制。《慈善法》第十二条规定："慈善组织应当根据法律法规及章程的规定，建立健全内部治理结构，明确决策、执行、监督等方面的职责权限，开展慈善活动。慈善组织应当执行国家统一的会计制度，依法进行会计核算，建立健全会计监督制度，并接受政府有关部门的监督管理。"在慈善组织内部结构中，监事会作为慈善组织的监督机构享有对理事会或会员大会（会员代表大会）的监督权。尽管按照法律要求，慈善组织大都设立了监事会或者监事，但由于缺乏对监事会或者监事职责和监事会议事规则的明确规定，造成监事会或监事监督权有限，不能有效进行实质性监督。另外，在监事或者监事会人员的组成上，主要由主要捐赠人、业务主管单位和登记管理机关选派，而且监事会成员大多与董事会、理事长或者秘书长之间有着各种联系，加之监事本人专业性不强，监事利益与慈善组织的利益相一致等原因，使监事会无法发挥作用。②《慈善法》对慈善组织监事会监督权和会计监督制度做了明确规

---

① 徐家良，廖鸿．中国社会组织评估发展报告（2015）．北京：社会科学文献出版社，2015．
② 周俊，张冉，宋锦洲．社会组织与慈善组织管理．北京：北京大学出版社，2017．

定，由于我国慈善组织类型、规模、成熟度等不同，特别是规模比较小，成立时间较晚的一些慈善组织内部运作机制不健全、内部治理结构不完善，慈善组织内部监督机制流于形式根本就不能有效发挥监督作用。当前，一些具有官方背景的慈善组织，组织章程形同虚设，领导人，包括会长、理事长、秘书长等一般由主管单位指定，民主选举只是走过场。同时，由于有官方背景的慈善组织与党政机关有着密切联系，家长制作风严重。① 面对强大的理事会及慈善组织领导层，监事会很难对组织的决策和执行进行监督，特别是对资金的管理和使用等方面的制约与监督不够，影响了慈善组织公信力的形成。

行业自律是规范慈善组织行为，提升公信力的内在动力。慈善组织通过良好的行业自律可以提升组织的社会美誉度，进而扩大组织的影响力，增加慈善组织在慈善资源市场上的竞争力。当前，行业自律对慈善组织的监督作用还没有充分发挥出来。受制于我国慈善组织行业协会不完善，当前行业协会基本以慈善联合会为主要形式。中国慈善联合会于 2013 年 4 月 19 日在北京成立，其任务主要是"推动制定和协调实施有关慈善行为、组织治理和人员资质等方面的行业标准，提升慈善事业的规范化、专业化水平。加强慈善主体诚信建设，推进行业公开透明，努力减少以至杜绝有损行业形象、伤害公众利益的行为"。② 此后，各省市慈善联合会纷纷成立，在一定程度上推动了我国慈善行业的自律。但是，不管是全国慈善联合会还是地方慈善联合会，大都由民政部门牵头指导成立，对行政资源依赖比较大，缺乏行业活力。另外，我国慈善行业组织多由各级慈善联合会作为主要发起方，并以慈善联合会系统成员为主体，缺乏来自民间慈善组织的参与，代表性和多样性不足。③ 当前，我国《慈善法》采用的是大慈善的理念，慈善救助范围包括：扶贫、济困；扶老、救孤、恤病、助残、优抚；救助自然灾害、事故灾难和公共卫生事件等突发事件造成的损害；促进教育、科学、文化、卫生、体育等事业的发展；防治污染和其他公害，保护和

---

① 马庆钰，廖鸿．中国社会组织发展战略．北京：社会科学文献出版社，2015．
② 中华人民共和国民政部网站．李立国在中国慈善联合会第一次会员上的讲话．（2013-04-18）[2018-12-10].http://jnjd.mca.gov.cn/article/zyjd/xxck/201311/20131100541931.shtml.
③ 胡小军．《慈善法》实施后慈善组织监管机制构建的挑战与因应．学术探索，2018（4）：70-75．

改善生态环境等 5 个方面。各类慈善组织在慈善事业发展中的定位和作用不相同，如果都归在慈善联合会行业下，显然体现不出各慈善组织的分工特点。慈善联合会制定并推动实施的基本的技术标准、基本的行业规范难以得到整个慈善行业的认同和支持，在促进慈善行业自我管理、自我教育、自我规范和自我服务功能方面作用有限，也影响了慈善组织公信力的建设。

第三节 合力打造慈善组织公信力

慈善组织公信力建设是一个需要政府、社会及慈善组织合力才能打造的工程。健全的慈善监督体系建设是提升慈善组织公信力的制度保障，在慈善组织公信力建设中不仅需要法律制度的保障和规范，还要有政府监督管理和支持，有慈善组织第三方评估机制的监督约束，有慈善组织行业自律，有慈善组织自身的内部建设制度的完善。除此之外，还要加强舆论监督和人民群众监督，构建起全方位的多元化监督体系，促进慈善组织的健康发展。

一、加强对慈善组织的管理和服务

随着《慈善法》的颁布实施，慈善组织合法身份的取得变得更加容易。《慈善法》明确了慈善组织采取基金会、社会团体和社会服务机构 3 种形式，对慈善组织要具备的条件、章程、内部治理机构、报告制度、负责人的资格及慈善组织的退出机制都做了明确规定，从法律上规范了慈善组织的成立要件。同时，对《慈善法》颁布前已有的社会组织认定为慈善组织专门出台《慈善组织认定办法》加以认定，在此认定办法中特别对符合认定的条件及排除性的条件进行了排列式列举，说明我国尽管降低了慈善组织登记注册的门槛，但是对于慈善组织所具有的条件并没有降低。《慈善法》颁布后，我国先后出台了大量相关配套法规文件，包括：《关于改革社会组织管理制度促进社会组织健康有序发展的意见》、《社会服务机构登记管理条例》（《民办非企业单位登记管理暂行条例》修订草案征求意见稿）、《社会团体登记管理条例》（修订草案征求意见稿)、《慈善组织认定办法》、《慈善组织保值增值投资活动管理暂行办法(征求意见稿)》、《慈善组织信息公开办法》(征求意见稿)》、《慈善组织公开募捐管理办法》、《公开募捐平台服务管理办法》、《慈善信托管理办法》、《慈善组织互联网公开募捐信息平台基本技术规范》、《慈善组织互联网公开募捐信息平台基本管理规范》、《社会组织登记管理机关受理投诉举报办法(试行)》、《社会组织信用信息管理办法》等。这要求民政部门肩负起对慈善组织的登记监管职能。

首先,民政部门,特别是基层民政部门要熟练掌握国家颁布的规范慈善组织发展的法律法规和规章制度,既要按照法律赋予的管理权限注册管理,又要按照法律制度的要求为慈善组织主动提供服务和监督,使符合条件的慈善组织都能取得合法身份,纳入法律的监管之下。

其次,建议民政部对《慈善法》做出解释,增加《慈善法》的适用性和可操作性。另外,慈善组织财务与信息透明度是政府监管的重点,针对当前《慈善法》对此规定比较原则,实践中不好掌握和操作的情况,建议民政部门对信息公开的范围和程度做出较详细的说明,明确年度报告和财务会计报告所列项目和内容等,促使将政府监督和社会监督落到实处。

最后,加强民政部门专业人才的培养和引进,适当增加人员编制和预算经费,使主管部门的权责相匹配。提升民政部门,特别是基层民政部门工作人员的业务素质和工作效率,更好地承担其监管之责。

2017年3月,民政部印发了《社会组织抽查暂行办法》,此方法要求社会组织管理机关按照法定职责,随机抽取一定比例的社会组织进行检查。政府部门要加强对慈善组织事中和事后的监管和服务,充分运用投诉举报、大数据监测、双随机一公开(指在监管过程中随机抽取检查对象,随机选派执法检查人员,抽查情况及查处结果及时向社会公开)等监管模式强化对慈善组织的监督管理,[①] 建立多部门联合执法的机制,依法查处和取缔慈善组织的违法行为与非法慈善组织,促进慈善组织加强行为自律,提高服务水平。2019年3月

---

① 李立国.简政放权应发挥社会组织积极作用.人民日报,2014-09-29(12).

21日，广州民政厅在官网上发布了2018年度社会组织抽查审计结果，在被抽查的67家全省性社会组织中，仅一家未发现问题，其他社会组织中相当一大部分存在会员管理不规范、未按时换届、财务管理不规范等问题，甚至有社会组织存在虚假做账等行为。这表明当前社会组织内部管理比较混乱，要求政府要加大对慈善组织的监管力度。

二、强化慈善组织信用体系建设

慈善组织诚信建设是重建慈善组织公信力的最主要的途径，也是促进我国慈善事业发展、社会信用体系建设的重要内容。[①] 推进慈善组织信用体系建设，对强化慈善组织的监督管理、提高慈善组织的社会责任感和诚信意识有着积极作用。

党的十八大以来，社会诚信体系建设成为党和国家治国理政的重要方针策略。2014年，国务院印发了《社会信用体系建设规划纲要（2014—2020年）》，其中明确指出要进行"社会组织诚信建设"，并且提出了具体措施。《慈善法》要求县级以上人民政府民政部门建立慈善组织及其负责人信用记录制度，并向社会公布。2016年6月，《国务院关于建立完善守信联合激励和失信联合惩戒制度加快推进社会诚信建设的指导意见》发布，提出对"社会组织实施信用分类监管"，鼓励社会组织在监管和服务中建立各类主体信用记录，并对守信的社会组织进行联合激励，对失信的社会组织进行联合惩戒。2016年8月，中共中央办公厅、国务院办公厅印发了《关于改革社会组织管理制度促进社会组织健康有序发展的意见》，要求建立社会组织"异常名录"和"黑名单"，将社会组织的实际表现情况与社会组织享受税收优惠、承接政府转移职能和购买服务等挂钩，充分发挥信用对慈善组织的监管作用，建立社会组织信用信息记录、使用和管理制度。2017年10月，党的十九大再次强调了社会信用体系建设的重要性，明确要求推进诚信建设制度化。2018年2月11日，发展改革委联合40个部门联合签署了《关于对慈善捐赠领域相关主体实施守信联合激

---

① 石国亮，廖鸿. 慈善组织诚信建设的战略思考. 党政研究，2015（6）：96–101.

励和失信联合惩戒的合作备忘录》，第一次从慈善信用的角度，确立并激活守信激励和失信惩戒制度机制，从而将慈善领域正式纳入社会信用管理的总体范畴。2018年4月1日—12月31日，民政部、公安部在全国范围内重点打击整治非法社会组织专项活动，净化社会组织健康发展环境。2018年2月24日，民政部发布《社会组织信用信息管理办法》，规定"建立社会组织活动异常名录和严重违法失信名单制度"，"各级登记管理机关协调配合相关部门，在各自职权范围内，依据社会组织信用信息采取相应的激励和惩戒措施，重点推进对失信社会组织的联合惩戒"，并对守信激励和失信惩戒的措施进行了具体规定。2018年6月22日，国家社会组织管理局发出《关于报送守信慈善组织名单信息的通知》，提出：为落实《关于对慈善捐赠领域相关主体实施守信联合激励和失信联合惩戒的合作备忘录》（以下简称《备忘录》），拟向发展改革委报送一批守信慈善组织名单，纳入"信用中国"信息共享范围，并对报送慈善组织规定了必须是依法登记和认定的慈善组织和目前有效评估等级为4A或5A两个条件。《备忘录》规定了评估等级在4A以上的慈善组织可以享受减免税、绿色通道、政府购买服务等诸多优惠政策，同时，对失信的慈善组织和不守信的捐赠人给予严厉处罚。这不仅提升了信用制度在慈善组织发展中的规范作用，也增加了慈善组织守信的动力和目标。截至2018年年底，民政部先后将58个慈善组织列入守信红名单，8个慈善组织列入失信黑（灰）名单，对慈善组织起到了示范和警示作用。① 2018年9月1日，民政部出台的《慈善组织信息公开办法》开始实施，该办法规定了慈善组织公开募捐、重大资产的变动及投资、重大交换交易及资金往来等情况，必须向社会公开。至此，慈善组织被纳入了以建立信用约束为核心的社会信用管理体系范畴。当前，各省市民政部门普遍加强了对社会组织的监管，不定期地公布管辖范围内严重违法失信名单。在民政部国家社会组织管理局主办的中国社会组织公共服务平台上，设立了社会组织活动异常名录、严重违法失信名单和涉嫌非法社会组织名单查询栏目，实时曝光违法失信社会组织名单。今后，重点落实慈善组织信用与社会征信系

---

① 任欢.让假慈善"一处失信、处处受限".光明日报，2019-02-22(4).

统对接，在加快建立覆盖全社会的征信系统的基础上，充分利用互联网信用体系，发挥征信系统"信号灯"的作用，防范和警醒慈善组织失信行为的发生。

为提升慈善组织信用体系在规范慈善组织发展中的作用，必须充分利用现代化的互联网信息技术作为辅助手段，建立以大数据为支撑的统一的慈善组织信用库，定期或实时向社会公布。当前，全国社会组织已经全部录入代码系统，且已共享"信用中国"网站，基本完成了社会组织领域的统一代码赋码任务，初步建成了全国社会组织的"身份证信息库"[1]。今后，要运用新媒体技术推进慈善组织基础信息公示和信用信息公示，汇集和整合各级慈善组织主管部门的信用信息，形成统一的大数据平台，实现信息实时更新以保证慈善组织信息的准确性和时效性，方便组织及公众查询。同时，健全慈善组织查询平台，做好与全国信用信息共享平台等平台的数据对接，联合社会信用体系建设牵头部门、代码数据服务部门、政务服务大厅等部门，以保障信息的权威性和信息的全面性。同时，加强法律制度建设，增强监管的制度保障。对于活动异常名录和严重违法失信名录及时报送，并对严重违法失信的慈善组织在统一平台和指定平台上发布，降低其信用等级，强化对违法违规慈善组织的惩处力度，加大捐赠人、受益人的违法违规成本。为保护慈善组织的合法权益，避免误伤或错伤慈善组织，必须开通慈善组织的救济渠道，慈善组织如果对公开的信用信息有异议，可以向主管机关申请异议并提交相关证明材料，主管部门经查证确实有误的，应当撤销或更改错误的信用信息，并及时通知相关慈善组织。如果主管部门确认发布的信用信息正确的，也要书面通知慈善组织并说明理由。2019年1月3日，民政部部长黄树贤在2019年全国民政工作视频会议上表示，过去一年查处非法社会组织5845个，曝光涉嫌非法社会组织300多个。通过对慈善组织的激励和惩治，规范了慈善组织的发展，大大提高了信用建设在慈善组织发展中的促进作用。

---

[1] 詹成付.加快社会组织信用体系建设 提升公益慈善的社会公信力.中国民政，2018（9）:10–12.

三、继续推进信息公开制度的建设

信息公开是慈善组织公信力建设的有效路径和重要突破口。当前，我国法律法规对慈善信息公开主体、时间和内容已经做了比较详细的规范，今后要在继续完善信息公开制度的基础上推进信息公开相关制度的落实。首先，要落实法律法规对慈善组织信息公开的要求，依法信息公开，这是推动信息公开制度的基础。《慈善法》要求慈善组织向政府公开登记事项、信托备案事项、税收优惠、资助补贴、购买服务、组织的处罚及表彰等方面的信息；面向社会公开组织章程和决策、监督机构成员信息及国务院民政部门要求公开的其他信息。定期向社会公开年度工作报告和财务会计报告，公开募捐情况和慈善项目实施情况等信息；面向捐赠人公开募捐情况、募得款物的管理使用情况等信息。除此之外，《慈善法》还规定了慈善组织提供慈善服务，要向受益人告知资助标准、工作流程和工作规范等信息。其次，慈善组织应充分认识透明度对组织发展的重要性，在法律强制披露之外，主动进行充分的信息披露，自觉接受社会监督，以实现较高透明度，提高社会知名度和美誉度，从而提升慈善组织在慈善资源获得上的竞争力。财务信息的公开是慈善组织信息公开的核心，《慈善法》规定慈善组织每年向社会公开年度报告和财务会计报告。但是，一年一报不利于政府管理的绩效和公众知情权的实现，建议慈善组织可以采用半年报或者季度报的方式向社会公开其财务情况。另外，为使公众对项目的运行和善款的使用去向、救助的效果及时了解，公开募捐活动和公开募捐项目的相关信息，应该借助现代信息手段实现信息在组织网站实时更新而不是《慈善法》规定的最高时限"三个月"[①]。随着各慈善组织在公益市场的竞争日趋成熟，为取得竞争中的优势地位，慈善组织需要不断提高自身的透明度，以树立良好的社会口碑。

构建公益事业信息公开网络体系，实现信息共享。基于大数据下建立起来

---

① 《慈善法》第七十三条规定：具有公开募捐资格的慈善组织应当定期向社会公开其募捐情况和慈善项目实施情况。公开募捐周期超过六个月的，至少每三个月公开一次募捐情况，公开募捐活动结束后三个月内应当全面公开募捐情况。慈善项目实施周期超过六个月的，至少每三个月公开一次项目实施情况，项目结束后三个月内应当全面公开项目实施情况和募得款物使用情况。

的具有科学性、权威性的信息平台是实现慈善组织公信力建设的基础性工程。慈善组织的透明度缺失,一个重要原因是社会公众获取信息的渠道不畅通,信息的不对称造成社会公众难以了解慈善组织的真实情况,影响对慈善组织的客观评价。但是,随着互联网和信息技术的高速发展,每个人都成为信息发布和接收的主体,致使各种信息过度充裕,信息的真伪辨别变得困难,也不利于慈善组织的健康发展。与此同时,民众对慈善组织信息公开的时效性、动态性,公开内容的多样性、细致性等提出了越来越高的要求。慈善信息能否在社会进行正常有序、合理合法的传播,不仅关乎对于慈善组织的有效监督,还会影响到慈善组织的公信力,甚至影响慈善组织的生存发展。因此,为满足社会公众对慈善组织信息公开化的要求和慈善组织的健康发展,《慈善法》及配套法律文件对慈善组织和政府民政部门提出了全面公开慈善信息的刚性要求,明确要求县级以上人民政府要建立健全慈善信息统计和发布制度,并为信息发布设立3类信息平台,即国务院民政部门建立的信息平台、国务院民政部门统一指定的信息平台和慈善组织网站信息平台。2017年9月,民政部全国慈善信息公开平台开通,要求慈善组织对募捐款物使用情况、慈善组织登记事项、慈善信托备案事项、具有公开募捐资格的慈善组织名单、具有出具公益性捐赠税前扣除票据资格的慈善组织名单、对慈善活动的税收优惠、资助补贴等促进措施、向慈善组织购买服务的信息、对慈善组织和其他组织及个人的表彰、处罚结果等信息进行公开,方便了社会公众查验慈善信息,实现了动态监督慈善组织及慈善项目的运行,解决了公众慈善信息获取渠道不权威、跟踪监督难的问题。2017年8月底,民政部发布13家单位作为指定的慈善捐助平台。2018年5月23日,民政部发布《关于指定第二批慈善组织互联网募捐信息平台的公告》,又有9家单位被选为互联网募捐信息平台,为取得公开募捐资格的慈善组织提供公平、公正的信息服务。当前3类信息平台还没有实现信息同步对接,慈善信息3类平台还缺少信息沟通和协调,在一定程度上影响了信息的权威性和传播速度。今后要在3类信息平台规范建设的基础上,逐步建立和完善3类信息平台的信息同步对接系统,满足社会对慈善信息的需求。同时,随着第三方评估机构发展壮大及在慈善监督作用的发挥,建议增设第三方评估机构的信息平台,增加信息公开的途径。第三方信息平台由于其中立性和专业性,更能得到公众的认可,提高公众对慈善组织公信力的认识。

根据法律对慈善信息公开的要求,加强对慈善组织的奖惩制度。《慈善法》明确规定了慈善组织信息公开的主体、信息平台、信息内容和时限等,但是法律缺乏对慈善组织信息不公开相应的处罚。对于违反信息公开行为的处罚,只在《慈善法》第九十九条和一百零八条中有所体现。《慈善法》第九十九条规定慈善组织未依法履行信息公开义务的,由民政部门予以警告、责令限期改正;逾期不改正的,责令限期停止活动并进行整改。第一百零八条规定:县级以上人民政府民政部门和其他有关部门及其工作人员未依法履行信息公开义务的,由上级机关或者监察机关责令改正;依法应当处分的,由人民机关或者监察机关对直接负责人和其他直接责任人员给予处分。显然法律规定太过原则,只强调了对没有公开信息的处罚,而且处罚力度很轻不足以起到惩戒的作用,而且法律对公布信息不实的情况缺乏制裁。因此,建议完善相关配套文件,增加对不按规定发布信息和发布不实信息的慈善组织设置相应的惩罚措施。对于依法在统一平台、指定平台和组织网站平台发布信息,并主动扩大信息披露的范围和程度,积极配合平台构建公开信息渠道的,可以在平台予以公示和好评,提升组织的美誉度,以提升慈善组织在慈善资源市场上的竞争能力。"自由公益市场的建立,只有在公平竞争的慈善资源市场,慈善组织才能依靠透明度、公信力这一信号显示,赢得更多的慈善资源。"① 总之,通过制定具有强制性和可操作性的信息公开标准及奖惩机制,提升慈善组织信息公开的积极性和主动性,增加相关部门对信息公开监督,提高慈善组织的公信力。

四、加强慈善组织内部监督机制

内部监督是一种主动性的自我约束和管理,着重强调组织内部规范建设和道德作用。② 与外部监督相比,慈善组织内部监督通过科学设置机构,规范组织运行,强化财务信息管理,可以有效提高组织的效率和公信力。

---

① 柴振国. 我国慈善组织信息公开机制研究:以激励相容为视角. 广东社会科学,2017(3):205-211.
② 戴长征,黄金铮. 比较视野下中美慈善组织治理研究. 中国行政管理,2015(2):141-148.

(一)设置科学合理的内部治理机构,完善监事会的职责,强化对慈善组织的审计评估

慈善组织内部监督是慈善事业发展的重要基础。慈善组织本身的自律和自我约束是慈善事业健康有序发展的基础,也是监督体系的第一道防线。[①]《慈善法》第十一条明确规定了慈善组织章程应载明的内容,其中包括内部监督机制。《基金会管理条例》、《社会服务机构登记管理条例》(《民办非企业单位登记管理暂行条例》修订草案征求意见稿)也对慈善组织内部机构设置进行了明确规定,要求慈善组织设立内部治理机构,承担决策、执行、监督等方面的职责权限。在慈善组织的内部治理机制中,理事会作为决策机构,代表组织行使法人财产权,是慈善组织内部治理的责任主体与核心机构,对慈善组织行使治理和处置的权力。慈善组织的执行机构主要负责组织事务管理,秘书长是执行机构的负责人,在组织日常工作中起着决定性作用。监事会作为慈善组织内部的监督机构,是慈善组织内部监督治理的核心部门。按照法律规定,监事会成员可以由主要捐赠人、业务主管单位和登记管理机关选派。由于监事会是慈善组织内设机构,其对慈善组织的监督属于内部监督,而业务主管单位和登记管理机关选派人员进入监事会将影响监事会的独立性,建议监事会成员由主要捐赠人、受赠人和社会专业人员选派组成,取消业务主管单位和登记管理机关对监事会人员的选派。监事会的主要职责之一是依照章程规定的程序检查慈善组织财务和会计资料,因此,监事会成员中应该包括专业的财务会计人员,以增强监督的专业性和有效性。关于监事会的职责,《基金会管理条例》第二十二条做了规定:监事依照章程规定的程序检查基金会财务和会计资料,监督理事会遵守法律和章程的情况。监事列席理事会会议,有权向理事会提出质询和建议,并应当向登记管理机关、业务主管单位及税务、会计主管部门反映情况。由此可以看出,我国对慈善组织监事会的职责规定还比较粗糙,为提升监事会在慈善组织发展中的作用,一些地方政府开始通过制定规范性文件加以明确。比如,2014 年 10 月 10 日,广州市通过了《广州市社会组织管理办法》,

---

① 王俊秋.山东省慈善救助研究.北京:中国社会科学出版社,2013.

其中第二十六条对监事会的职责进行了明确，主要包括：①向决策机构报告年度工作并及时报告重大事项。②监督本组织内部的选举、罢免工作。③监督执行机构履行决策机构的决议。④检查本组织财务和会计资料。⑤监督本组织遵守法律、法规和章程的情况。⑥有权向决策机构和执行机构提出质询和建议。⑦负责本组织防治腐败工作。《广州市社会组织管理办法》明确了监事会的具体职责，提高了监事会监督的针对性和效率。此外，确立慈善组织内部审计部门的独立地位，强化慈善组织内部审计监督，在保障财务真实性与合法性的基础上，加强对财务效益的审计，以保障善款使用效益的最大化。通过对慈善组织日常善款管理和使用的审计，可有效预防善款的滥用和提高慈善资金的使用效率。通过对年度报告和财务会计报告编制工作的监督，能够及时发现组织发展存在的问题，审计部门通过向理事会提交审计报告反馈发现的问题，由理事会讨论决定对问题的处理和对责任人的追究。另外，慈善组织内部治理在严格遵循法律法规的基础上，充分调动组织成员的积极性，提高其主体参与性，实行民主决策和民主管理，以保障决策的专业性和科学性，提升慈善组织的社会形象。

（二）建立会计监督制度，完善财务信息的统计和发布

慈善组织会计监督是指慈善组织的会计机构和会计人员对慈善组织财务使用的合法性、合理性和会计资料的真实性、完善性及内部预算执行情况所进行的监督。《慈善法》第十二条第二款规定：慈善组织应当执行国家统一的会计制度，依法进行会计核算，建立健全会计监督制度，并接受政府有关部门的监督管理。会计监督制度设立的一个重要目的是保证慈善组织的会计信息真实、可靠，能够反映组织的财务状况和运营绩效。《慈善法》颁布以前，由于我国慈善组织性质的多元化，有官办官营的，有官办民营的，还有完全民办民营的，各种性质的慈善组织分别依照各自的所有制及行业属性适用不同的会计规范，导致慈善组织财务信息的不统一，由此加大了政府和社会对慈善组织的监督难度。《慈善法》要求对慈善组织执行国家统一的会计制度，需要对慈善组织采用统一的统计核算标准，规范财务报告所披露的信息内容，制定规范的财务报

告标准，增强慈善组织的财务信息的可比性，方便政府和社会对其进行监督。为充分发挥会计监督机制对规范慈善组织的作用，需要定期进行全面的会计核算，对发现的财务问题及时向理事会汇报，建立财务风险处理机制，提高慈善组织财务风险的防控能力。通过建立规范公开的财务管理制度和捐赠款物使用的追踪、反馈机制和公示制度，及时发布慈善信息数据，完善慈善组织的审计制度，定期发布慈善事业发展报告。[①] 要按照慈善法的要求向民政部门报送财务会计报告，并在组织网站和统一平台公开慈善组织的财务报告，接受财务审计和社会监督，在慈善组织内部建立起第一道防范财务风险的堤坝。

（三）加强行业自律，规范慈善组织的发展

《慈善法》第十九条规定：慈善组织依法成立行业组织，慈善行业组织应当反映行业诉求，推动行业交流，提高慈善行业公信力，促进慈善事业发展。该条文规定了慈善组织成立行业组织的目的和作用。《慈善法》第九十六条规定：慈善行业组织应当建立健全行业规范，加强行业自律。慈善行业组织通过规范慈善行为，制定行业标准，提供慈善行业服务，反映慈善行业诉求，在慈善组织与政府之间架起沟通交流的桥梁。当前，我国慈善组织行业协会组织形式单一，基本采用政府引导下的慈善联合会的形式，由此形成对行政资源的依赖，与慈善行业组织本身所应当具有的公共性、自治性、中介性和民间性的性质不符，影响了行业组织自身的公信力。今后应该根据慈善组织的不同形式建立起完全民间性的慈善行业协会、基金会行业协会和社会服务机构行业协会等，更好地发挥各行业协会对本行业组织工作的规范和服务。慈善组织可以按照不同的服务范围组成不同的行业组织，即按照救助类、教科文卫体发展类和生态环保类建立不同的行业规范，充分考虑到各行业自身的特点，在制定行业标准时要充分考虑标准的可行性和可操作性。通过行业协会制定会员共同遵守的道德原则和行为标准，出台行业自律公约，以此来规范慈善组织从业人员和慈善组织的行为。自律公约在行业调研及交流、专家论证的基础上，由全体协会会

---

① 许甫林.信息透明：慈善组织公信力建设的有效路径.中国民政，2017（3）：31-33.

员共同讨论制定。自律公约一经形成,便发生法律效力,非经过组织程序不得改变,各组织必须无条件地遵守,对于违反自律公约约定的行为实施制裁,严重者经协会会员大会讨论,可以开除出协会,并向全社会公告。慈善行业协会不仅通过行业自律规范慈善组织的发展,而且为会员单位提供了交流学习、互相监督的平台,对于促进各慈善组织的健康发展,提高整个慈善行业的公信力有很大的作用。

五、加强慈善组织社会监督

社会监督是慈善组织强有力的约束和激励机制,是保证慈善组织公开、透明的外部力量,相比政府对慈善组织的监管,社会监督因其监督主体多元、监督更加全面、操作成本更低、更加及时有效而被世界各国广泛使用。当前,我国多元的社会监督体系已经基本建立,要提升社会监督对提高慈善组织公信力的作用,主要应该从以下3个方面入手。

(一)提高公众在社会治理中的参与意识和责任意识

公众是慈善组织社会多元监督的主力军。公众作为社会治理体系现代化的重要参与主体,其自身的参与意识和责任意识直接决定其在社会治理中的地位和作用。随着我国慈善事业的发展,公众参与慈善救助的热情不断高涨,从慈善事业的旁观者变为参与者。特别是移动互联网的发展,给人们参与慈善提供了便利的条件,由此也带动了公众对慈善组织信息公开要求的提高和关注。必须明确,公众对慈善组织行使监督权既是一种权力也是一种责任,而公众对慈善组织的监督是建立在慈善组织信息公开的基础上,这就要求慈善组织树立主动接受监督的意识,并始终接受公众的监督。《慈善法》第九十七条规定:"任何单位和个人发现慈善组织、慈善信托有违法行为的,可以向民政部门、其他有关部门或者慈善行业组织投诉、举报。"为公民行使监督权提供了最直接的法律依据。慈善组织必须严格按照法律规定的内容和方式向社会公开组织信息。除此之外,为提高组织的透明性,慈善组织还应主动公开除法律明确不能公开的内容之外的所有信息,以此保障公众知情权和监督权的实现。作为社会监督主体的公众，为提高社会监督的质量和力度，要增强公民权利意识、参与意识和公共责任意识的培养和实践，实现对慈善组织的依法监督。同时，社会公众还要慎重行使监督权，提高辨别是非的能力，在明确事实真相的基础上，本着对公众、对社会和对慈善组织负责的态度实施监督，不可在不明真相时就随意公开质疑慈善组织，这不仅给慈善组织带来负面影响，而且会给整个慈善事业带来不利的影响，情节严重的还会给自己带来严重后果。

（二）媒体监督对规范慈善组织的发展有着不可替代的作用

随着网络媒体发展和移动互联网时代的到来，媒体呈现出多元化的特点，特别是自媒体的发展促使媒体在慈善组织的监督领域发挥着越来越重要的作用。新媒体具有信息发布简单容易，传播速度快、范围广等特点，新媒体与广播、电视和报纸等传统媒体共同打造的立体空间，对慈善组织的监督威慑作用较大，有助于慈善组织的规范化建设。在新媒体的传播环境下，作为运用社会资源实施社会救助的慈善组织引起高度关注，从善款的募集和管理，到慈善项目的运行与救助效果都在多元化媒体的监督之下，从而促使慈善组织不断提高自身建设。从"罗尔事件"来看，对罗尔通过个人微信公众号的赞赏功能"卖文救女"行为，先是从自媒体开始传播质疑，然后是网络媒体的跟进，接着是传统媒体的竞相报道，由此引起社会舆论的强烈反应，最后引起国家有关部门的注意。在慈善监管部门和募捐平台介入后，罗尔退回赞赏资金。在这个事件中，媒体重点拷问的是：如何监管个人网络求助行为，谁对求助信息真伪性进行评估和承担捐赠风险的责任，筹款后对善款使用的执行监督、财务公开都由谁来负责。而与此相对应的政府部门和慈善组织也在反思如何回应公众的拷问，反思如何进行规范化管理运行以提升捐赠人和社会公众的信任等问题。媒体监督有助于慈善组织各项事务的开展，尤其有利于提升慈善资金使用的透明度，而善款使用透明化是慈善组织持续获得捐赠的重要基石。为提升媒体监督对慈善组织的规范作用，不管是什么种类的媒体，首先，必须树立大局意识，维护社会和谐，宣传慈善意识，传播慈善正能量，普及慈善知识，引导公众关注慈善事业的发展。其次，积极配合慈善组织开展活动，及时发布有关信息和传播活动的社会意义。对慈善组织的报道坚持客观真实，维护慈善组织的正面形象，不得为追求社会轰动效果对事件夸大或有选择地报道，要引导公众关注慈善组织发展，积极参与慈善活动。最后，媒体对发现的问题，要及时向主管部门和其他相关单位进行反映或举报，及时制止慈善组织的违法违规行为。

（三）完善第三方评估机制

慈善组织评估是了解慈善组织发展情况、慈善活动开展绩效，帮助慈善组织开展制定和调整下一步慈善发展计划，提高慈善组织整体水平的有效手段。[①] 第三方评估机构对促进慈善组织公信力的提升具有不可替代的作用，评估来自提升自身社会慈善资源获取能力与公信力的深层现实需要。第三方评估机构介于政府和慈善组织之间，既不依附于政府，又和慈善组织没有直接的利害关系，加上科学严密的专业评估标准，使其对慈善组织的评估在社会上具有一种天然的公信力。早在2011年民政部发布的《中国慈善事业发展指导纲要（2011—2015年）》第三部分"加快发展慈善事业的重点任务"中就指出："完善公益慈善组织的第三方评估制度，促进公益慈善组织加强自身建设，发挥好社会作用。"2015年5月，民政部专门出台《关于探索建立社会组织第三方评估机制的指导意见》，对第三方评估机构发展的总体思路和原则、评估资金保障、评估信息公开和结果运用等方面予以指导，对完善社会组织综合监管体系产生了重大而深远的影响。2016年，《慈善法》九十五条第二款规定："民政部门应当建立慈善组织评估制度，鼓励和支持第三方机构对慈善组织进行评估，并向社会公布评估结果"。为提高第三方评估机构对慈善组织的监督作用，首先应该制定和完善慈善组织第三方评估制度，规定慈善组织除了向民政部门提交年度报告和财务会计报告外，每年都要提交第三方评估机构对组织的评估报告，确立第三方评估机构在慈善组织评估中的法律地位，帮助民政部门提高对慈善组织运行状况的专业化认识。同时，在统一平台、指定平台、慈善组织网站平台和第三方评估机构平台上发布对组织评估的报告，让社会了解专业机构

---

① 王名. 慈善组织与慈善项目评估标准研究. 北京：中国社会出版社, 2017.

对慈善组织的考评结果。其次，针对当前我国第三方评估机构发展滞后的情况，建议充分发挥高校和科研机构的人才优势的作用，依托高校或科研机构设立独立的第三方评估机构，提升机构的专业性和权威性。针对第三方评估机构规模小、权威性、专业性不足的问题，建议设立第三方评估机构的示范单位，在机构设置、评估标准、机构运行等方面开展探索，成熟后再在全国进行推广，规范其发展。最后，根据我国不同的慈善种类，设立各具特色的科学的评估标准体系。评估标准体系是实现对慈善组织专业化评估，保障评估结果有效性和科学性的重要依据。评估标准的设立，既要吸收发达国家在这个方面已有的经验，又要根据中国的具体国情，通过对不同种类慈善组织的特色进行深入的研究和设计，在充分听取相关专家学者、民政部门和一线慈善工作者的意见的基础上，制定出具有可操作性、科学性、全面性的评估标准。清华大学公益慈善研究院院长王名认为：评估已成为对社会组织进行有效监管和问责的主要机制，评估的功效显然优于年检等行政手段，既能起到对社会组织的监管约束之效，又因其所具专业性、客观性和公正性而能得到社会认可。[1]

---

[1] 王名. 评估改变社会：谈谈我对社会组织评估的几点认识. 中国社会组织，2019（1）：54—55.

第四章 慈善组织人才战略

随着社会经济的发展，我国慈善事业发展迅速，慈善组织的数量稳步增长，规模不断加大。慈善组织已经被纳入中国特色社会主义"五位一体"的总体布局，成为新时代全方位参与国家治理的重要力量。特别是中央提出打造共建共治共享的社会治理格局以后，慈善组织成为社会治理的重要主体，其在政治、经济、文化、社会和环境治理中的作用越来越重要。但是，当前我国慈善组织发展水平和规模与社会主义建设的需要相比差距还很大，很明显的一点就是慈善专业人才的缺乏。十九大报告提出"人才是实现民族振兴、赢得国际竞争主动的战略资源"。当前，慈善专业人才的短缺已经成为制约慈善组织实现可持续、专业化发展的主要"瓶颈"。随着慈善事业的快速发展，中国亟须培养一批高素质、高水平、高能力的慈善领域专业人才以适应当前复杂化、市场化、国际化的慈善事业。

第一节 慈善组织人才发展现状

慈善组织专业人才是指具有一定的专业知识或行业技能，符合工作岗位能力的要求，认同组织的文化和价值观，进行创造性的劳动并对慈善组织的发展做出积极贡献的人，不包括慈善组织一般从业人员和实习生。2017年5月发布的《中国公益组织人才供需发展报告》，是德国世界粮惠组织支持的项目，由中国发展简报从2016年1月至12月期间，从公益机构招聘信息和个人投递公益岗位的简历信息中收集整理出数据，并从人才供应和需求两个方面，以岗位、工作地点、学历、领域、工作经历、薪酬为视角，对我国公益市场人才的需求和供应进行了梳理和比较。该报告显示目前"公益机构岗位供给均大于需求,公益领域就业竞争比较小;硕士、博士等高学历人才在公益领域就业市场表现出供过于求的状况",但同时报告提出公益岗位的专业性也有待继续提升。报告基本反映了当前慈善组织的人才供给情况,即慈善组织的人才供给大于需求,甚至硕士、博士等高学历人才都出现供过于求的情况,但是受制于我国高等教育缺乏对慈善公益专业的人才培养,慈善专业化人才供给严重不足。

一、慈善组织爆发式发展急需专业人才

十八大以来,党和政府高度重视社会组织在社会治理中的作用,不仅对社会组织的管理和发展提出了新思路,而且还加快了慈善法律制度建设,慈善组织数量和规模得到快速发展,但是与此同时,慈善组织的专业人才供应严重不足,特别是高端人才极度缺乏,影响了慈善组织在社会治理中作用的发挥。

首先,慈善组织近些年数量快速增长,规模不断加大,对专业人才的需求加大。根据中国社会组织网的统计,2017年,我国社会组织总数量突破80万个的关口,达到801 083个,较2016年增加了8.77%。其中,基金会6322个,比上年增加10.68%;社会团体373 194个,比上年增加7.75%;民办非企业单位421 567个,比上年增加9.65%。社会组织数量不断增加的同时,社会组织的规模也持续加大,接受社会捐款的数量逐年上升。据中央党校马庆钰教授主持的"中国社会组织经济总规模测算"研究成果显示:2016年年末,全国70万家法人社会组织的增加值约2789亿元。尽管我国社会组织的规模与其他发达国家相比差距还很大,但是近些年我国社会组织的规模出现了急速增长的势头。另据民政部《2017年社会服务发展统计公报》显示,全年共接收社会捐款754.2亿元,其中:民政部门直接接收社会各界捐款25.0亿元,各类社会组织接收捐款729.2亿元。社会组织的发展,需要大量的专业化人才,特别是高端项目管理人才和有现代公益理念和实践经验的专业人才,以满足组织发展的需要。

其次,慈善组织升级转型,从传统慈善组织向现代慈善组织转化,"互联网+"慈善模式、互联网国际化的发展需要慈善组织复合型人才。传统慈善组

织以官办为主导,其救助多局限在贫困、灾害、教育等领域。2008年汶川地震,民间慈善组织在救灾中发挥了重要作用,激发了慈善组织在我国的迅速发展。2011年,"郭美美事件"和中华慈善总会"尚德诈捐门"等一系列事件造成民众对官办慈善机构的问责风暴席卷全国,社会公众对官办慈善机构的信任与支持度急剧下降。与此同时,以"免费午餐"为代表的民间互联网公益项目却得到社会公众的大力支持,在一定程度上推动了慈善组织的现代化转型。随着2016年网捐平台的兴起,慈善组织进入"互联网+"时代。2016年《慈善法》的颁布实施,标志着我国传统意义上的慈善事业开始走向法治化的现代慈善轨道。慈善组织从传统到现代的转化,造成公益人才需求也发生变化。现代慈善组织所急需的集公益理念、专业技术和管理经验为一体的高端复合型人才非常缺乏,而一般公益岗位的人力资源供应则比较充足。据由中国发展简报发布的《中国公益组织人才供需发展报告2016》显示,在各公益组织的求职信息大于各类岗位的供给数量,说明当前公益机构就业市场中人力资源供应比较充沛。但是报告同时指出,项目管理人才需求非常强劲,市场供给不能满足,另外"社会工作""残障"等核心社会服务领域公益人才供给小于需求,相应地也表现出公益人才匮乏。

二、公益慈善专业人才供给不足,流失严重

长期以来,慈善组织专业人才匮乏,从业人员缺乏公益领域的专业知识、能力和经验,直接限制了我国慈善组织的进一步发展。目前,我国慈善专业人才的培养跟不上慈善组织的发展速度,大学慈善公益专业设置缺失,社会短期培训在解决专业化问题上难以胜任,加上慈善组织专业人才的大量流失,导致了我国慈善专业人才供需矛盾更加突出。

首先,短期培训不能满足慈善组织专业化需求。当前,慈善组织人才培养主要依靠短期培训,而专业化人才的培养需要从人才培养模式、专业建设规划和社会实践等多方面来完成。当前,慈善组织数量和规模发展迅速,对慈善专业人才需求数量增大,而慈善组织通常通过面向社会公开招聘的形式来满足对

人力资源的需求。由于慈善组织本身是非营利的民间组织,给应聘者提供的薪资水平和其他生活待遇与行政机关、事业单位、大型国企、外企、包括部分私企都有较大差距。特别是一些成立时间短、规模不大的慈善组织,因为整体实力不强,更难给应聘者提供较好的待遇,因此,招聘专业化人才更加困难。由于求职者大都没有组织的工作经验,所学专业不对口,为此许多慈善组织为使从业者尽快适应工作,一般会对其进行组织内部的短期培训,以完成上岗前的职位要求。而对一些有一定工作年限和表现较好的员工,组织会推荐参加社会上的一些公益培训来满足职业需求。公益培训有利于提高员工的素质,使员工获得必要的专业知识技能。但是,短期培训不可能对员工进行系统科学的培训,其更侧重于技能和操作程序方面,大都是一些入门式或者某一领域、某一环节的知识教育,不能从根本上解决员工的专业化问题。

其次,高等教育对慈善专业人才培养缺乏,公益慈善专业教育严重滞后。从目前我国公益慈善教育的现状来看,公益慈善领域专业人才培养还处于起步发展阶段。从公益慈善人才培养来看,当前还没有形成一套完整的适应中国国情的公益慈善人才教学培养体系。高等教育中的公益慈善专业本科教育目前仅有北京师范大学珠海分院和南京工业大学浦江学院等少数学校设置。北京师范大学珠海分院以辅修的形式首个开设的公益慈善管理专业,该模式采取"2+2"模式实现跨专业人才培养,学生前两年学习原专业的专业核心课程和专业基础课程,从第三年开始择优录入宋庆龄公益慈善教育中心修读"公益慈善事业管理专业方向"课程。自2012年开始,每年在大三各专业学生中招生40人进行公益慈善类课程的学习和实践,学生毕业时发放原专业的学位和毕业证书,公益慈善事业管理专业方向不独立授予学位和毕业证书,只在毕业证专业名称上标明"公益慈善事业管理专业方向"。南京工业大学浦江学院公益慈善管理学院是我国首家设置4年制公益慈善管理专业和培养公益慈善管理人才的学校,于2014年开始在公共事业管理专业设置公益慈善专业方向,按照公益慈善管理专业方向的要求设置项目管理、资金筹募、公关传播和综合管理四大核心课程体系,独立组织教学管理。在硕博培养方面,仅有少数高校比如清华大学公共管理学院、北京大学光华管理学院等依托专业方向培养非营利组织管理或慈善管理的硕士与博士高层次公益慈善人才，并且开展一些中高端培训，以此来满足社会的需求。

高等教育学科专业是人才培养的基础和载体，学科专业的设置与建设关系到人才培养的目标与规格及教育教学资源的配置和协调。目前，国家学历教育专业目录里还没有公益慈善和社会组织相关专业，学历教育一般以公共事业管理、社会学等专业下设置公益慈善类方向，在招生、培养和毕业方面都面临诸多限制。现有高校对公益慈善人才的培养还没有探索出一整套成熟的模式，培养的毕业生人数太少，与日益发展的公益人才需求相比严重不足。另外，由于在高等教育中缺少对公益慈善类专业学历和学位的授予，也造成公益慈善类专业人才教育培养上的困难。比如，北大、清华招收的非营利组织管理或慈善管理的硕士和博士就是专业方向而不是专业。由于公益慈善专业人才的培养涉及跨学科、跨专业的师资力量，同时该专业需要大量的公益实践，这增加了设置该专业的难度。总之，高等教育对慈善专业人才培养供给与现代慈善事业发展对专业人才需求的矛盾还很突出，我国高等教育在公益慈善人才培养方面的缺位是我国慈善专业人才缺乏的最根本的原因。

最后，慈善组织人才流失严重，加重了人才供应不足的矛盾。专业化人才的培养除了专业的理论基础还需要长期的实践经验，从业经验对于慈善组织专业化发展非常重要。由于慈善组织所提供的薪酬、环境及成长空间受到限制，难以满足从业者的期望要求，造成慈善组织工作人员，特别是高端人才离职多，流失严重的情况，由此更加重了慈善组织人才短缺的状况。尽管慈善事业推崇奉献精神，但是市场经济条件下，随着工作人员家庭的组建，生活压力增大，有些员工在遇到更好的工作机会时可能会选择离开慈善组织。据中国发展简报2017年发布的《中国公益组织从业人员薪酬调查报告》显示：慈善组织人员离职的原因中薪酬待遇低、对机构管理情况不满意、职业的社会认同低、工作强度大、职业发展空间小等占前几位（图4-1）。

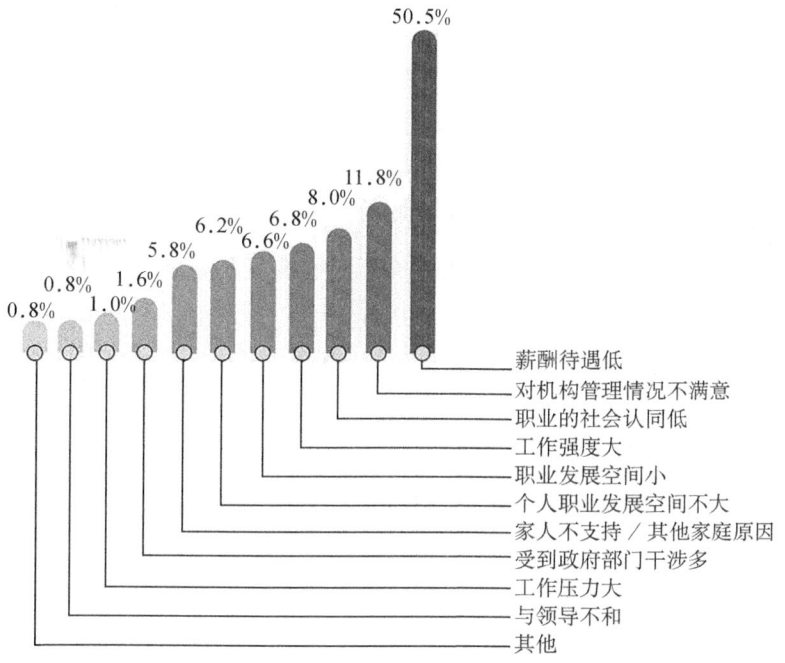

图 4-1　公益从业人员离职原因

数据来源：中国发展简报《中国公益组织从业人员薪酬调查报告》。

由南都公益基金会、壹基金、阿拉善 SEE 公益机构、浙江敦和慈善基金会、成美慈善基金会、澳门同济慈善会、宁波鄞州银行公益基金会和拜耳集团 8 家机构联合与零点研究咨询集团共同发起，通过对全国范围内各类型民间公益组织的调查，于 2014 年 10 月发布《2014 中国公益行业人才发展现状调查报告》。报告显示薪酬水平低、行业外机遇吸引及家庭因素构成我国公益组织人才流失的三大原因，仅因薪酬水平低而离职的员工就高达 20%。虽然慈善组织薪酬水平在不断提升，但总体低于城镇工资总体水平，与从业人员的期望工资距离较大，特别是高级管理者的实际工资与理想工资差距在 3738 元，相对于工资，高级管理人才的工作强度非常大，工作时间每天在 10～12 小时。[①] 工资水平低是造成公益人才流失的首要的因素。

---

① 数据来源：《2014 中国公益行业人才发展现状调查报告》。

从慈善组织专业人才的需求和供应来看，目前专业人才短缺的情况短时间内很难改变，而且慈善专业人才属于复合型、应用型的人才，除了需要具备公益慈善理论基础，还需要有与政府、市场和社会进行有效沟通的能力，在项目管理与策划、公益营销、善款的募集和管理、公关传播、行政管理和财务管理等方面有一技之长。针对当前我国慈善专业人才极度缺乏的难题，需要探索改革和创新公益人才培养的模式，建立多元、多层人才培养的格局。根据我国慈善组织发展的现状，需要吸收国外先进的公益人才培养方式，尽快制定出符合中国特色的慈善专业人才的培养方案，以满足慈善事业发展的需要。

第二节 多元化、多层次人才培养模式

人才队伍建设是慈善组织建设的重要组成部分，慈善组织专业化程度直接影响慈善组织的现代化管理水平。当前，慈善组织专业人才的短缺已经成为制约我国慈善事业发展的"瓶颈"，发挥各方优势和积极性，建立起一整套多元化、多层次的人才培养体系，培养一批具备良好职业素养和专业能力的人才已经成为迫在眉睫的问题。

一、内部培训是提升从业者专业化水平的基础

组织内部培训是指慈善组织以自身力量对新募员工或原有员工通过课堂教学、实践教学等方式展开学习和训练，使组织成员在知识、技能、态度等诸方面有所提升，达到组织对员工基本的要求。内部培训大都利用慈善组织自身平台，为员工提供学习、交流、分享的机会和条件，通过知识的汲取与经验的积累，使其快速成长。慈善组织内部培训是人才培养体系中最重要的组成部分，是慈善组织人力资源开发管理的基础性、常规性工作，也是提升慈善组织核心竞争力的重要举措。组织内部培训应根据不同的培训对象和目标，选择不同的培训内容和方式。一般来说，慈善组织内部培训包括入职培训、项目培训、岗位培训等，培训教师大都由组织中的中高层或者有经验的员工来担任，有时也

聘请社会上有理论或有经验的专家学者。

入职培训主要在新招聘员工中进行，培训内容一般包括慈善文化和组织的公益理念，基本工作流程、岗位知识技能、组织行为规范、组织的发展战略和前景等内容。通过入职培训消除新员工对组织和环境的陌生感，使员工尽快融入组织，提升对组织文化价值的认同，迅速适应岗位工作，并将个人的人生目标与组织发展有机结合起来。项目培训是根据慈善组织运行的慈善项目进行有针对性的培训。每个慈善组织都有自己的特色救助项目，慈善项目的设置与实施能够充分体现慈善组织在社会治理、社会服务和社会救助中的地位和实力。慈善组织就是通过实施慈善项目有针对性地开展社会救助和社会服务，因此，如何科学规范地设置、运行项目，使社会救助、社会服务达到效益最大化，必然成为各慈善组织重点关注的问题。项目培训是对慈善组织项目负责人和其他相关人员进行的慈善项目的理念、价值、体系和运行中资金的募集、管理和善款的使用等的培训，通过培训使相关人员明确项目的作用和意义，规范项目运行的程序和标准，提高培训人员的创新意识和主动意识，降低项目运行中的随意性和不确定性，从而提升培训人员在项目运行管理中的专业化水平。岗位培训是根据慈善组织工作岗位要求所应具备的知识、技能而为在岗员工安排的培训活动，其目的是提高组织成员的业务知识、专业性技能和服务水平。由于慈善组织内部同一岗位的人员数量有限，组织同一岗位的培训不现实，因此，慈善组织内部的岗位培训一般是以老带新，学徒式的培训方式，许多培训都是在慈善实践中完成的。尽管这种培训与正规培训有所不同，但是由于是对岗位的任职资格进行有针对性的训练，所以对于提高从业者的岗位知识和技能有着非常重要的作用。

慈善组织内部培训是实现组织人员专业化发展的基础，对慈善组织从业人员确立从业道德和理念，提高从事慈善事业的使命感、责任感和荣誉感有很重要的作用。此外，内部培训还能够使员工迅速进行角色转换并尽快融入组织，熟悉岗位职责和程序，增强员工对慈善组织的归属感。对慈善组织而言，对员工培训的越充分，越能开发员工的积极性和潜能，从而为组织创造更多的效益。而且通过培训还能促进慈善组织与员工，管理者与员工的了解和沟通，从而增强慈善组织的凝聚力和向心力，提升慈善组织的团队精神。

二、社会培训是慈善组织人才专业化的重要途径

社会培训就是利用社会力量对慈善工作人员进行专业化培训，一般由政府部门（以民政部门为主）联合基金会或其他慈善组织共同发起，专门为慈善组织培训高端人才的项目，这种培训比起慈善组织内部培训具有前瞻性、专业性和实用性。参加培训的人员一般为慈善组织负责人或者高级管理人才，培训项目包括专门的慈善组织负责人培训、慈善组织管理培训、法律政策培训、党建培训等。培训大都采用集中学习的形式。比如，"中国公益慈善人才培养计划"是中国首个由政府指导的民间公益组织人才培养计划。该项目2013年5月启动，分3期，每期50人，是由民政部指导，中民慈善捐助信息中心、安利公益基金会共同发起、多家公益慈善组织共同参与的专业化公益慈善人才培养项目，旨在改善公益行业人才匮乏状况。该项目由安利公益基金会出资1000万元，通过3年时间，探索建立慈善人才培养体系，挖掘和培养公益慈善人才，支持公益慈善人才的个人成长、能力提升、扩展资源，为公益慈善界培养打造中坚力量。该项目扶助的对象是年龄在25~40岁，具有3年以上公益慈善领域实践经验的公益慈善机构负责人、创始人或项目负责人。培训课程主要以公益慈善组织筹资与资源发展能力建设为重点，帮助公益机构负责人或创始人挖掘潜在的公益慈善资源，规划创新性公益慈善项目。最后，50位学员还需通过项目路演方式展示实战培训的成果，团队的合作情况，项目的可行性、创新性等需要通过专家评审，以此考察学员的学习效果。

除了"中国公益慈善人才培养计划"项目，近些年社会培训还包括"慈善千人计划·老牛学院"、"银杏伙伴"成长计划、"公益星火"计划、明日公益计划、新公益领导力发展研究班、秘书长必修课、青年公益人才培养计划、黄埔公益领导力协力营等。这些项目主要培养领导型、复合型、社会创新实务人才，培训的对象大多为有一定实践经验，从事公益事业实践较长的公益组织者或者项目负责人。社会培训中，法律政策培训也是一个重要的方面，对于慈

善组织规范化发展起着重要作用。比如《慈善法》颁布后,民政部门和慈善组织联合进行的《慈善法》专项培训在全国大范围展开。当前,在我国公益慈善专业人才供给严重不足的情况下,社会公益性培训对于提升公益人才专业性方面起着非常重要的作用。

三、政府培训引导慈善组织发展方向

为引导我国慈善组织健康发展,鼓励和支持慈善组织参与社会治理,各级民政部门会结合政府工作的重点,有针对性地对慈善组织进行培训,以使慈善组织为社会提供更优质的服务。政府对慈善组织的培训一般由民政部门承担,培训费用由政府财政解决,师资由民政部门聘请专家学者或知名公益人。民政部门的培训内容主要是配合国家发展规划,提升慈善组织在中国特色社会主义"五位一体"总体布局中的作用。比如,2018年5月,民政部培训中心举办全国性社会组织中层管理人员培训班,就是为了深入贯彻落实十九大精神,按照2018年全国民政会议关于"坚持党对社会组织工作的领导,一手抓积极引导发展,一手抓严格管理,规范引导社会组织"的要求,提升全国性社会组织中层干部的综合素质和管理水平而开展的培训。培训内容包括:新时代社会组织党建、社会组织法律风险防范、社会组织常见法律问题案例分析、社会组织日常会计核算常见问题及解决方案、社会组织税收优惠政策及税收策划、社会组织薪酬管理、社会组织政策解析、社会组织人力资源管理、公文写作、中层干部执行力提升等。培训的对象是全国性社会团体、基金会、社会服务机构综合、人力资源管理、财务等相关部门负责人。2019年5月14—17日,民政部社会组织服务中心举办"2019年第一期社会组织负责人培训暨助力脱贫攻坚交流班"活动,培训内容包括:习近平总书记关于扶贫工作的重要论述、社会组织在脱贫攻坚工作中常见法律问题、社会组织在脱贫攻坚中如何做好新闻宣传工作、实地教学和扶贫对接交流等。培训对象为在民政部登记的全国性社会组织和相关省市民政部门登记的社会组织负责人。授课人员为民政部社会组织管理局、民政部社会组织服务中心相关领导和工作人员、社会组织相关领域专家、

扶贫领域专家。2016年，《慈善法》颁布实施后，各省民政厅都进行了《慈善法》的培训，从《慈善法》制定的背景、意义、过程、亮点、条文及需要破解的有关问题等方面进行解读，使民政部门及公益慈善组织负责人深刻领会和准确理解《慈善法》的精神实质，进一步统一思想、提高认识，依法指导和开展慈善工作，促进慈善事业健康发展。

政府培训一般不解决具体技术问题，而专注于宏观政策、法律规范和组织发展方向等方面，培训对象主要是慈善组织的负责人。培训的主要目的是促进慈善组织适应新时代的发展要求，提升慈善组织负责人的专业化管理水平，更好地服从服务国家和地方的发展。

四、高校与社会力量合作，培养专业公益人才

当前，我国设立慈善公益专业的高校还非常少，但是在高校有慈善人才培养所需要的优质资源，因此，要解决我国慈善专业人才的短缺问题，必须充分发挥高校在人才培养方面的优势，创建公益组织与高校合作培养慈善专业人才的模式。《中国慈善事业发展指导纲要（2011—2015年）》提出，"加快慈善专业人才培养工作，依托高等院校、科研机构和大型公益慈善组织，加快培养慈善事业发展急需的理论研究人才、高级管理人才、项目运作人才、专业服务人才、宣传推广人才等"，表明了慈善组织依托高校优质专业资源培养专业人才的必要性和可行性。联合培养模式一般为在职培训，学员大都是慈善组织的负责人或骨干力量，这些人具有一定的实践经验，但是慈善公益系统理论相对不足，他们迫切需要公益慈善理论的指导，所以学习的积极性和主动性很强。当前，在职培训已经成为慈善专业人才培养的重要的途径。比如，由清华大学与中青公益国家志愿者公益服务平台共同发起的项目"公益机构管理者能力提升高级研修班"，旨在培养领袖型公益人才，带领公益机构突破成长"瓶颈"，更智慧地达成机构愿景，提升社会影响力，促进行业的共同发展。课程包括NGO绩效评估与能力建设、国内外公益机构发展状况、公益项目设计与项目筹资、公益组织安全体系建设、点睛慈善法等。授课老师包括清华大学知

名教授、知名公益人、知名公益机构负责人等。比如，由北京师范大学与壹基金合作共建的由北京师范大学中国公益研究院开设的基金会领导人研修班，主要学习基金会战略、志愿者管理、项目的设计与运作及基金会资产保值增值等内容。学员通过课程学习、案例分享及参观基金会等活动提升自己的专业能力。

当前，国内培养慈善公益专业人才的高校，基本都是采用社会力量与高校合作的模式。包括目前开展公益慈善专业教育的北京师范大学珠海分校和南京工业大学浦江学院。北京师范大学珠海分校宋庆龄公益慈善教育中心由上海宋庆龄基金会、基金会中心网和北京师范大学珠海分校三方合作建立，在中国高校率先开展公益慈善领域本科层次专门人才的培养。南京工业大学浦江学院则是南京工业大学和泰国正大集团联合举办的独立学院，该学院开设公共事业管理（公益慈善管理）专业，为慈善组织培养管理和服务人员。针对当前公益慈善专业人才短缺的状况，越来越多的高校联合社会力量成立慈善教育研究中心，培养慈善公益人才。2015年6月5日，中国首个社会公益管理硕士项目在北京大学启动，该项目由北京银泰公益基金会和北京大学共同发起，由银泰公益基金会为项目提供资金，由北大光华管理学院执行培养。2017年8月，华东师范大学紫江公益慈善中心由华东师范大学和紫江公益基金会合作筹办，该中心依托华东师范大学在慈善公益领域的研究力量和平台优势，致力于培养具备强烈公益心与社会责任感、能够熟练掌握公益慈善管理的系统知识理念、了解公益慈善事业发展前沿、具备扎实的公益管理理论技术与实操技能的专业性和应用型的高层次慈善管理储备人才。2018年4月1日，岭南公益慈善学院正式揭牌成立。该学院由广东省岭南教育慈善基金会筹集资金，与广东岭南职业技术学院开展"校社合作"模式，采用"理论教学＋实践实训＋访学研修"三位一体的教学模式，旨在培养掌握扎实专业理论基础、有较强公益慈善相关岗位实操能力、能够胜任公益慈善机构和大中型企业社会责任部门的专业型、应用型、复合型人才。

当前，在我国慈善专业教育供给严重不足的情况下，充分利用高校的慈善教育资源与社会力量的资金优势联合开设长短期的慈善培训教育已经成为我国培养高端慈善专业人才的重要平台。对于那些具有慈善专业人才培养师资条件的高校来说，制约培训的重要因素是资金的投入，因此，加强社会资金与高校专业化教育的强强联合，提高高校在慈善教育培训的参与率，对于解决当前公益慈善专业化人才短缺的状况有着不可替代的作用。

五、科学设置公益慈善人才培养专业

高校缺少公益慈善学科和专业是制约当前我国慈善专业人才供给的主要因素。《慈善法》第八十八条规定："国家鼓励高等学校培养慈善专业人才，支持高等学校和科研机构开展慈善理论研究。"从长远的角度来看，要想从根本上解决慈善事业专业人才供给问题，在大学开设相关课程进行系统化、专业化的人才培养是最为有效、长远的方法之一。虽然目前我国部分高校或研究机构开设有公益慈善管理本科专业、社会公益管理硕士项目等公益慈善相关学历教育，但公益慈善作为一个专业还属空白。从当前中国公益慈善人才培养来看，并未形成一套完整的适应中国国情的公益慈善人才教学培养体系。公益慈善专业人才的培养不管是本科教育还是研究生教育都是在公共管理专业下设的公益慈善管理方向而不是专业，尽管学生在校期间学习了公益慈善管理方面的专业课程，但是不能发放公益慈善专业的毕业证和学位证。总之，没有公益慈善专业的学历教育，制约了我国公益慈善专业人才的培养规模和质量。

公益慈善人才的专业化是慈善组织可持续性发展的现实需要，而高等院校则是培育公益慈善专业化人才的主阵地。2016年9月实施的《慈善法》第八十八条，明确提出"国家鼓励高等学校培养慈善专业人才，支持高等学校和科研机构开展慈善理论研究"，为公益慈善人才培养和专业建设提供了法制保障。当前我国公益慈善学科的创立和专业发展十分缓慢或严重滞后，严重影响了公益慈善专业人才的培养和慈善事业专业化、科学化发展。针对当前我国公益慈善教育的现状和特点，可以采用以下方式分阶段进行，充分利用高校慈善教育资源，最大化地培养公益慈善人才。第一，在通识教育阶段，可以在大一、大二学生中开设公益慈善选修课。主要面向高校的公益社会团体和其他对公益慈善、志愿服务有兴趣的大学生，培养他们的公益慈善理念，促使其积极参加

公益慈善实践活动，在此基础上进一步开设诸如志愿者服务与管理、非营利组织管理、社会创新、公益慈善概论方向的基础课程。第二，辅修教育阶段，基本模式是产学研合作。具体做法是在前期公益慈善通识课程开展的基础上，在大三、大四学生中，结合与公益慈善相近或相关的专业开办辅修教育。通过辅修公益慈善相关课程，让学生掌握更多的理论知识和实践技能。第三，开设公益慈善学历教育，设立公益慈善学科专业方向。[①] 开设公益慈善专业，需要对人才培养方向、学科建设、课程体系、师资队伍建设、实习基地建设、科研建设等方面进行评估和建设。对一些慈善公益相关学科力量较强，能够整合不同专业师资力量的学校，可以首先尝试开设公益慈善方向的专业教育。在师资队伍建设上，除了校内师资共享，还可以采用外聘教师的形式，邀请一些国外学者来华访问、授课，也可以邀请社会知名公益人士来校开设讲座。一般来说，校内师资在理论研究方面较强，而实践经验不足，但是公益慈善专业是实践性很强的专业，因此，可以聘请一些大型慈善基金会或其他慈善组织中有实践经验的专业人才来校参与教学和实践的指导，以填补师资队伍缺口。由于慈善组织从业者从事的岗位不同，所需人才的层次有区别，这就要求高校培养包括大专、本科、硕士及博士各个层次的公益慈善专业学生，从而形成布局合理的初、中、高级人才梯次结构，为慈善组织的可持续发展提供前行的动力和人力资源。2016年，公益慈善大专课程列入教育部学科专业目录，相信越来越多的职业学院会加入到公益慈善专业人才培养的大军，慈善组织发展人才短缺的问题，随着越来越多毕业生的加入会得到一定的缓解。

公益慈善本身就是一个跨学科性质的综合性领域，涉及经济学、社会学、历史学、管理学、组织学等学科。同时，慈善公益专业又是一个实践性很强的专业，因此，公益慈善专业人才培养既需要不同学科之间交叉合作，又需要与研究机构、政府、慈善组织等互动。针对当前国内慈善理论研究受制于慈善实践整体水平不高，相关的师资力量供给不足、课程教学体系尚未形成等因素，建议只在慈善研究水平较高，师资力量较好的高校开设公益慈善专业，将其作

---

① 李健. 公益慈善人才学历教育发展路径研究. 学会，2017（6）：19–22.

为试点在公益慈善专业人才培养模式、理论教学和实践教学中不断探索，在此基础上制定学科、专业发展规划，采取分步骤、分阶段的稳妥有序推进的方式逐渐开设学科专业。

第三节 建立完善的慈善专业人才管理体制

慈善组织的健康发展有赖于科学、专业的人才队伍建设。在国家、社会和慈善组织通力合作培养人才的基础上，建立科学完善的人才管理体制，牢固树立尊重人才、科学使用人才的理念，为慈善专业人才提供良好的工作和发展环境，充分调动其积极性和创造性，为慈善事业的发展提供人才和智力支持。

一、树立以人为本的管理理念

随着现代化管理理念的不断深入，以人为本的现代人力资源管理理念已成为新时期的主流管理理念。以人为本的管理理念"其最大的特点就是在满足人的全面需要的同时，充分体现尊重人、依靠人、关心人、为了人和开发人的现代人力资源理念。"[①] 慈善组织在确保以人为本作为基本的管理理念下，构建工作人员与管理者之间新型的良性合作关系，即以平等的伙伴关系为前提确保两者之间的合作，以改变控制与被控制、管理与被管理的传统模态。慈善组织作为一个奉献爱心的平台机构，其内部人员分工明确，各岗位之间差异较大，这就要求对员工除了规范化的管理还要重视岗位、能力等的差别性管理，充分考虑不同岗位、不同层次员工的特点，进行有针对性的管理。人是人力资源的主体，对其进行合理开发与配置，在用人方面尽量发挥每个员工的长处，使其在自己擅长的领域有所突破，最大限度地开发员工的工作热情、创新激情，激发员工的潜力，不断提升员工的综合素质及实践能力，提高慈善组织的凝聚力和竞争力，实现组织的可持续发展。

以人为本的管理理念主要以人为核心，强调满足员工生存和发展的需求。

---

① 孔冬.论现代人力管理资源的理念基础：以人为本.社会科学战线，2008（4）：218-221.

当前，慈善组织大都处在初级发展阶段，受其民间性、非营利性质的影响资金来源不充足，工资待遇比较低。尽管慈善救助和慈善服务是一个奉献爱心的工作，但是慈善组织工作人员也有家庭要供养，有自身发展的需要，组织不能一味强调奉献而不重视员工的生活改善和发展的需要。慈善组织应该根据组织条件最大化地在满足员工物质需求的基础上，重视对员工发展需要的满足。要改变传统人才管理中过度行政化的观念，树立人才是慈善组织第一资源的理念，营造有利于专业人才健康成长、发挥作用的良好氛围。实践证明，决定人才去留的主要因素不仅在于提供丰厚的物质条件，还在于能否为人才发展不断提供良好的氛围，而对于慈善组织来说，良好的就业环境和发展空间对于工作人员的吸引力显得更为重要。慈善组织树立以人为本的管理理念，以激发员工的积极性和创造性，最大化地发挥慈善组织在社会救助和社会服务中的作用，提高慈善组织在慈善市场上的竞争力，从而使慈善组织获得更大的社会资源支持。

二、培养慈善组织从业人员的慈善理念

社会主义市场经济条件下，人力资源向利益最大化的行政、事业和优势企业流动，靠薪资和工作条件吸引人才显然不是慈善组织的强项。另外，慈善事业是一项传播爱、奉献爱、让社会充满爱的事业，慈善组织工作人员需要有较强的奉献精神和道德自律能力。对于一个薪资较低，人员素质要求较高的行业，现代慈善理念、公益情怀、责任感和使命感成为决定人才去留的关键因素。

现代慈善事业的发展以深厚的慈善文化作为根基，还要依靠现代慈善理念的支撑。当前，中国的慈善组织大多处于起步阶段，相对于慈善文化建设，慈善组织更侧重于善款的募集、项目的管理和运行。而慈善组织大多从业者实践经验比较丰富，但是缺少慈善伦理和文化的滋养，加之工作人员大都没有受过系统专业的慈善教育，由此造成了慈善意识和慈善理念的落后。慈善工作的特点是通过慈善组织这个平台汇集民众爱心，并将爱心通过资金、技术和服务传播出去，帮助那些需要救助的个体或群体。助人为乐是中华民族的传统美德，但是作为慈善工作人员光有助人为乐的美德是远远不够的。现代慈善理念中，

救助者和求助者是建立在平等友善的基础上，救助弱势群体不仅仅是一种美德更是一种责任。而对于每个公民来说，遇到困难时获得国家和社会救助是一项法律赋予的权力。现代社会中，慈善组织对于社会弱势群体和困难群众的救助不是施舍和恩赐，是其应该承担的责任和义务，作为慈善组织工作人员必须树立责任意识，深刻理解建立在以人为本价值基础上的人权保护是现代慈善的伦理基石。

慈善意识和理念是人们慈善实践活动的产物，它反过来又影响人们的慈善行为。慈善事业的活动领域主要包括帮助困难群体和特殊群体，包括促进教科文卫体环保等社会公共事业的发展。这就要求慈善事业的从业人员特别是专业管理人员必须具有较高的道德品质，要怀有仁爱之心、有社会责任感、有平等的意识、有团队合作精神等素养。慈善组织要通过慈善实践活动和慈善文化建设培养工作人员树立正确的人生观、价值观和高尚的道德情操。在当前慈善组织薪资水平较低的情况下，不管是引进还是留住专业人才，爱心、责任感、使命感都会成为人们选择从事慈善事业的重要因素。

三、建立慈善从业人员科学合理的薪酬制度

完善薪酬体制，提高慈善组织从业人员的工资福利水平，保障其基本生活和发展的需要。当前，慈善组织人才招聘困难、流失严重最重要的因素就是薪酬水平与其他行业相比没有优势。据2014年《中国公益人才发展现状及需求调研报告》中显示，慈善组织的从业者年薪在6万元以上的仅占10.5%，部分私募慈善机构的从业者的薪资更低。2018年4月19日，5A级社会团体浙江省社会组织联合会在中国社会组织动态网发布招聘启事，招聘专职工作人员，应聘条件年龄要求在1979年1月至1989年12月出生；学历为国家承认的本科及以上学历；热心社会公益事业，拥有积极乐观的工作态度和敬业精神，具有较强的文字表达和编辑能力；具有社会工作师的职称，具有社会组织从业经历，熟练使用PS/AI/AE等软件或精通摄影技能，拥有财务会计资格的，或其他条件优秀者可适当放宽。这样的用工条件，薪资只是在缴纳"五险一金"的基础上，月薪4000元起，具有多年相关工作经验者酌情增加工资。而

据 2017 年 9 月，杭州市人力社保局公布的 2017 年杭州市人力资源市场工资指导价位标准，从业人员年平均年薪为 71 992 元。像浙江省社会组织联合会工资相比社会平均工资水平偏低的情况并不是个例，而是目前慈善组织的一种普遍现象。据 2014 年《中国公益人才发展现状及需求调研报告》显示，公益组织人才对薪酬与福利的评价，其满意度只有 33.2%，绝大部分的公益人才对其待遇是不太满意的，其中接近一半的员工对薪资待遇的感觉是"一般"，4.6% 非常不满意，11.6% 不太满意。对于大部分慈善组织工作人员来说，薪酬是他们获得收入的最重要来源，也是一个人在组织内部及整个社会上的地位象征。慈善组织要实现健康可持续发展，必须完善薪酬体制，制定合理的薪酬标准。首先，慈善组织从业人员工资标准可以参照在相同环境下，同样规模的营利性企业中类似职位从业人员的平均工资来界定，起码不能低于这个标准。其次，制定规范的工资增长机制，可以根据国家或省市工资增长的比例按照年度增加工资。再次，为工作人员缴纳社会保险，免去工作人员的后顾之忧。最后，设立岗位工资和增加绩效工资在工资中的比例，促进工作人员工作的积极性和主动性。

拓展慈善组织从业者的晋升空间，激发其从事慈善工作的热情和使命感。慈善组织工作人员晋升空间狭小，也成为人才流失的重要原因。据 2014 年《中国公益人才发展现状及需求调研报告》中显示，公益组织人才对公益组织的上升空间的评价，36.4% 比较满意，17.6% 非常满意，仍然接近一半的人认为其机构的上升空间并没有达到自己的满意度，认为在公益领域中上升空间有一定的局限性。与政府机关和事业单位工作人员的职务和职称升级的常规化不同，慈善组织受其规模的影响职务级别呈现扁平化，从业人员发展空间较小，正常晋升渠道不畅通，许多从业人员看不到晋升希望，从而挫伤了他们从业的积极性，削弱他们的工作动力，这也是离职的一个重要原因。慈善组织要留住人才，提升工作人员的专业化水平，激发工作人员的积极性和上进心，就要拓展慈善组织从业者的晋升空间。慈善组织应该对其内部岗位进行分析，针对不同岗位建立职位条件和要求，明确岗位的权责，正确划分岗位的层级，建立职位晋升的通道机制，以此来规范慈善机构内部人员的工作，提升他们工作的积极性。

慈善组织还要针对工作人员的特点及潜力开展系统化、科学化的慈善职业生涯规划，尽可能多地为工作人员提供进修学习的机会和条件，使其对从事这份伟大的职业有一个清晰的发展规划。当前，慈善组织迫切需要改革传统的用人机制，通过改革鼓励拔尖人才脱颖而出，破除论资排辈的观念和体制，按照人才竞争规律及岗位需要来合理调配使用人才。慈善组织要跟上时代的潮流，既要提高工作人员的薪资福利，也要为其事业发展提供有力的发展机会。总之，要遵循以待遇留人、以事业留人以及以感情留人3原则吸引人才，留住人才，激活现代慈善组织生命力，助其可持续发展。

四、健全人才引进使用管理制度

有针对性地引进人才，避免盲目引进造成人力资源的浪费。当前，面对有限的慈善资源，各慈善组织之间的综合实力竞争日益激烈。综合实力的竞争说到底是人才的竞争，创新驱动实质上就是人才的驱动。受我国慈善专业教育短缺的影响，慈善专业人才在我国总量较少，特别是高级项目管理人才更是缺乏。慈善组织要获得可持续发展，在社会治理中发挥更大的作用，除了加大对组织人员的培训力度，引进高层次的专业人才是当前解决人才短缺的重要途径。慈善组织引进人才要特别注重有针对性，要根据组织的性质和类型、组织发展目标、现实需求、现有人员结构比例等因素明确人才引进类别，制定专业人才引进机制，避免盲目引进。在引进人才配置方面应该根据组织所需从管理层、决策层、执行层等方面进行科学合理配置，使理论研究人才、高级管理人才、项目运作人才、专业服务人才都能做到人尽其用，最大限度地发挥其效能。

扩大慈善机构招聘渠道，扩充慈善机构的专业人才队伍。由于各慈善组织的实力和规模不相同，国家级大型的慈善组织一般处在一、二线大城市，可以给被引进者提供较好的物质条件、工作环境和发展空间，因此，在人才引进中处于优势。据《2016中国公益组织人才供需发展报告》提供的数据显示：在个人求职信息里，工作区域选择北京、上海和广东3地为主，占总量的65.7%，其中北京就占到40.4%，广东13.4%，上海11.9%，成都6.2%；云南、江苏、浙江、重庆、山西、湖北 6 省均在 1%～3%，其他省份则在 0～1%。中小型的慈善组织由于不能提供相应的优势条件，靠薪资待遇、发展空间等吸引人才不现实，所以应该侧重在组织理念、组织发展前景等方面吸引人才。在人才引进的渠道上，慈善组织可根据岗位特点借助电视、广播、报纸、杂志等传统媒介和手机、网络、自媒体等新媒介进行对接宣传，实现广覆盖。另外，慈善组织还应该根据组织发展需要、组织专业人才结构特点，有针对性地去培养慈善专业人才的高校和组织招聘人才，充分展现自己组织的价值理念和求贤若渴的诚意。在引进的方式上，采用刚性和柔性引进相结合的方式，对于大型慈善组织不管是刚性引进还是柔性引进都占有优势。而对于一些中小型的慈善组织来说，柔性引进由于能够打破国籍、户籍、地域、身份、档案、人事关系等人才流动中的刚性制约，不改变和影响人才与所属单位的人事关系，大大增加了人才引进的可能性。慈善组织也可根据政府购买服务项目和与国际机构长期合作的方式持续性地引进公益慈善人才，建立长效机制。此外，短期聘用、技术合作、人才租赁等方式也是慈善组织引进人才的重要方式。

建立完善的内部管理制度，优化组织环境，为专业人才发展提供良好的客观条件。优越的物质条件固然是引进人才的最重要的因素，但是良好的制度环境，科学合理的评价机制才是留住人才的关键。慈善组织要树立有效的制度管理机制，注重人才管理的各个环节，要给引进人才科学的岗位设置，因岗用人、因人设岗，发挥人才的基础作用。在对人才的评价机制上要破除单纯以创造的经济利益和社会效果为标准的评价机制，建立起业务能力和道德品质双向的评价标准。人才作用的发挥从创新意识的提出，到项目的策划、实施，最后到救助效果的显现需要一个较长的时间，因此，要避免对引进人才的短视化的急功近利式使用和评价。同时，对引进人才进行过程性评价和发展性评价相结合，重视动态考评机制作用的发挥。通过完善慈善机构内部的考核激励机制，从多方面对引进人才进行有效的激励，提高他们的组织归属感、认同度，激发他们的工作积极性，确保人才能引得来、留得住、用得好。

五、加强慈善组织专业团队建设

慈善组织的社会影响力，社会救助的效益及慈善品牌的打造都离不开慈善组织人才队伍建设，人才队伍建设中专业团队的打造居于核心的位置。慈善组织发展过程中，善款的募集、善款的管理和使用都需要专业化的人才。一个高效的专业团队，首先必须有清晰的目标、共同的价值导向、团结和谐的人际关系、严明的制度规范。清晰的目标是团队前进和努力的方向，杰出的团队必然具备共同的愿望和目标，这是团队的核心动力。而共同的人生观价值观是团队和谐关系建立的基础，和谐的人际关系能够使团队工作人员感受到工作的快乐和自身价值的实现，更容易形成团队的凝聚力和创造力，提高慈善组织的工作效率。其次，还需要建立一支年龄、学历、专业等结构合理，具有良好的项目设计能力，协同合作能力和严格的执行能力的优秀团队。慈善组织专业团队主要围绕慈善项目而建立，项目设置的目的和实施的目标、项目的策划和运行、善款的募集、管理和使用，项目的成本核算和质量标准都需要专业人员进行科学的安排和实施。因此，慈善专业团队的打造从人员构成来看，需要多专业多岗位的协调合作。由于项目管理运行是由各个专业和岗位共同协作完成，因此，需要各成员之间的相互合作和配合。遇到困难，需要项目成员共同研究讨论克服，使慈善项目顺利实施并取得好的社会效益，在打造品牌项目的同时，也成就了个人的业绩。作为从事公益事业的专业人员，仅靠个人的能力是很难赢得社会评价和认可的，必须充分认识团队对个人发展的促进作用，积极参与团队建设，发挥自己的专业特长，提升整个团队的能力。

现代公益慈善作为一项重要职业，迫切需要系统化的职业标准。建立这样的标准体系需要对公益慈善的财务管理、募款管理、项目管理、传播事务管理、慈善信托、理事会管理等领域进行专业的职业分类，在此基础上细化各领域职业标准，从而提升公益慈善的专业化水平。① 目前，国家在《中华人民共和国职业分类大典》中已经设立了社会工作师的职业。为了促进慈善工作者的职业发展，2014年国家职业分类大典修订专业委员会专家组原则通过了将会员管

---

① 王振耀.探索"互联网+"时代中国公益规模化与专业化的均衡发展.人民论坛，2017（6）：64.

理师和劝募师纳入到新修订的职业大典，进入专业技术人员序列，为公益慈善事业职业化发展奠定了良好的基础。公益慈善作为一种职业，必须通过国家进行顶层设计，明确慈善组织专业人员的岗位设置，并为包括社会工作在内的所有专业，建立与其他专业技术系列相同的职业职称发展制度。[①] 多年来，我国已经培养了一大批慈善公益领域工作人才，但实践中这个领域的人才队伍流失严重，造成这一现象的一个重要因素就是慈善公益职业化发展不足，缺乏专业技术人员职业等级和职称评定的标准，而作为专业人员的职业等级和职称与自己的经济收入、社会福利和社会地位紧密相关。为了加强我国慈善工作的专业化建设，激励慈善从业人员走职业化道路，政府必须逐步落实公益慈善职业保障措施，保障慈善组织从业人员的合法权益，提升慈善组织对人才的吸引力，将慈善组织人才队伍建设纳入地方或部门人才队伍建设的总体规划，在人员聘用、户籍管理、职称评定、薪酬福利、社会保障等方面给予适度的政策支持，建立相应的职业职称发展制度，推动建立职业职称与社会福利保障相衔接的制度，为公益组织招纳更多专业性人才。

---

① 马庆钰，廖鸿．中国社会组织发展战略．北京：社会科学文献出版社，2015．

第五章 慈善组织内部治理

中华人民共和国成立后,我国慈善组织经历了中华人民共和国成立初期的清理、取缔和改造,到改革开放之初的复苏发展,经过了1989—2001年的曲折发展,再到2002—2012年的稳定发展时期,最后到今天慈善组织的快速发展,并在政治建设、经济建设、文化建设、社会建设及生态建设中发挥着越来越重要的作用。纵观慈善组织发展的历程,我们发现在整个慈善组织发展进程中,外部环境的影响和推动起着主要的作用。但是慈善组织能否发挥国家赋予的在社会治理中的作用,归根结底还是受制于慈善组织内部治理水平是否科学和专业,受制于慈善组织动员社会资源和管理使用社会资源的能力,毕竟外因是条件,内因才是关键。《慈善法》第十二条规定:"慈善组织应当根据法律法规及章程的规定,建立健全内部治理结构,明确决策、执行、监督等方面的职责权限,开展慈善活动。"这反映了慈善组织内部治理结构的重要作用。

第一节 慈善组织内部治理的含义

一、慈善组织内部治理的必要性

伴随着我国经济体制、政治体制和社会体制的改革,慈善组织在国家治理中的作用不断得到提升。党的十八届三中全会提出将推进国家治理体系和治理能力现代化作为全面深化改革的总目标,社会治理体系作为国家治理体系的重要组成部分,其现代化的程度直接决定了我国国家治理能力现代化目标的实现。而慈善组织作为社会治理体系中的重要主体,其发展水平和规模对社会治理能力现代化的影响是不言而喻的。时代为慈善组织的发展带来了新的机遇,也对慈善组织提出了新的使命和要求。目前，我国正处于改革关键期和社会矛盾凸显期，改革开放后随着社会结构的变化，社会原有的地位格局被打破，取而代之的是追求各自利益的利益集团，利益主体分散而形成主体间矛盾的加剧，甚至因为矛盾冲突影响社会的政治稳定。面对社会发展亟待解决的深层次矛盾和挑战，社会治理迫切需要社会组织的"协同共治"，形成与政府治理、市场治理协调发展的多元治理共同体。而随着公民意识的不断提高，公民参与社会治理的意愿越来越强烈，慈善组织作为公民参与社会治理的一个平台，在维持社会秩序、调节社会矛盾、促进公民自治方面显得越来越重要。但是，当前我国慈善组织参与社会治理的能力与国家和社会对慈善组织的期望和要求的距离较大，受传统行政体制分工和慈善组织对行政依附影响，我国慈善组织参与社会治理的创新动力不足。慈善组织发展除了需要国家法律法规的规范支持，国家政策的推动，公众的积极参与外，慈善组织内部治理的水平直接决定着慈善组织吸纳社会资源和善款使用效益问题，是慈善组织可持续发展的必要条件和前提，直接决定着慈善组织决策是否正确，执行是否到位和运作是否规范。慈善组织内部治理是增强组织核心竞争力和公信力的重要基础，可以说慈善组织内部治理是慈善组织自律的保障，是慈善组织内部激励和问责的依据，也是慈善组织获取社会资源的根本前提。

二、慈善组织内部治理的内涵

关于慈善组织内部治理的内涵，国内学者自20世纪90年代就开始探讨，大多是针对非营利组织内部治理而展开，对慈善组织内部治理虽有研究，但目前学界并没有形成关于慈善组织内部治理一致的看法。纵观学者们的观点，慈善组织内部治理的内涵是指为实现慈善组织的目标和使命，依照慈善组织章程明确组织的宗旨，规范慈善组织内部决策权、执行权和监督权的分配与制衡，指导和平衡慈善组织相关利益者关系的制度。我们认为慈善组织内部治理的内涵应该包括以下几点。

第一，慈善组织内部治理包括静态的内部治理结构和动态的治理机制两个基本部分。内部治理结构方面主要是慈善组织按照国家相应的法律规定，确立的组织结构和人员结构。组织内部结构基于分工协作制衡的原则设立决策机构、监督机构和执行机构。人员结构指理事会、监事会和执行机构人员的组成。动态的治理机制主要解决慈善组织运行过程中影响组织发挥作用的问题，包括决策机制、监督机制、执行机制、财务治理机制、人事管理机制、信息公开机制和激励机制等内容。慈善组织内部治理结构是慈善组织实现内部治理的载体，是实现良好内部治理的关键。

第二，内部治理的目的是为了实现组织的良好运作，实现组织的目标和使命。慈善组织通过加强内部治理，提高组织的科学化和专业化发展，提升募集善款和管理使用善款的能力，实现慈善救助和社会服务效益的最大化，增强社会公信力。章程是慈善组织内部治理的重要依据，也是慈善组织自律公约，通过章程明确慈善组织的宗旨和业务范围及对决策权、监督权和执行权的产生程序及权限，章程能规范内部机构及人员的行为准则，保障慈善组织目标的实现。

第三，通过内部治理平衡和协调慈善利益相关者的关系。在慈善组织运行中，捐助者、受助者、慈善组织、政府（购买服务）是主要的利益相关者。慈善组织需要对捐助者、受助者、政府及其他利益相关者负有责任，实现善款使用效益的最大化以实现社会公共利益，而慈善组织需要接受其他利益相关者监督以赢得公众的信任。

总之，慈善组织内部治理就是要建立一套完整、可行的管理与控制体系，以慈善组织为治理对象，以激励与监督为核心内容，以完善组织内部权力协调与制约为重点，以保障实现慈善组织宗旨的自我管理和约束的内部制度安排。

第二节 慈善组织章程治理

慈善组织内部治理所依据的是国家法律法规、规章及规范性文件。除了作为慈善基本法的《慈善法》，还包括与慈善法相关的《民法总则》中关于非营利法人的规定，《企业所得税法》中对慈善组织减免税的相关条款，法规包括《基金会管理条例》《社会团体登记管理条例》《民办非企业单位登记管理暂行条例》等，加上政府、民政部及其他部门颁发的规章，构成了规范慈善组织发展的法律体系。但是法律体系主要针对的是社会组织整体发展运行的宏观规范，不可能涉及慈善组织内部具体的治理环境，因此，制定慈善组织的章程，就是将法律法规对慈善组织的要求具体化，慈善组织的章程就是"慈善组织的宪法"，是连通国家法律与慈善组织内部制度的中介。

一、章程是慈善组织成立的必要条件

当前《慈善法》、《基金会管理条例》、《社会团体登记管理条例》和《民办非企业单位登记管理暂行条例》等法律法规都对慈善组织的设立要求必须制定组织章程。其中《慈善法》第九条规定，慈善组织应当符合的条件中的第四条就是"有组织章程"。因此，有组织章程成为慈善组织注册登记的必备条件。

章程是慈善组织的行动纲领，慈善组织必须按照组织章程规定的宗旨、业务范围和相关规定运行。尽管法律法规对慈善组织章程的内容做了原则性的规定，但是由于基金会、社会团体和社会服务机构等不同类型的慈善组织其活动范围和使命各不相同，这就需要慈善组织将法律法规对慈善组织的要求具体化，通过章程来规范组织的结构、内部管理制度、监督机制和激励与问责制度等。即使是同类型的慈善组织，由于其具体的业务有所不同，活动的区域不同，或者资金规模、来源不同等，在制定章程中也要根据组织的具体情况，制定出即符合国家法律法规，又具有自己特点的章程来。《慈善法》第二章第十一条专门规定了慈善组织章程应当符合法律法规的规定，必须载明的事项包括：①名称和住所；②组织形式；③宗旨和活动范围；④财产来源及构成；⑤决策、执行机构的组成及职责；⑥内部监督机制；⑦财产管理使用制度；⑧项目管理制度；⑨终止情形及终止后的清算办法；⑩其他重要事项。在这些事项中除了①⑨⑩外，其他7项都直接与慈善组织内部治理相关。由此可以看出章程在慈善组织内部治理中的作用。

二、章程是慈善组织内部治理的主要依据

  章程是慈善组织制度建设的核心和载体,是慈善组织实施内部管理和履行公共职能的基本准则,制定章程并依据章程对组织进行治理是慈善组织的法定权利。章程是慈善组织意志的集中表达,也是规范组织及其成员行为的重要依据。当前,章程在规范慈善组织治理中的作用还没有得到应有的重视,部分慈善组织制定章程的目的是登记注册,章程的制定有的没有按照法定程序经过会员的充分讨论,造成章程的权威性不足;有的直接照搬照抄其他组织,缺乏与章程配套的管理制度和实施细则,导致组织出现问题时根本没有制度可依。有些有官方背景的慈善组织虽然也制定了章程,但是组织领导人包括会长、理事长等一般由主管单位指定,民主选举只是形式,章程仅仅是写在纸上,挂在墙上,缺乏执行力,与组织内部的运行相分离,实践中起不到规范的作用。[①] 另外,还有些组织负责人更看重章程对组织的限制和规范作用,没有看到对组织的权利保障和促进作用,认为章程对负责人权威和组织发展限制严重,不利于组织的运行发展,因此,对制定章程采取了较消极的态度。

  随着社会的发展和社会治理理念的改变,章程在慈善组织治理中的作用被逐渐认可并越来越得到重视。慈善组织章程作为慈善组织内部治理的核心,是实现慈善组织法治的根基,是保障慈善组织实现独立法人地位,维护利益相关人利益,完善组织内部治理的重要举措。通过章程明确组织的宗旨和任务,确定慈善组织决策权、监督权和执行权的分工和制衡,规范组织行为,章程是慈善组织的行动纲领,组织必须按照章程规定的宗旨、业务范围和相关规定运行。《慈善法》对章程的基本内容进行了规范,各省市民政部门为规范慈善组织章程,大多出台了慈善组织章程示范文本。以 2017 年 4 月天津市社会组织管理局发布的《天津市慈善组织章程示范文本》为例,章程分 8 章,分别为:总则、党的建设、组织机构及相应职责、财产的筹集及管理使用、项目管理、内部制度建设、终止和剩余财产处理、附则等。从章程章节中就能看出,章程规范了慈善组织的行为和管理制度,是慈善组织实现法制化、规范化发展的必然选择,

---

① 王锡忠,顾建龙.社会组织内部治理的危机与出路.中国社会组织,2016(11):25-28.

是慈善组织法人治理结构进一步完善的标志,也是慈善组织治理过程中必须坚持和遵循的基本原则。章程是社会组织的行动纲领,必须按照章程规定的宗旨、业务范围和相关规定运行。

三、制定符合组织特点及发展方向的章程

"章程自治既是社会组织最为重要的内控机制,同时也是组织实现稳健发展的基本保障,更是社会组织能否实现组织使命发挥组织功能的关键。"[①] 由于我国慈善组织的类型分为基金会、社会团体和社会服务机构3种形式,而不同种类的慈善组织其决策权行使的主体和范围不同,在执行监督方面也各有自己的特色,因此,要求慈善组织根据组织的属性和特点制定出能够规范组织行为和发展方向的章程。慈善组织章程的制定,必须在慈善法律法规及政策的指导下,在遵循慈善组织发展规律的基础上,明确慈善组织发展中的各种内外部关系,完善慈善组织的内部治理结构,规范组织的行为,确认组织成员的权利和义务关系。目前,各省市民政部门基本都出台了慈善组织章程的示范文本,慈善组织在借鉴示范文本的基础上,进一步细化组织制度建设,形成既能体现本组织特色又符合制度要求的章程。

组织章程的制定必须符合法定程序,只有保证程序的公正,才能制定出符合慈善组织发展要求的章程来。制定章程要充分体现会员的智慧和意愿,经过会员大会和会员代表大会的充分讨论,既要遵从国家法律法规的制度安排,又要充分体现组织的特点和使命,必须明确规定决策权、执行权和监督权行使的主体、范围和行使权力的规则,对无权、越权、滥用权力决策的法律后果要进行明确规定。以南都公益基金会章程为例,南都公益基金会章程分7章,54条,于2010年2月27日南都公益基金会第三届理事会第三次会议通过。南都公益基金会章程主要在第二、第三章中详细规定了基金会的业务范围、组织机构和负责人的产生和职责,第四章规定了基金会财产的管理和使用。南都公益基金会章程成为南都公益基金会一切行为的纲领,以此规范组织内部管理制度,保

---

① 徐勇.社会组织章程自治及其对策分析.中共南京市委党校学报,2016(6):74-79.

障基金会的健康有序发展。

　　章程是慈善组织成立的必备条件，是决策机构、执行机构和监督机构运行的规则，是国家法律法规的延伸，是对慈善组织全体成员普遍具有约束力的行动纲领。因此，要在慈善组织内部治理中牢固树立章程意识，组织负责人要带头遵守章程，按照章程的授权依法行使权力，增强章程观念，确保章程得到贯彻落实。

第三节　慈善组织内部治理结构

　　慈善组织内部治理结构是指能够控制和管理慈善组织运行的制度安排，包括组织的决策机制、监督机制和执行机制等。内部治理结构是实现慈善组织自治的基本载体，内部治理结构设置的是否科学合理，各权力能否保障自主活动的同时，实现各权力的有效制衡和协调，运行是否规范、有效，是保障慈善组织健康运转，维护组织公信力，实现组织宗旨和使命的关键。慈善组织包括基金会、社会团体和社会服务机构3种类型，设置组织内部治理结构应该符合国家法律法规的制度安排。

一、慈善组织治理结构的法律规定

　　当前，对慈善组织内部治理结构进行规范的法律法规包括《慈善法》、《民法总则》、《基金会管理条例》、《社会团体登记管理条例》和《民办非企业单位管理条例》等。《慈善法》第十二条规定：慈善组织应当根据法律法规及章程的规定，建立健全内部治理结构，明确决策、执行、监督等方面的职责权限，开展慈善活动。2017年10月1日开始实施的《民法总则》，将慈善组织划为非营利法人，对其治理结构进行了规定，按照下位法服从上位法的原则，《基金会管理条例》《社会团体登记管理条例》《民办非企业单位管理条例》三大条例中关于组织内部治理结构的安排应服从《民法总则》的要求。《民法总则》将法人分为营利法人、非营利法人、特别法人三大类。《民法总则》第八十七条规定："为公益目的或者其他非营利目的成立，不向出资人、设立人或者会员分配所取得利润的法人，为非营利法人。非营利法人包括事业单位、社会团体、基金会、社会服务机构等。"非营利法人中除了事业单位，剩下的社会团体、基金会和社会服务机构与慈善组织所规定的组织形式一致，说明慈善组织在法律地位上属于非营利法人。《民法总则》将非营利法人中的慈善组织分为社会团体法人（社会团体）和捐助法人（基金会和社会服务机构），而且对社会团体法人和捐助法人的内部治理结构进行了规范。《民法总则》第九十一条规定：设立社会团体法人应当依法制定法人章程。社会团体法人应当设会员大会或者会员代表大会等权力机构和理事会等执行机构。理事长或者会长等负责人按照法人章程的规定担任法定代表人。第九十三条规定：设立捐助法人应当依法制定法人章程。捐助法人应当设理事会、民主管理组织等决策机构，并设执行机构。理事长等负责人按照法人章程的规定担任法定代表人。捐助法人应当设监事会等监督机构。因此，依照法人治理结构设置慈善组织的组织机构，是实现慈善组织自我约束、自我管理的要求，也是慈善组织发展壮大的前提和保障。

关于慈善组织内部治理结构，三大条例规定尽管粗疏，但是都有具体规定。《社会团体登记管理条例》第十条规定，成立社会团体要有相应的组织机构。第十四条社会团体章程包含的事项中，规定了会员的资格及其权利、义务；民主的组织管理制度、执行机构的产生程序；负责人的条件和产生、罢免的程序等。《基金会管理条例》第三章组织机构第二十条和第二十一条，规定了基金会的组织机构和议事规则。明确了基金会设理事会和监事，对理事会和监事的职责范围作了界定，并对理事会的人数和任期，理事、监事的任职资格作了规定。《民办非企业单位登记管理暂行条例》第八条，规定成立民办非企业单位应该有必要的组织机构，在第十条规定章程包括事项中，列出组织管理制度和法定代表人或负责人的产生、罢免程序等。在2016年5月《社会服务机构登记管理条例》（《民办非企业单位管理暂行条例》修订草案征求意见稿）中，增加了组织机构及活动准则，对社会服务机构的理事会构成、职责及议事规则，监事的职权、法定代表人、理事、监事的任职资格和履职要求作了明确规定。

按照《民法总则》和三大条例对慈善组织内部治理结构的规定，社会团体内部治理结构应该为：会员大会或者会员代表大会，这是社会团体的最高权力机构，也是决策机构。理事会，是会员大会的常设机构，也是社会团体的执行机构，负责社会团体的日常工作。监事会，这是社会团体的监督机构，主要监督组织的财务使用和理事会遵守法律章程情况。秘书处，这是社会团体的日常办事机构，秘书长负责秘书处的工作，对理事会负责。由于基金会和社会服务机构不使用会员制，因此，在机构设置上与社会团体不同，不设会员大会或者会员代表大会，一般把理事会作为组织的决策机构，承担组织决策任务，行使决策权力。理事人数较多的慈善组织，理事会可以通过选举产生和设立常务理事会，由其在理事会闭会期间行使理事会的相关职权，对理事会负责。监事或监事会为组织的监督机构，负责监督执行决策任务的机构。秘书处为组织的执行机构，负责执行决策机构做出的决策及日常管理工作。不同的慈善组织类型，内部治理的机构可以有所不同，但是不管是哪种组织结构，都必须建立包括决策权、执行权和监督权组成的内部治理结构，而且实现 3 种权力的合理分工、有效制衡与互相协调，遵从法律法规和组织章程规定的程序行使权力，共同实现慈善组织的宗旨和使命。

二、慈善组织内部治理结构存在的问题

当前，由于注册登记的要求，慈善组织基本在内部治理结构上都设置了法律法规所要求的组织结构。但是依然存在组织运行中权力虚设的问题，有的机构的设置只是流于形式，并没有发挥机构应该发挥的决策和监督的作用。具体来说，普遍存在内部治理结构不规范、内部缺乏有效的制衡与监督，治理机构权责不明确、相互之间运转缺乏协调性等问题，由此影响着慈善组织获取社会慈善资源和管理慈善资源的能力，从而难以实现慈善资源使用的利益最大化。

首先，决策机构形成不规范，缺乏民主决策机制。当前我国慈善组织的决策机构因为组织形式不同而不同。社会团体的决策机构是会员大会或者会员代表大会，而理事会是会员大会的常设机构，属于社会团体的执行机构。对于不设会员大会的慈善组织，理事会作为慈善组织的决策机构，其职责由法律和组

织章程授予，主要决策组织战略性和方向性的工作。由于我国相关法律对于慈善组织的成立都明确将成立理事会作为一个必要条件，因此我国的慈善组织都设立了理事会。但是由于法律法规并没有明确、细化理事的人选和选人的程序，因此造成在理事的选择上的随意性，理事会形成机制缺乏民主程序。有的组织为了注册随便找些人组成理事会，有的找自己的亲朋好友组成理事会以便更好控制；有的为获取政府和社会资源则引入政府官员和社会名人作理事。据《民间公益组织问责状况研究报告》对民间慈善组织理事会的建立情况及其作用进行的专项调查显示，我国慈善组织中大约70%的组织设立了理事会，其中27.6%的组织中的理事会发挥了部分作用，12.1%的组织中的理事会是摆设，根本没有发挥作用。① 另外，理事会成员对慈善组织的责任和使命认识不深刻，不能正确行使理事会成员的权利和义务，难以发挥理事会在组织宏观发展和战略方向上的领导，缺乏实际的管理和决策能力。由于理事会对自己的职责不明确，不能准确定位理事会的工作范围，导致理事会陷入组织的具体事务之中，事无巨细地管理组织工作，不仅造成理事会战略地位的降低，也使秘书处无法开展工作。有些慈善组织的发起人和创始人在组织的成立和发展中起到了非常重要的作用，在组织中的威望和社会影响都很高，由此也造成有些负责人在决策组织重大问题时超越理事会直接行使决策和处置权，或者通过受负责人控制的理事会进行讨论表决，达到形式上合法的假象，直接影响了理事会的作用发挥。

其次，监事机构的设置和作用不能得到很好的体现。与设立理事会得到慈善组织的普遍认可不同，由于监事或监事会不是所有慈善组织形式所必须具备的法定条件，因此，对设立监事或者监事会、对监事或监事会的职责范围缺乏普遍的认可。比如，《民法总则》中，只对捐助法人设立监事提出要求，对社会团体则没有相关要求。《社会团体登记管理条例》和《民办非企业单位登记管理暂行条例》中也没有监事或者监事会的强制安排。由此造成我国大多社会团体和社会服务机构缺少内设的监督机构，而监事或监事会作为慈善组织专门

---

① 杨团.中国慈善发展报告.北京：社会科学文献出版社，2012：39.

的监督机构，对理事会权力是一种制衡，是保证理事会决策和财务管理专业化科学化的必要条件。虽然我国一些慈善基金会内部设有监事或监事会，但由于缺少明确的职责和议事原则，造成监督权有限，不能有效实现对决策权和执行权的实质性监督。另外，在监事或者监事会人员的组成上，大多由业务主管机关、登记管理机关和主要捐赠人选派，影响了监事或监事会作为慈善组织内设自治监督机构的性质，容易造成业务主管机关和登记管理机关对组织内部治理的干涉。

再次，慈善组织执行机构权力虚化，影响了慈善组织运行的效益。执行机构作为慈善组织负责日常事务管理的机构，要按照章程的授权和规定行使权力。执行机构的工作人员受聘于理事会，对理事会负责。慈善组织的执行机构一般为秘书处，秘书长负责秘书处的工作，在执行机构中起着决定作用。与理事会和监事会的设立与职责有法律明确规定不同，秘书处及秘书长的职责由理事会讨论决定，并通过组织章程加以规定，秘书长是秘书处的领导者，在执行组织中起着决定作用。由于一些慈善组织的发起人或创始人本身就是组织的出资或引入资金者，在组织中拥有绝对的话语权，加上组织内部制度不健全，由此也造成了组织负责人的权力不受控制，从而影响了秘书处对组织的日常管理。当前慈善组织执行机构存在的最大问题有两方面，一方面是理事会或者理事长对具体工作的安排和干涉，影响秘书处工作的独立性；另一方面是秘书处专业人才的缺乏，毕竟慈善组织的项目运行、财务管理、善款的募集和人力资源的管理等都由秘书处下设的组织机构来完成，这需要大量既要有良好的沟通能力和强烈的责任感、使命感，还要具备一定的专业能力的人才。

最后，慈善组织内部治理机构分工不明确，没有起到相互制衡的作用。关于慈善组织内设机构中的决策机构、监督机构和执行机构的产生、职责及议事规则一般都在组织章程中有所规定。但是，实践中慈善组织内部治理机构却存在着分工不明确，内部治理结构表现为行政化、简单化和随意化的状况，这造成了内部机构之间关系松散，机构之间缺少明确的分权，权力得不到有效的监督和制约，职责也得不到有效的履行，分权制衡机制严重弱化。[①] 以四川省慈

---

① 戚枝淬. 社会组织内部治理结构法律问题研究. 理论月刊, 2016 (8)：5-10.

善总会为例。在四川省民政厅官方网站2017年7月25日发布的"四川省慈善总会决策、执行、监督机构成员信息"显示,其决策机构(理事会)成员中,包括会长、副会长、秘书长、常务理事共13人,再加上理事成员43人,共计56人。执行机构成员共13人,完全与决策机构中前13人重合。[①] 法律法规和组织章程都明确了理事会和执行机构的分立,理事会处于权力的中心,对执行机构起支配作用。作为决策机构的理事会成员主要负责组织运行发展战略层面的问题,决定着组织的发展方向,保障组织宗旨和目标的实现。可在四川省慈善总会这里,理事会和执行机构的人员完全重合,既是裁判员又是运动员,不利于发挥理事会对组织的宏观管理,而且容易造成组织公信力的降低。

慈善组织的决策机构、监督机构和执行机构由于存在以上问题,因此,造成了慈善组织内设治理机构权责不明确、相互之间运转缺乏协调性,互相制约的作用没有发挥出来,由此影响了组织的科学运转和公信力,降低了对社会慈善资源的吸引力。

三、建立科学规范的内部治理结构

科学规范的内部治理结构是保证慈善组织健康有序发展的基础。慈善组织内部治理的关键是建立科学规范的分工和制约机制,使组织各机构之间实现分工与合作,互相协调与制约。这就要求在科学设立组织内设机构的基础上明确各权力机构的职责范围,既要做到权责清晰,又要保障各机构权力行使的制衡和约束,在保证效率的同时防止权力滥用。当前,我国慈善组织大多采用的理事会、监事会和秘书处三权分立模式,比较适应我国慈善组织的发展。

首先,完善我国慈善组织内部治理结构的法律规定。当前,《民法总则》将慈善组织定义为非营利法人,进一步将社会团体和基金会、社会服务机构分别定义为社会团体法人和捐助法人,并对社会团体法人和捐助法人的内部治理结构进行了规范。但是《民法总则》中关于慈善组织的治理结构的规定太过原

---

① 四川省民政厅官网.四川省慈善总会决策、执行、监督机构成员信息.(2017-07-25)[2018-12-10]. http://mzt.sc.gov.cn/Article/Detail?id=21377.

则,只规定了社会团体法人应当设立会员大会或者会员代表大会等权力机构和理事会等执行机构。捐助法人应当设理事会、民主管理组织等决策机构,并设执行机构和监事会等监督机构。慈善组织内部治理结构的框架搭起来了,但是权力机构、决策机构、执行机构和监事机构如何构建,各权力之间职责如何分配和制衡,各权力的议事规则等都需要相关法律法规进行进一步的细化和明确。当前,规范慈善组织发展的主要依据是《基金会管理条例》、《社会团体登记管理条例》和《民办非企业单位登记管理暂行条例》,由于至今我国还没有社会组织基本法,因此,慈善组织的运行主要依靠这些行政法规和部门规章来规范。而作为慈善组织主要组织形式的社会团体、基金会、社会服务机构,其实际构成较为复杂,社会组织法的缺位造成社会组织的治理规范不足,决策机构、执行机构、监督机构之间的关系往往形同虚设。法律规范的缺乏已经成为慈善组织发展的"瓶颈",因此,当前制定颁布社会组织法已经迫在眉睫。另外,当前我国三大条例还没有实现和《民法总则》与《慈善法》的对接,造成组织运行过程中法律适用上的冲突,亟须对条例进行修改,以适应我国慈善组织的发展要求。由于我国将非营利法人分为社会团体法人和捐助法人,因此,在制度的制定上可以采取分类治理的方式,制定出符合我国慈善组织发展的具有可适用性和可操作性的社会团体法人和捐助法人治理的模式。加强慈善组织的法律制度建设,为慈善组织不断优化自身内部治理结构,为提高内部约束力提供法律支持,已经成为当前亟须解决的问题。

其次,要明确决策机构、监督机构和执行机构的职责和三者的关系。慈善组织要实现科学化内部治理,最主要的是要构建出科学合理的慈善组织内部治理结构。科学合理的组织结构是慈善组织实现高效规范运作并实现组织目标、宗旨的关键。尽管法律法规对慈善组织决策机构、监督机构和执行机构的职能有所规定,但是要真正发挥内部治理机构之间相互协调、相互制约和相互促进的作用,还需要在慈善组织章程中对三者产生的机制、职责范围、议事的规则做出详细规定。以南都公益基金会的内部治理结构为例。在其网站对理事会的介绍中明确"南都基金会理事会是基金会的决策机构,由来自上海南都集团及社会各界人士组成。监事由社会知名人士担任。南都基金会秘书处是基金会的执行机构，认真执行理事会通过的有关决议与工作计划。理事会在与秘书处充分对话的基础上决定大政方针，秘书处在得到理事会信任的情况下将这些大政方针付诸实施。理事会与秘书处之间的良好沟通为保持和更新这一信任关系所必须。"由此可以看出，南都公益基金会以基金会的理事会为决策机构，决定组织的大政方针，而秘书处向理事会负责，理事会也要充分听取秘书处的工作建议（图5-1）。

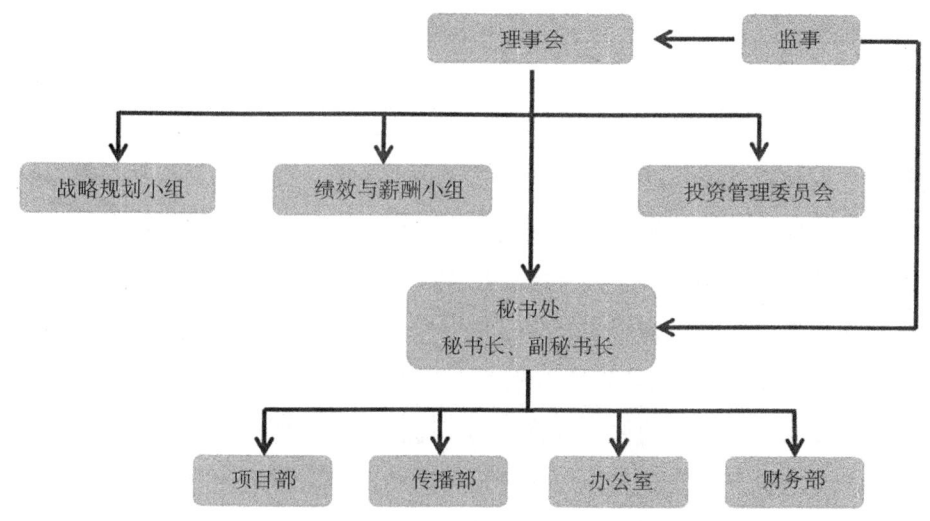

图5-1 南都公益基金会组织结构

在南都公益基金会组织结构图中可以发现，理事会主要负责组织的战略发展规划、组织的运行效益和从业人员的工资报酬、投资管理等，而作为执行机构的秘书处主要负责项目运作、宣传传播、财务和组织的日常具体事务等工作，监事的主要工作就是监督理事会和秘书处的工作，由此在内部实现了"决策、执行、监督"三权分设模式。实践证明，慈善组织分权制衡的运行机制，对共同防范风险，保障基金会健康有序的发展起着至关重要的作用。

最后，规范机构产生程序。机构设置再完美，最后起决定作用的还是组成机构的人，因此，慈善组织机构如何产生，由哪些人组成及议事规则是什么直接决定了组织的运行效率和对外形象，影响慈善资源的获得和社会救助的效益。当前，在理事会、监事会和秘书处人员的选择方面并没有统一的法律规范，造成这些权力机构组成的随意性，影响了权力的有效使用。理事会作为慈善组织的决策机构，其对慈善组织的治理水平，直接决定着组织的发展方向和组织在慈善市场上的竞争力。作为最核心机构的理事会，在人员构成上必须有严格的选任规范。可以尝试逐步建立由会员大会讨论决定或者由捐赠者选举产生的方式，理事会成员的组成应当坚持多元和自愿的原则。理事会成员尽量民间化，适当增加服务对象代表、职工代表、捐助人代表等参加理事会，减少或者杜绝行政机关选派，保证慈善组织的民间性质。当前，我国理事会人员组成的随意性和对政府机关的依赖性导致了理事会专业管理人才的缺乏，影响了理事会决策的专业性和科学性。在理事会的议事规则上要坚持落实民主决策和民主管理的方式，发挥各理事的积极性和主动性。在理事会人员的选择组成上，不仅要考虑理事的社会影响力，还要考虑对组织使命和目标的认同，愿意为慈善事业贡献时间和精力，并具备组织发展所需要的相关知识、经验和资源。同时要保持人员构成的多元化，避免行业背景、专业知识、性别、年龄等方面的单一性。[①]

  监事或监事会成员的任职资格在《基金会管理条例》、《社会团体登记管理条例》和《民办非企业单位登记管理暂行条例》中都有所规制。《基金会管理条例》征求意见稿第三十三条，《社会服务机构登记管理条例》征求意见稿第三十条都规定了监事人员的组成应由主要捐赠人、业务主管单位、登记管理机关选派。当前，一些慈善组织的监事或监事会也确实按照这种方式组成，比如，南都公益基金会章程关于监事的产生就规定由主要捐赠人、业务主管单位分别选派和登记管理机关根据工作需要选派。由行政机关选派监事到慈善组织，看起来是为了加强对慈善组织的监督管理，实则会影响慈善组织的独立性和自主发展权力。监事或监事会作为慈善组织的内部监督机构，其组成人员构成应该由慈善组织自主决定，登记管理机关和业务主管机关作为政府管理部门负责对慈善组织的监管，但是这种监管应该主要体现在外部，不应该深入到组织结

---

① 刘忠亮. 如何让公益慈善组织理事会发挥有效作用？. (2017-09-06) [2018-12-24]. http://gongyi.ifeng.com/a/20170906/44673273_0.shtml.

构内部，否则会出现既是裁判员又是运动员的矛盾。为保障监事会的独立性，相关法律规定了慈善组织理事、负责人、财会人员及上述人员的近亲属不得兼任监事。除此之外，由于监事或监事会的主要职能之一是依照章程规定的程序检查慈善组织财务和会计资料，因此，在监事或监事会的组成人员中，应包含财务会计方面的专业人员，这样才能保证监督的切实有力。取消监事人员中业务主管机关和登记管理机关对监事人员的选派，改由主要捐赠人、社会专业人员选派更能体现监事的独立性和专业性特点，提高慈善组织自我治理的能力。

秘书处作为理事会的执行机构执行理事会决策，主要负责慈善组织的规划执行与日常运营，包括组织的财务管理、组织策划、慈善项目的运行、组织筹资与宣传、对外信息发布等工作。秘书处及秘书长的权利和义务由慈善组织章程规定。秘书长作为秘书处的负责人，在人员选择上首先要求认同组织的使命和宗旨，同时由于秘书长上对理事会负责，贯彻理事会的决策，下要将理事会的决策贯彻在日常工作管理和慈善项目运行中，因此，秘书长除了需要具备较强的管理、策划和执行能力，还要具有较强的领导力、团队协作精神和组织协调能力。在秘书长的选择上可以由理事会共同讨论决定，也可以采用民主推荐，然后再经过集体讨论的方式确定。另外，秘书处负责组织具体的财务管理、善款的募集、项目运作、组织宣传、信息发布等专业性较强的工作。因此，秘书处对内是慈善组织的执行机构，对外就是具有相关专业知识高水平的运作管理团队，负有保障慈善组织的高效运转，提升慈善组织的公信力的职责。

第四节　慈善组织内部治理机制

慈善组织内部治理机制是保障组织内部治理结构运行效果的核心机制。内部治理机制设置是否合理直接会影响慈善组织的治理效果，慈善组织内部治理机制内容非常丰富，主要包括决策机制、监督机制、激励机制、财务机制、用人机制、信息公开机制等。关于监督机制、用人机制和信息公开机制已经在前面章节中进行过专门论述，在此不再赘述。本节重点论述决策机制、财务治理机制和激励与问责机制。

一、完善慈善组织内部决策机制

慈善组织内部决策机制主要指决策权在慈善组织内部不同机构如何分配，确定组织决策权由谁来行使，如何行使，决策哪些问题等。慈善组织作为一种非营利的公益组织，其内部权力系统因为组织形式不同而不同。由于我国慈善组织包括社会团体、基金会和社会服务机构3种基本形式，不同形式的慈善组织决策权不完全相同。在设立会员大会的社会组织中，最高权力机构是会员大会或者会员代表大会，享有组织重大事项的决策权，而理事会是社会组织的决策核心和权力中枢，在会员大会或者会员代表大会闭会期间，理事会作为组织的执行机构，通过定期召开理事会或常务理事会，行使组织常设机构的重大事项和重要活动的决策权。秘书处的决策，包括秘书长的工作决策，则是组织日常事务的决策。对于慈善基金会和社会服务机构这类慈善组织，理事会是慈善组织的核心机构，掌握组织的决策权和领导权，行使制订组织发展规划、讨论组织中的重大事项和人事安排等决策权，秘书处作为慈善组织的执行机构，由秘书长行使对组织日常事务的决策。慈善组织内部决策机制包括内部决策权的划分、决策程序和决策方式3个方面。决策是慈善组织运行的核心环节并贯穿整个组织治理过程，决定了慈善组织治理工作的成败，也是保证组织目标实现的重要前提。

（一）慈善组织决策机制存在的主要问题

随着我国社会政治经济体制改革的推进，慈善组织在加强组织决策制度建设方面取得重要进展，在推进决策科学化、民主化、法制化等方面取得了长足的进步。但受几千年封建专制体制和中国传统文化中重人治、轻责任思想的影响，特别是近些年来我国经济社会形势变革较快，慈善组织发展跟不上经济社会发展的速度，造成在决策机制上出现了决策主体范围模糊、决策程序不清晰、实际追责缺乏刚性等问题，在一定程度上影响了慈善组织在社会治理中作用的发挥。

第一，慈善组织难以享受完整的决策权。慈善组织作为独立的非营利法人拥有对组织章程制定、组织发展规划、组织重大事项完整的决策权。但是受我国行政体制和慈善组织内部规范化不足等因素的影响，慈善组织难以享有完整的决策权。尽管《慈善法》结束了慈善组织注册管理双重管理体制，但是由于《慈善法》给予民政部门管理监督责任，为避免慈善组织出问题被追责，主管单位对慈善组织的外部监管很容易深入到组织内部。加之双重管理体制在我国已经运行了几十年，行政机关对慈善组织在管理上已经形成了监管的惯性思维。有时为加强对慈善组织的管理，有的主管单位派成员参加慈善组织理事会，有的业务主管部门对慈善组织具体业务进行干涉、制止等，造成有些时候主管部门在重大决策中的作用甚至超越了理事会，严重削弱了理事会的严肃性与合法性，影响了慈善组织决策权的行使。据基金会中心网 2013 年年底公布的 3100 家监事会构成的基金会统计数据显示，现实中 66% 的公募基金会的理事长都来自于党政机关，67% 的非公募基金会的理事长都来自于企业。在民政部注册的 91 家公募基金会中，有 77 位负责人担任过省部级以上领导职务，占这类基金会负责人总数的 40%。

《慈善法》第九十二条规定，县级以上人民政府民政部门应当依法履行职责，对慈善活动进行监督检查，对慈善行业组织进行指导。《慈善法》第一百零八条规定了县级以上人民政府民政部门和其他有关部门及其工作人员未依法履行监督管理职责将给予处分的法律规定。法律给予了行政机关对慈善组织监管的职责和权力，又对未履行监管管理职责给予处分，这是造成行政机关权力越界进入慈善组织内部决策的重要原因。同时，由于我国慈善组织普遍起步较晚，在慈善组织的创立和发展过程中，组织发起人和创立者发挥了非常重要的作用。有的慈善组织纯粹是因为创立者和发起人的号召力和影响力才使组织得以发展和壮大，由此也造成了这些创立者和发起人在组织决策中拥有绝对的话语权，导致决策权掌握在少数个人手中，从而引发个人专断。特别是初创时期的慈善组织，精英治理表现得尤为明显。何况许多慈善组织的办公场所甚至工作经费等资源都由创始者或发起人提供，由此造成组织缺乏科学、民主的决策机制。①

第二，决策机构的产生不规范，决策机构规模过大，影响决策权实施的效率。当前，我国法律法规并没有对慈善组织决策机构产生的方式做出具体安排，《慈善法》《基金会管理条例》《社会团体管理办法》《社会服务机构登记管理办法》征求意见稿对决策机构的产生方式和任期做了原则性规定，确定慈善组织决策机构的组成由组织章程具体规定，也就是说决策机构的产生方式是慈善组织自治的范围，由此造成了决策机构产生方式的多样化，同时也造成慈善组织决策机构的产生缺乏规范的标准和程序，形成了决策机构组成人员容易受行政、组织创始人和出资人干预等问题，最终影响决策的效率和质量。由于理事会大都是兼职人员，专业素养与水平不高，项目运作能力和操控能力有限，造成慈善组织运作动力不足、效率低下。② 以基金会和社会服务机构为例，《基金会管理条例》规定了理事会为基金会的决策机构，《基金会管理条例》第二十一条规定，理事会是基金会的决策机构，依法行使章程规定的职权。对基金会理事会人员的数量，《基金会管理条例》也做了明确规定：基金会设理事会，理事为5～25人，理事任期由章程规定，但每届任期不得超过5年。2016年，《社会服务机构登记管理条例》征求意见稿规定社会服务机构的决策机构是理事会，第二十七条规定：社会服务机构设立理事会，理事数为3～25人。尽管法律法规对决策机构的规模进行了明确的规定，但是实践中对基金会和社会组织服务机构的理事会规模到底多大合适存在着争议。规模过大，担心影响决策效率；而规模过小，又担心民主性不够，失去公平，降低绩效。在对慈善组织决策机构规模的认识上，学者们也有不同的意见。有研究者认为，理事会规模和组织价值之间存在负相关关系，规模小的理事会比规模大的理事会更有效。③ 柯少愚认为理事数量较大，且理事不理事的现象相当严重，理事履职意识较差，挂名理事较多，有的理事从不参加或极少参加理事会活动，影响了慈善组织决策

---

① 周俊，张冉，宋锦洲. 社会组织与慈善组织管理. 北京：北京大学出版社，2017.
② 冯虹，李东松. 北京社会租住发展研究. 北京：社会科学文献出版社，2015.
③ YERMACK D.Higher market valuation of companies with a small board of directors.Journal of financial economics,1996,40(1)：185-212.

的效率。①而谢晓霞认为，理事会的规模越大，越有利于慈善基金会代理成本的降低。②张立民也认为理事会规模越大，基金会绩效越高。③理论上的争议也带来实践中理事会规模设置太随意的情形，但是大部分慈善组织认为理事会规模越大，社会影响力越强，吸纳社会资源也越多，由此造成了慈善组织理事会规模过于庞大，影响理事会决策效率情况的发生。当前，我国大型慈善组织包括中国儿童少年基金会、中国宋庆龄基金会、中国青少年发展基金会的理事会人数最多时都超过了200人，这些人分散在全国各地，召开理事会不容易，即使召开了理事会意见也难以集中。《基金会管理条例》第二十一条规定：理事会会议须有2/3以上理事出席方能召开；理事会决议须经出席理事过半数通过方为有效。因此，决策机构过于庞大是影响慈善组织决策效率的重要因素之一。

第三，慈善组织分层决策权界限模糊，影响组织战略目标的实现。当前慈善组织决策的类型一般采用分层决策的方式。社会团体决策由会员大会或者会员代表大会决策、理事会决策和秘书长对日常事务决策3个层面组成；基金会和服务机构决策分为理事会决策、高层管理机构决策和秘书长日常事务决策。分层决策管理具体来说是按照决策的重要程度分为3层。一是战略决策，战略决策是指事关组织兴衰成败，带有全局性、战略性和重大性问题所做的决策。战略决策在社团组织中由会员大会或者会员代表大会行使，在基金会和社会服务机构中由理事会行使。如组织章程的制定、重大投资项目的确定、组织重大人事安排等。二是管理决策，管理决策是指为了实现战略决策而对组织内部管理进行有效的组织、协调，使组织的各部门都能够发挥最大作用，主要解决组织局部重要问题的决策。如具体项目的考察、一般人事的调整、资金的运用等，主要由组织的高级管理层来实施。以南都公益基金会为例（图5-1），管理决策由战略规划小组、绩效与薪酬小组和投资管理委员会负责人负责。三是日常事务决策，主要由秘书长负责。建立分层管理制度就要落实责任，保证组织目

---

① 柯少愚.社会组织存在的主要问题与思考.学会,2011（12）：3-12.
② 谢晓霞.我国慈善基金会的理事会特征、监事会与代理特征.商业会计,2017（8）：15-19.
③ 张立民,李晗.我国基金会内部治理机制有效吗？.审计与经济研究,2013（2）：79-88.

标的实现。当前,在分层决策方面,存在着两个极端的现象。一种情况是作为战略决策的理事会,没有把重心放在方向性和战略性的工作上,而是将很多管理决策和日常事务决策纳入理事会决策,忙于具体事务性工作,不仅造成理事会地位的降低,也造成秘书处无事可做的局面。如决策具体项目的资金运用、一般人事安排等。而另一种情况是,有些慈善组织因为成立时间短、规模比较小,缺乏服务项目和资金,因此,组织需要决策的事项比较少,造成理事会成了象征性机构,处于半休眠状态,甚至常年不开理事会,由秘书处全权负责组织事务,理事会成了只负责盖章的机构,这也造成秘书长的权利过大,越权成了组织的实际决策者。在慈善组织中一直存在着秘书长的能力高低决定组织发展前途的说法,这也表明秘书长对慈善组织影响的重要性。[1] 由于以上情况造成了慈善组织决策缺乏科学性、专业性和权威性,不仅影响了慈善组织的发展方向,也降低了组织的社会影响。

第四,决策责任制没有得到落实,问责机制没有建立起来。由于慈善组织追求的是公益性的社会效益,这种非经济性的特点造成对慈善组织服务和救助的效益难以找到具体的评价标准。加上长期以来受重人治、轻责任思想的影响,在慈善组织内部还缺少对决策责任的制度安排,决策责任制还没有得到落实。同时,除了《基金会管理条例》中规定了理事对基金会决策失误承担赔偿责任外,其他法律法规没有明确慈善组织理事、监事和管理人员对组织应尽的责任和义务。由于以上原因,慈善组织各级决策主体因错误或不当决策造成组织声誉受损,侵害捐助人和受助人的利益时,难以找到直接承担责任的人。当前大部分慈善组织都没有建立起决策责任追究制度,由于权责不相当,出现重大决策失误时没有人来承担责任。近些年慈善组织出现了大量的慈善丑闻,有的给我国慈善事业带来致命的伤害,但事后,几乎没有被追究的慈善组织责任者,由此造成了一些慈善组织对决策的重要性认识不足,甚至不调研、不论证,仅凭一些书面材料和口头汇报,便进行主观决策。这种随意性决策很多与负责人的个人喜好兴趣相关,甚至有些人认为只要不装进自己腰包、不违法就不应该

---

[1] 周俊,张冉,宋锦洲. 社会组织与慈善组织管理. 北京:北京大学出版社,2017.

承担责任，对有些棘手的问题，为避免承担责任，还会放任不管，从而导致决策失误影响了组织的健康发展。当前，我国法律政策对慈善组织决策失误造成损失的严重程度由谁来评估，评估后由谁来对决策者进行追究没有具体制度规定，这是慈善组织决策失误难以被追究责任的重要原因。

（二）建立民主、科学、透明的决策机制，保证慈善组织的健康发展

民主、科学、透明的组织决策机制需要制度的保障，通过规范慈善组织决策机构，制定科学合理的民主决策程序和责任追究机制，保证组织决策的正确性与可行性，促使慈善组织迅速发展壮大，提升社会救助的效益和社会影响力。

第一，强化决策机构的核心地位，确立决策机构的权威性。慈善组织的决策机构，不管是作为会员大会或者会员代表大会，还是理事会，其地位和作用都由法律确立，其职责范围有组织章程做具体规定。作为慈善组织民主选举产生的决策机构，不管是主管机关，还是组织负责人、创始人及组织的一切成员都必须维护其权威性。党的十八届三中全会提出，激发社会组织活力，正确处理政府和社会关系，加快实施政社分开，推进社会组织明确权责、依法自治、发挥作用。党的十八届三中全会还提出限期实现行业协会商会与行政机关真正脱钩。2016年《慈善法》颁布，从立法上首次明确对慈善组织实行统一登记，结束了我国延续多年的慈善组织登记既需要找到业务主管部门，也需要在民政部门登记注册的双重管理体制。《慈善法》明确了政府机关对慈善组织的监管责任，规定县级以上人民政府民政部门应当依法履行职责，对慈善活动进行监督检查，对慈善行业组织进行指导。由此也可以看出，政府机关对慈善组织的监督管理是外部监督管理，不能深入到慈善组织内部的决策、监督和执行。早在1998年，中共中央办公厅、国务院办公厅就发布了《关于党政机关领导干部不得兼任社会团体领导职务的通知》。2014年，中共中央组织部又下发了《关于规范退（离）休领导干部在社会团体兼职问题的通知》，进一步规范了退（离）休干部除工作特殊需要外，不得兼任社会团体法定代表人，不得牵头成立新的社会团体或兼任境外社会团体职务。2016年中共中央办公厅、国务院办公厅印发《关于改革社会组织管理制度促进社会组织健康有序发展的意见》，规定

在职公务员不得兼任基金会、社会服务机构负责人。按照中央精神，慈善组织在机构、人员、财务等方面都与行政机关脱钩，厘清了政府机关与慈善组织的职责权限。行政机关严格按照法律和政策的规定对慈善组织监管，充分尊重慈善组织决策机构所做出的决策，维护决策机构的权威。同时，对于慈善组织的创始人和负责人来说，他们在组织的成立发展过程中所起的作用是不可磨灭的，其个人对组织的影响也是巨大的，但是慈善组织要发展壮大，并在社会治理中发挥越来越大的作用，就必须实现规范化发展。慈善组织创始人和负责人的权限由组织章程确定，并服从会员大会或理事会的领导，在组织决策中充分体现民主决策和集体决策，坚决避免"一言堂"和家长制作风的出现，实现慈善组织科学化发展。

第二，完善决策机构产生和活动的方式，适度控制决策机构的规模。尽管我国法律法规没有具体规范慈善组织决策机构产生的方式，但是随着公民社会的形成，人们的社会参与意识不断增强，政府已经从慈善组织自治领域中退出，行政对慈善组织的干预越来越少。另外，慈善组织财产来源于公众，服务于公众，慈善组织的出资方和捐赠者也不得影响决策机构的产生。纵观世界各国慈善组织决策机构产生的方式，基本以民主选举和推荐两种方式产生。具体到每个慈善组织决策机构的产生方式和程序，则需要通过组织章程或制定具体制度进行明确，对无权、越权和滥用权力决策的法律后果加以规定，以此来保障组织决策的科学性、合法性和民主性。决策机构活动的方式，遵从法律规定，法律没有规定的可以由组织章程或制定具体制度加以规定。程序的公正是实质和结果公正的保证，组织决策必须依法定程序进行，任何人员不得滥用职权擅作决策。当前对决策机构的活动原则，只有《基金会管理条例》有所规范，条例第二十一条规定，理事会是基金会的决策机构，依法行使章程规定的职权。理事会每年至少召开2次会议。理事会会议须有2/3以上理事出席方能召开；理事会决议须经出席理事过半数通过方为有效。下列重要事项的决议，须经出席理事表决，2/3以上通过方为有效：①章程的修改；②选举或者罢免理事长、副理事长、秘书长；③章程规定的重大募捐、投资活动；④基金会的分立、合并。尽管《社会团体登记管理条例》和《民办非企业单位登记管理暂行条例》

没有对决策机构的活动给予具体规定，但是作为慈善组织的社会团体和社会服务机构，其决策可以参照基金会决策机构的活动方式，在规章中加以规定。特别强调的是，理事会的决策权归理事会集体所有，理事会的每个成员的权利和义务都是一致的，即使是组织的出资者或者发起人，在理事会投票时的权重也与其他理事完全一样。决策机构在开会讨论时，要充分听取不同理事的意见，充分发扬民主，既要做到尊重多数人的意见，又要对少数人的意见加以重视，特别是对反对者的意见要认真倾听，给予他们充分表达意见的机会。决策机构进行表决时尽量采用无记名投票或者电子投票的方式，避免采用鼓掌通过，减少举手表决的方式，切实保障表决结果是成员真实意志的表达。同时，如果表决涉及与表决权人有关的事项，则应该采取回避的规则，该表决权人不得参与表决。

确立适度的决策机构规模。不管是哪种形式的慈善组织，理事会都是重要的决策机构，为了保障决策的民主和效率，必须对理事会成员的数量和规模加以限制。尽管有学者对决策机构规模对慈善组织的影响认识不一，但是过大或过小的理事会显然都不利于决策的民主性和科学性。既然《基金会管理条例》第二十条有"基金会设理事会，理事为5～25人"的规定，那么作为基金会就应该遵从法律的规定，在这个范围内确定理事会的规模。2016年《社会服务机构登记管理条例》征求意见稿规定社会服务机构理事数为3～25人，社会服务机构应该遵从此规定。至于社会团体，由于会员数量庞大、地理分布分散等原因，一般通过会员代表大会来行使决策权。会员代表由会员大会选举产生，也可以由具备一定数量的会员推荐产生，对于会员代表的人数通过组织章程加以规定。虽然《社会团体登记管理条例》对会员代表大会人数没有具体规定，但参照其他慈善组织理事会人数的规定，应该设置在25人以下。实践中有的基金会和社会团体规模确实比较巨大，决策机构保持25人以下不利于组织发展，这种情况可以在理事和会员基础上设置常务理事和会员代表，其人员数额可以控制在25人以下。在理事会成员和会员代表的选择上，还应该注意其具有的社会代表性，充分体现内部决策机制的广泛参与性。理事会成员或社会团体会员代表要从发起人、投资人、捐赠人、捐助人及其他与组织有关系的群体中产生。此外，还要注意理事会成员和社会团体代表的履职能力，从公益心、决策能力、个人品质、社会影响、时间安排等方面加以考虑。

第三，建立分层决策的机制，明确各层决策组织的决策权限。慈善组织在实际运行中基本都采用了分层决策的机制。分层决策机制按照决策的权限和范围对组织决策进行了明确分工。一般按照决策事项的大小和重要性划分为3层，第一层是理事会（社团为会员大会或者会员代表大会），第二层是理事会直属的管理部门，第三层是秘书处。一般来说，组织的最高决策机构是理事会（会员制的社会团体是会员大会或者会员代表大会），所决策的内容具有方向性、战略性和重要性等特点。比如《基金会管理条例》第二十一条规定的内容就是理事会决策的权限和范围，主要包括组织的规章制度的制定，组织发展战略方向的确定，组织主要负责人的选举和罢免，重大投资等内容。为避免决策机构沉溺于组织具体事务而降低决策机构的作用，在保证理事会最高决策机构核心地位的同时，由理事会授予组织高层管理者和直属各部门一定的管理权和决策权，使其能够各负其责。基金会和社会服务机构理事会下设各管理部门负责组织的具体业务，比如一般慈善项目的考察和运行、慈善活动的策划、志愿者的招募和行政管理人员的安排等。与理事会的决策不同，高层管理者大都有专业背景和管理经验，所决策的事项往往经过部门的充分讨论，因此，理事会应该充分尊重其在授权范围内的决策权。对于慈善组织的日常事务和管理由秘书处负责，一般实行秘书长负责制。相对于兼职的理事会成员，秘书长一般是专职的。按照社会组织管理制度的规定，秘书长在理事会领导下工作，并对其负责，是理事会方针、决策、规划的具体执行者。秘书长主要负责慈善组织的日常工作，比如会议日程安排，协调组织内部和外部的各种关系等。就秘书长的决策权来说仅限于组织的日常事务，这是组织章程中的规定，必须遵从，不可超越。理事会不得过多参与和干预秘书长的工作，理事会可以对秘书长设定年度考核指标，对其进行年度业绩考核，定期听取秘书长的工作汇报。为完善慈善组织的分层决策机制，需要组织在章程中制定具体的制度对理事会、高层管理者和秘书长的职责做出详细、明确的规定，避免理事会、高层管理者和秘书长权责不清，影响决策的权威性和执行决策的效率。

第四，建立有效的决策责任机制。《慈善法》和三大条例都赋予了理事会享有决策权，按照权力与责任相一致的原则，权力就是责任，责任就要担当。由于慈善组织的非营利性、公益性的特点，理事会成员往往由来自于不同行业的精英组成，但他们一般对慈善组织相关专业知识和实务经验比较欠缺，况且成员大都属于兼职，不在慈善组织领取报酬，理事会成员只有在召开理事会议时才聚集在一起进行讨论和表决。一些理事认为自己既然没有获取任何报酬，没有获得利益也就不应该承担责任，由此引发了理事会成员不理事、乱理事的现象。针对这种情况，建议慈善组织在赋予理事会成员权利的基础上，对兼职理事和专职理事的任职条件和具体权利及义务做出规定，特别是对承担的责任要加以明确，避免出现决策者对可能出现的不利后果抱有事不关己的心态。只要确定了决策责任制，不管是什么决策，都会得到足够的重视，即使理事会成员的决策能力不足，为避免被追究责任，也会邀请专家学者进行论证，广泛向社会征求意见，最大化地提高决策的科学性。对于管理决策和日常事务决策，按照决策主体制定相应的权利和义务，落实决策的责任主体。不管是哪一级的决策，只要由于主观上的重大的失误，给国家、社会造成巨大损失的，一定要追究其责任，构成刑事犯罪的，追究其法律责任。作为追究责任的主体，因为不同决策其追究责任主体不同，理事会的追责主体为政府民政部门。理事会对慈善组织的宗旨方向、重大人事任免、重大项目投资等负责，并负有向监管机构如实报告等义务，如果出现明显失职或者滥用职权，责任人可被起诉，理事的个人资产甚至可能被用于赔偿。[①]高层管理者或部门、秘书长对理事会负责，由理事会对其进行责任追究，构成犯罪的，由理事会提交司法机关进行调查和处理。

二、完善慈善组织内部财务治理机制

慈善组织内部财务治理机制是慈善组织内部治理的核心。财务治理水平的高低直接关系到慈善组织的健康发展和社会对组织的评价。一个优秀的慈善组

---

① 贾西津.公益组织的公信力从何而来.中国社会工作，2011（21）：47-48.

织其财务治理必然是科学和规范的,高水平的财务治理制度不仅能够提高组织运作效率,降低运作成本,最大限度地获取社会慈善资源,而且能够树立良好的公益形象,提高组织的公信力,使慈善资源利用最大化,提高组织回报社会的能力。作为非营利的慈善组织,其资产主要来源于社会捐赠和政府财政支持,因此,慈善组织是捐赠财产的管理者而非所有者,由于其非营利性,财产管理所追求的是社会救助效果的最大化而不是利润最大化。即使慈善组织在运行过程中产生盈余,也不得在慈善组织内部进行分配。这就要求慈善组织与营利组织在财务治理上有不一样的价值追求,即不单纯以追求经济效益的最大化为目的,而是通过对公益财产的管理和运作达到社会救助效果的最大化,实现社会效益最大化和经济效益最大化的统一。

(一)慈善组织内部财务治理的内涵

根据《慈善法》第五十一条的规定,慈善组织的财产包括发起人捐赠、资助的创始财产,募集的财产和其他合法财产。从慈善组织财产的来源来看,组织的创始资金来自社会捐赠,而不是投资,没有经济收益的期望和要求。当捐赠财产从捐赠者财产转变为慈善组织财产时,捐赠人的产权同步转让给慈善组织,捐赠人与捐赠财产之间的债权关系脱离,捐赠者失去了对财产的控制权和收益权。捐赠财产转移至慈善组织以后,慈善组织作为受托人,对捐赠的财产拥有占有、管理及处分权,但是没有收益权和全部的控制权。因为慈善组织对捐赠财产的使用需要遵从捐赠者的捐赠意愿和组织的宗旨,不能按照组织管理者的意愿随意处置,因此,慈善组织作为独立的非营利法人主体对其财产所有权和使用权是受到限制的。《公益事业捐赠法》第七条规定:公益性社会团体受赠的财产及其增值为社会公共财产,受国家法律保护,任何单位和个人不得侵占、挪用和损毁。该条款规定了慈善组织接受的捐赠财产和增值财产为社会公共财产,其所有权归全体社会成员共同所有,而作为财产的具体管理使用者,慈善组织所拥有的财产权是有限的,不能对组织财产权益进行转让、出售,并且在捐赠者的要求下管理和处置财产。因此,慈善组织财产是指来自社会捐赠,不以追求经济利益为目的,由慈善组织管理和使用的社会公共财产。慈善组财产的社会公共性特点决定了财产来源和使用上必须符合公众利益和向公众进行信息的披露，以保障组织财产的公益目的。当前，我国慈善组织的内部财务治理制度是根据《中华人民共和国会计法》《慈善法》《基金会管理条例》《民间非营利组织会计制度》等法律法规的相关内容制定的，由慈善组织的权力机构对组织财务权力进行配置，保障慈善组织资金安全，提高善款使用效率和救助效果，及时向社会公开披露财务信息，提升慈善组织的公信力。慈善组织内部财务治理权包括财务决策权、财务执行权和财务监督权，财务治理的核心是财权的配置，即慈善组织的利益相关方对于组织社会公共财产流动的控制权，主要体现在财务的决策权方面。由此可见，慈善组织内部财务治理实质上是对慈善组织社会公共财产治理主体的责、权、利相互制衡的一种制度安排。

（二）慈善组织内部财务治理的结构

慈善组织内部财务治理结构是通过对慈善组织财务决策权、执行权和监督权的合理配置，形成有效的财务激励与约束机制，实现公益财产效益最大化的制度安排。内部财务治理结构是慈善组织内部治理结构的核心和重要组成部分。慈善组织内部财务治理结构出现问题，大多表现为财务的决策权、执行权和监督权在配置上没有达到协调和权衡。当前，我国慈善组织在内部财务治理结构方面，一般按照相关法律制度在组织章程中加以规定，成熟、完善和较大规模的慈善组织大都制定了组织财务管理制度，并通过财务管理制度确立了组织的财务治理结构。但是，对于一些规模较小、人员较少的慈善组织来说，大多存在着财务决策权、执行权和监督权分工不明确，内部缺乏健全的财务治理体系的问题，由此影响了组织财产使用的合法、安全和有效等原则的实现。作为慈善组织内部治理核心的财务治理，必须建立科学合理高效的财务治理结构，以保障慈善组织财产安全和实现公益目的及社会效益的最大化。慈善组织的财务治理结构由会员（代表）大会、理事会、执行机构与监事会等组成。比如，南都公益基金会财务管理制度第六条规定："南都基金会的最高权力机构是理事会。理事会定期审议机构财务报告，并决定财务工作中的重大问题，财务日常管理工作由秘书长负责。"在会员制慈善组织中，会员大会为最高权力机构，拥有对财务的决策权,审议理事会的财务报告,有效防范慈善组织资金不规范使用问题。理事会作为会员制慈善组织的常设决策机构,对会员代表大会负责,在会员(代表)大会授权的前提下,可以决策慈善组织的财务使用、人事安排等重大事项,但是必须向会员公示。不设会员(代表)大会的慈善组织,理事会作为最高权力机构,决策组织财务工作中的重大问题,审议慈善组织的财务报告和会计报告。组织设置的财务部门由秘书长具体负责,从事组织日常的财务管理活动,执行会员(代表)大会和理事会的决策。监事会主要负责检查组织财务,核实理事会财务报告和会计报告的真实性,并对组织日常财务活动进行监督管理,以保障组织财务合法、公开和透明。鉴于许多慈善组织只设立了监事或者监事会的力量不足,慈善组织的财务监督之责也可以通过建立具体的财务监督部门,由其来履行。账务监督部门由理事会成员构成,监督财务部门财务活动的规范性和合法性。

(三)建立健全规范的财务管理制度

"一个组织的财务是否健全,是衡量该组织决策优劣的重要指标,因为账务管理能力不仅仅是社会组织自身能力建设的内在要求,也是提升其公信力建设的重要途径。"① 受慈善组织财产公益性质的影响,其财务管理制度与营利性组织相比有其不同的特色。慈善组织的财务管理制度主要包括财务决策制度、财务监督制度和财务公开制度等。要建立健全规范的财务管理制度,要做到以下几点。

第一,设立完善的财务议事、决策制度,保障决策的科学性和有效性。尽管各慈善组织章程都规范了组织的决策机构,但是组织的运行涉及组织发展的方方面面,不可能凡事都要召开会员代表大会或者理事会进行议事。会员大会或者理事会是财务决策权的行使者,主要负责包括财务管理在内的战略规划、重大项目评估、定期审议慈善组织的各种财务工作报告等。在对慈善组织财产管理使用上,决策机构要保证组织的财产根据章程和协议的规定全部用于慈善

---

① 齐海丽. 法治视野下的社会组织内部治理结构完善研究. 学会, 2016 (1): 18 - 23.

目的，不得私分、截留、挪用或者侵占，保障慈善资金的安全、高效运用。会员代表大会或者理事会通过财务授权的方式规定各层次管理者对财务重大事项、一般事项和基础性事项的决策地位和能力，按照已确立的授权规则配置给管理者行使，保证整个组织在财务决策中的一致性和有效性。在社会团体慈善组织中，会员（代表）大会的决策是慈善组织的最高权力机构决策；理事会在会员（代表）大会闭会期间行使重大事项和重要活动的决策权；秘书处包括秘书长的决策是慈善组织日常事务的决策。[1] 在完善财务决策机制的基础上，不管哪一层次的管理决策都需要严格按照法律规定行使决策权，不能与相关法律相冲突。《慈善法》第六章专设慈善财产一章，对慈善财产的组成、使用和管理做了比较详细的规定，实践中组织对慈善财务的决策必须严格遵循法律规定。比如对于慈善组织的重大投资决策，《慈善法》第六章第五十四条就做了具体规定，要求"重大投资方案应当经决策机构组成人员 2/3 以上同意"。第五十四条同时还规定了慈善财产的使用限制，规定"政府资助的财产和捐赠协议约定不得投资的财产不得用于投资"。

第二，健全内部财务监督制度，防范财务风险。近年来，我国发生的一系列慈善丑闻无不暴露出慈善组织在资金使用及监管上的严重漏洞，因此，建立健全慈善组织内部财务监督制度，防止捐款物资被滥用和低效率使用，提升善款的社会救助效果已成为当前慈善组织亟须解决的重要问题。慈善组织内部财务监督是慈善组织治理结构的重要组成部分，它通过一系列的内部财务制度安排，对慈善组织财务活动进行约束和监督以避免财务风险，提高善款使用效益。慈善组织内部财务监督不仅仅由监事会完成，还包括会计监督及组织所有工作人员的群众监督。监事会作为慈善组织的监督机构负有对慈善组织财务的监督之责，但是由于我国慈善组织的监事会成员按照法律规定大都由出资者代表和社会知名人事担任（南都公益基金会的监事就由社会知名人事担任），有的监事是由业务主管单位或登记管理机关选派，这些人都有自己的本职工作，而且监事也在慈善组织领取报酬。受监事会成员工作时间、信息获得等方面的限制，

---

[1] 张冉. 中国社会组织声誉管理研究. 北京：北京大学出版社，2017.

监事会在慈善组织运行中难以发挥监督作用。加之监事会成员大多没有相关财务专业的背景，也造成了监事会对财务监督权的弱化。为弥补监事会财务监督的不足，建立会计监督制度和审计监督制度，以完善对慈善组织财务的监督机制就势在必行了。《慈善法》第十二条规定："慈善组织应当执行国家统一的会计制度，依法进行会计核算，建立健全会计监督制度，并接受政府有关部门的监督管理。"会计监督是会计人员的基本职能之一，是会计人员依据相关法律对慈善组织财务事项的合法性、真实性和有效性所进行的监察、督促。会计人员作为慈善组织专业的财务人员，具有组织其他人员所不能比拟的财务监督技能，通过强化会计人员的专业技能，提高其职业道德素养和法律意识，提升会计监督在慈善组织财务监督中的作用，更好地保障慈善资金的安全和使用效益。设立内部审计部门，建立审计监督制度对慈善组织财务、慈善项目的运作、资金流向、救助效果进行评估，为监事会进行监督提供相关信息，并通过内部审计来监控管理中的风险点和薄弱环节，发现问题和提出建议。另外，慈善组织中的所有成员包括会员、理事会成员、各级管理人员和工作人员，都是组织财务监督的主体，发挥组织内部群众监督的作用，能够及时发现组织财务中存在的问题，保证慈善资金的安全和使用效益最大化。

　　第三，建立完善的财务信息公开机制，提升慈善组织的公信力。《慈善法》第七十二条规定："慈善组织应当每年向社会公开其年度工作报告和财务会计报告。"这是慈善组织财务信息必须公开的法律依据。2018年9月1日开始实施的《慈善组织信息公开办法》规定了信息公开是慈善组织的基本义务，是慈善组织接受各方面监管的基础。《慈善组织信息公开办法》把对慈善组织财产活动的监管当成对慈善组织监管的最重要的方面，特别强调了重大资产变动、重大投资和重大交易及资金往来要向社会公开，并且将慈善组织与组织发起人、主要捐赠人、管理人员、被投资方等重要关联方之间的交易、捐赠、资助、共同投资、委托投资、资金往来纳入公开范畴。《慈善组织信息公开办法》还要求公布慈善组织领取报酬从高到低排序前五位人员的报酬金额，对组织出国（境）的经费、车辆购置及运行费用、招待费用、差旅费用的标准也要面向社会公开，接受社会监督。《慈善组织信息公开办法》对慈善组织财务信息公开做了原则性规定，作为慈善组织应当进一步完善和落实法律法规的要求，根据本组织的特点制定财务信息披露制度，提升财务信息的透明度，加大对公众的公开程度，促使组织内部相关人员廉洁自律，提高慈善组织的社会公信力。

三、完善慈善组织内部激励机制

慈善组织内部激励制度主要指慈善组织通过运用物质或精神刺激，让组织成员保持高昂的精神状态和工作热情，付出更多的智慧和精力，以实现组织所期待的目标任务。建立有效的激励机制，不管是对政府组织、市场组织还是社会组织的发展都是十分必要的。与政府组织以职位升迁和市场组织以物质利益满足为主要手段不同，慈善组织因其公益性、非营利性和自愿性的特点，受组织财产所有权的限制，一般采用的是以精神激励为主，物质激励为辅的方式。随着社会经济的发展，我国慈善组织不断发展壮大，其发展程度也越来越趋于成熟。在有限的慈善资源条件下，慈善组织之间的竞争越来越激烈，竞争的阵地也从过去的实物资源的竞争扩展到人力资源的竞争。因此，如何吸引和留住高端人才，充分发挥员工工作的积极性和创造性就成为慈善组织发展战略的重要内容。当前，我国慈善组织大都设立了内部激励机制，在一定程度上调动了员工的工作热情和创造性。但总体而言，激励机制的设置落后于时代发展的要求，对员工积极性和创造性的调动作用非常有限，由此也造成了慈善组织工作效率不高，高端人才流失严重的情况，影响了社会救助的效益。具体来说，在慈善组织内部激励机制建设上，存在着以下问题。

（一）慈善组织内部激励机制不完善的具体表现

第一，激励理念落后。传统观念认为，慈善组织公益性和非营利性的特性决定了它与市场组织主要采用物质利益的满足，政府组织主要通过升职等手段调动员工的积极性、主动性和创造性不同，慈善组织调动员工工作热情和积极性主要通过精神激励的方式。认为慈善组织从业人员是自愿奉献自己的时间和精力，对物质利益或者其他福利诉求要求不高。持这种观点的人忽略了慈善组织从业者和社会志愿者的区别，按照对志愿者的标准要求慈善组织从业者，要求其只讲奉献不讲报酬,忽视了慈善组织从业者自身基本生活需求。现代社会尊重每个个体的政治权利、经济权利和社会权利,参与慈善活动是公民承担社会责任的一种表现。但作为众多职业中的一种,慈善组织从业人员与在市场组织、政府组织中的工作人员一样都有获得物质和精神层面回报的权利。在对员工的激励上,那种认为慈善组织从业者大都具有较高的道德素养和利他主义精神,他们都不计较或者不屑于物质上的激励的观点是非常错误的。还有观点认为,慈善组织的财产来自社会捐助,慈善组织对慈善财产不具有所有权,由此认为减少或取消对员工物质层面的激励就可以相对增加社会救助资源的数量,这是对捐赠人、受捐人和社会负责的表现。持这种观点的人忽略了不管是善款善物的募捐,还是善款善物的管理,包括善款善物的发放都需要慈善组织科学、合理、专业的安排和运作,而善款善物的募集的规模很大程度上取决于组织的社会影响力及工作人员的工作态度。充分调动工作人员的积极性和创造性,才能募集更多的善款善物,提升慈善救助的效率和效果,这是提高慈善组织救助能力的根本。在慈善组织收入分配方面,除了大中型慈善组织,大部分规模较小的慈善组织专职人员比较少,管理层级相对少,由此有人认为工资福利收入差距大容易影响员工之间和谐的关系,而且认为从事慈善事业的人富有爱心,不该计较个人的得失,由此造成了慈善组织在收入分配上没有和业绩挂钩,薪酬分配上普遍存在着平均主义,在一定程度上影响了员工工作的热情和积极性。

  第二,缺乏科学有效的绩效考核制度。慈善组织绩效是慈善组织内部各个岗位的收入及福利等。慈善组织在确定组织目标的基础上,将组织目标分解细化到每个部门和员工身上以保证组织目标的实现。绩效评估是组织员工岗位职责表现的综合反映,也是物质激励、精神激励和个人成长等激励措施实施的重要基础。通过绩效考核评估,对于完成岗位职责好的人员进行奖励,对于没有完成岗位目标任务的人员减少其收入及非物质性奖励,以此调动慈善组织从业人员工作积极性和热情。激励的前提是绩效标准的设置,建立科学合理的绩效考核目标不仅能够充分调动员工的积极性和创造性,而且还能提高工作效率,推进整体目标的实现。相比市场组织和政府组织,慈善组织的绩效考核的内动力不足,因为作为公益性和非营利性的慈善组织,不管是接受社会捐赠还是实施社会救助，不管是组织内部工作还是向社会提供服务，都没有经济利益的驱动，由此造成慈善组织缺乏进行绩效管理的动力。作为绩效考核的依据，慈善组织的绩效指标难以设置，当前，虽然民政部出台了社会组织分类评估指标，一些地方也纷纷出台地方社会组织评估指标及评分标准，这些指标和标准是针对组织而设置的，对于慈善组织内部绩效指标的设置有指导和参考意义，但对组织内部绩效指标标准的制定意义不大。另外，绩效评估主体多元，标准不统一，内部评估缺乏科学合理的程序，由此造成评估结果差异性较大。作为监管部门，政府机关、善款善物的捐赠者、受助者等利益相关者都是慈善组织的绩效评估者，但不同的评价主体都有自己的评价标准，有些评价是主观的，这也造成对同一组织行为会出现不同的评价结果，有时甚至会出现相互矛盾的结果。而慈善组织内部对工作人员的评价体系一般包括德能勤绩4个方面，一般在年度考核中首先是自我评价，然后是员工投票确定每个人是优秀、良好、称职还是不称职，由于德能勤绩除了绩其他都带有很强的主观性，难以用量化的标准去衡量评估，这也造成了有时优秀的员工得不到认可、工作懈怠的员工得不到鞭策的情况。还有就是各慈善组织一般更注重考核指标的设置和考核评估的结果，对绩效实施过程重视度不够，在推行绩效过程中与工作人员沟通不够，缺乏过程中的辅导，也影响了绩效的作用。激励以绩效考核为前提，但是由于慈善组织的公益性和非营利性特点，具体的和可操作性的绩效标准难以设置，统一的评估机制难以实施，造成慈善组织激励机制难以实施或者实施的效果不大。

第三，薪酬激励有限，公益人才流失严重。尽管激励的手段是多样的，但是最基本和最有效的激励手段依然是薪酬等物质激励。薪酬是吸引人才、激励人才、留住人才的重要手段，也是我国慈善组织人才队伍建设的重要保障。由于慈善组织本身并不产生利润，其所有财产都来自社会捐助，而对捐助财产法律有严格的要求。《慈善法》第五十二条规定，慈善组织的财产应当根据章程和捐赠协议的规定全部用于慈善目的，不得在发起人、捐赠人及慈善组织成员中分配。任何组织和个人不得私分、挪用、截留或者侵占慈善财产。第五十四条规定，慈善组织为实现财产保值、增值进行投资的，应当遵循合法、安全、有效的原则，投资取得的收益应当全部用于慈善目的。第六十条规定，慈善组织年度管理费用不得超过当年总支出的10%。《基金会管理条例》第二十条规定："在基金会领取报酬的理事不得超过理事总人数的1/3。"第二十九条也规定："基金会工作人员工资福利和行政办公支出不得超过当年总支出的10%。"从以上法律规定可以看出，慈善组织能够自主安排的支出非常有限，特别是对于一些中小型获取社会捐赠较少的慈善组织来说，用来满足员工物质报酬和福利的支出更少。当前，慈善组织薪酬低于整体社会发展水平，据中国发展简报2017年发布的《中国公益组织从业人员薪酬调查报告》显示，我国慈善组织从业人员在薪酬上存在着公益组织从业人员薪酬机制不够健全；公益组织从业人员薪酬结构较为单一；公益组织从业人员薪酬待遇普遍偏低；公益组织从业人员社会与福利保障不到位；公益组织薪酬体系建设比较滞后等问题。该报告对487名从业者进行了薪酬满意度调查，其中对薪酬表示不太满意和很不满意的比率达到34.9%，感觉一般的占46.0%，比较满意和非常满意的只占19.0%。由于慈善组织在薪酬待遇方面明显低于政府组织和市场组织，加之社会福利较低，因此对人才的吸引力有限，也造成大量公益人才的流失，进而影响了我国慈善组织的健康发展和在社会治理中作用的发挥。

第四，激励手段单一。当前，慈善组织在激励手段方面主要包括物质激励、精神激励和工作激励等。特别是对于规模较小的慈善组织，其激励手段几乎只有精神激励。由于组织的非营利性和募集善款能力的不足，加之法律对慈善组织管理费用的规定，决定了组织可以拿出来用于激励的资金非常有限，难以起到激励作用。而工作激励和成长激励作为重要的激励手段，受组织规模小，成长空间有限的影响作用不大。而且由于组织规模不大，社会影响力较小，加之专职人员较少，工作强度大，也造成了员工出外学习的机会较少。因此，在激励手段的使用上，规模较小的慈善组织单一化现象比较严重。然而对于大型的慈善组织来说，在个人成长激励和工作激励方面空间比较大，但是依然存在着重精神激励，轻物质激励的情况。另外，没有针对不同的岗位制定出特有的激励机制，影响了特殊岗位员工的积极性。当前，相关法律法规中缺乏慈善组织管理人员的激励规定，造成实践中对理事会成员、管理层人员的激励不足，而对一般职员的激励手段单一，使整个激励机制没有针对性，影响了激励机制作用的发挥。

组织设置激励机制的主要动因是提高工作人员的工作热情和积极性、创造性。对表现优秀或者做出突出贡献的员工给予加薪、升职、外出学习、荣誉称号等激励。对没有完成或者低质量完成目标任务的工作人员可以通过批评、处分等方式加以约束限制或者惩戒，建立健全约束机制。[①] 当前，慈善组织较多使用奖励性激励，也就是正激励的方式，一般不采用或者较少采用惩罚性措施，也就是缺少负激励的手段，造成赏罚不明，没有起到激励先进，鞭策落后的作用。尽管慈善组织运用多种激励手段提高员工工作的热情和积极性，但是如果缺失了负激励的手段做补充，那么激励机制就不完整，特别是对一些工作态度懈怠，没有上进心的员工来说，负激励有时候比正激励的作用更强。目前，慈善组织由于激励手段缺乏灵活性和多样性，激励机制对调动员工的积极性和工作热情作用有限，影响了慈善组织的工作效率，也影响了慈善组织的社会服务质量和社会救助的效益。

（二）建立完善的慈善组织激励机制

随着我国社会经济的发展，慈善组织的规模越来越大，覆盖的社会领域也越来越广泛，组织之间的竞争也越来越激烈。如何提升组织的服务质量和竞争优势成为组织发展重要的内容。在慈善组织的发展过程中，决定组织发展空间和竞争力最重要的因素是组织所占有的人力资源质量和数量，因此，建立一套适应慈善组织发展，符合慈善组织人力资源管理特点的科学合理的激励机制，充分调动员工的积极性和创造性，成为每个慈善组织不可忽视的重要问题。当前，要建立和完善慈善组织激励机制，必须转变慈善组织绩效理念，完善绩效制度建设，通过多样化的激励手段和评估模式促进组织发展，提升组织的竞争力。

第一，树立现代的组织激励观念，重视人才的保护和开发。虽然许多慈善组织的从业者基于社会责任和历史使命选择了这项工作，有时候甚至舍弃了政

---

① 孙录宝. 社会组织兼职人员评价激励机制创新研究. 山东行政学院学报, 2018 (4): 99-103.

府组织和市场组织的高地位、高福利、高回报,但是必须明确,现代慈善组织作为独立于政府、企业之外的第三部门,是基于社会分工的一个职业门类,既然是一个职业,那么就不能要求慈善组织的从业者以精神满足来让渡自己的经济权利和社会权利。特别是在市场经济条件下,个人职业的选择都是以自身利益最大化为目的,当然这里的利益不仅仅是经济利益,还包括自身的成就感、责任感、成长进步的机会及在工作中所营造的社会关系。习近平总书记在党的十九大报告中指出,中国特色社会主义进入新时代,我国发展进入新的历史方位,社会主要矛盾发生重大变化,但我国仍处于并将长期处于社会主义初级阶段的基本国情没有变,我国是世界最大发展中国家的国际地位没有变。"两个没有变"思想是我国最基本的国情,因此,必须尊重我国所处的社会发展阶段,对慈善组织从业者也不可超越社会发展阶段要求其不计报酬、无私奉献。另外,在慈善组织收入分配上,根据岗位的重要程度和所做出的贡献,按照不低于当前社会平均水平的薪资标准进行分配,不得以道德的绑架损害员工正当的经济权益和社会权益。在对慈善组织的管理上,必须树立现代管理理念,坚持物质激励与精神激励相结合的方式激发每个员工的工作热情,在组织内部要坚持效率优先和兼顾公平的分配原则,充分调动组织从业者劳动的积极性和创造性,避免平均主义分配的"大锅饭"形式。

第二,建立科学完善的绩效考核制度。尽管慈善组织的绩效考核标准相比政府组织和市场组织复杂,实行起来难度较大,但是依然可以根据慈善组织的特点和岗位设置建立起科学完善的绩效考核机制。首先,在绩效目标设置上,要坚持明确性、可衡量性和可获得性的原则。[①] 明确性是指绩效目标必须明确具体,确保每个成员都清晰了解绩效考核的目标,并根据考核的目标确定自己努力的方向。可衡量性是指绩效的目标必须是可衡量的,只有可以量化的目标才容易得出不容置疑的结果。对于慈善组织难以量化的指标,也应该通过一些具体的方式具体的方法加以明确,使其具备可操作性。可获得性是指制定的绩效目标既要具有挑战性又要有可行性。太高或太低的绩效目标都不能起到激励

---

① 周俊,张冉,宋锦洲.社会组织与慈善组织管理.北京:北京大学出版社,2017.

员工积极性和创造性的作用。如果设定的绩效目标太高，就会造成员工直接放弃努力，而如果绩效目标太低，人人很容易达到，也不能起到激励大家热情工作的目的。由于慈善组织的类型、从事的领域、所处的地域和发展的水平不同，因此在绩效指标的制定上，需要根据组织特点制定符合自身发展的绩效指标体系。其次，在绩效管理实施上，要对绩效实施进行过程性的沟通和跟进，及时发现并解决一些影响绩效目标实现的问题，保障绩效管理工作有序推进。其实，不管绩效的指标设置多么完美，绩效评估多么科学和公正，失去对绩效实施过程的不断监督、跟进和沟通辅导，那么绩效考核制度对组织发展的作用就会大打折扣。最后，在绩效的评估上，慈善组织内部绩效评估应根据组织的特点采用内外综合的评估目标，既要重视政府、捐赠人、受助人和第三方组织的评估，也要重视组织内部上级对下级、部门内部考核评估，还要重视员工的自我评估，具体做法上可以根据这些评估主体设置不同的权重。在实施评估的过程中，一定减少主观因素所占比重，切实按照组织制定绩效管理的指标标准进行评估，在此基础上形成组织的奖罚制度。对那些有突出贡献者和卓越人才进行激励，使其获得更多的物质和精神上的奖励，对没有完成岗位目标任务的员工给予一定的经济惩罚和在一定期限内（一般以一个考核年度为限）限制其升职、外出学习培训等，由此调动全体员工的工作热情，提高组织服务社会的水平，提升社会影响力和竞争力。

  第三，加强自我激励，提高慈善组织从业者的社会责任感和使命感。这里的自我激励是指慈善组织从业人员通过对组织价值目标的认同感，愿意将自己的工作目标与组织使命相结合，在不需要外界的奖励和惩罚的状态下，就能努力工作的一种心理状态。慈善组织既没有与市场组织竞争高薪福利的优势，也没有与政府组织竞争职位晋升所带来的社会地位和物质利益的优势。慈善组织想要吸引人才留住人才，一是在组织许可的范围内提高其物质待遇和成长空间（与市场组织和政府组织相比，慈善组织在这方面没有优势），这一点对于规模较大的慈善组织有一定的优势，但对大部分慈善组织来说受其成立时间短、组织规模小和组织不成熟的影响，短时间内难以改变物质待遇低，发展空间有限的局面。二是要加强从业者社会责任感和使命感的教育，使其认同组织服务社会、救助贫弱、满足公众需求的价值目标，激发员工以使命感、责任感和成就感为内在导向的工作动机。管理大师德鲁克认为，非营利组织是使命感、责任感最强的组织。慈善组织必须发挥自己这方面的优势，使工作人员认同组织的使命和责任，将组织的使命和责任与自己的人生目标融为一体，在实现组织使命的过程中完成自己生命的提升和净化。从慈善组织从业者的人员构成来看，基本包含3部分，第一部分是组织管理层和决策层，由组织的理事会、监事会人员组成，这部分人员大都是组织的发起人、创始人和各行业精英，他们从事慈善事业完全是基于社会责任感，一般不在理事会、监事会获取报酬。第二部分是慈善组织的专职人员，主要由各个部门和秘书处人员组成，他们在慈善组织中根据不同职位和岗位获取报酬和福利，是慈善组织实际运行的群体。第三部分是社会志愿者，他们自愿向社会奉献自己的知识、才干和时间，完全义务地为社会提供服务，不向慈善组织和服务对象收取任何形式的报酬和费用。从慈善组织从业者组成队伍来看，其社会责任感和道德品质方面都高于社会平均水平，他们从事慈善事业，不是为了获取经济利益、政治权益，而是在奉献社会的过程中获得成就感、归属感和自我满足感。因此，慈善组织激励机制的构建应当紧紧围绕着组织的历史使命，把增强员工的使命感和责任感作为重要任务。

第四，建立科学合理的薪酬激励机制。薪酬激励在所有激励中占有非常重要的作用，不管对于何种组织，薪酬都是最为核心、最受关注、最为根本的激励方式。尽管慈善组织由于其公益性、非营利性和志愿性特征，从业人员责任感和使命感普遍高于其他群体，但不能因此忽视组织从业人员的薪酬管理，组织内部公平合理的薪酬制度能够激发员工工作热情，提高专业人才的薪酬待遇对于实现组织职业化和专业化发展有着重要意义。慈善组织内部薪酬的分配方式可以借鉴事业单位的设岗分级方式，通过慈善组织结构设计对岗位进行分类管理。根据不同工作性质将岗位设置为管理岗位、技术岗位和工勤岗位3类，然后对每种岗位再按照岗位的重要性和贡献进行分级，在此基础上确定各个岗位的工作职责和目标，进而确定基本薪酬或岗位薪酬水平。为持续推动组织员工工作的积极性，组织需每年对员工进行岗位评估考核，对连续3年考核不合格的员工进行降级，对有突出贡献的员工可以破格升级。由于员工岗位与薪酬水平直接挂钩，必然能够促进员工努力工作，改变以往在分配上平均主义带来的弊端。在组织平均薪酬水平上，一般根据组织实际情况和发展战略，并参照当地平均工资水平标准设置薪酬标准。同时，还要考虑人才的外部竞争因素，参考同类型其他组织的薪酬管理标准，这样能够有效吸引和留住优秀人才。当然，薪酬只是一个重要因素，组织的使命和价值，组织的发展战略对优秀人才的吸引力有时候会超越薪酬。另外，要建立健全慈善组织工资正常增长机制，当前，我国对慈善组织工资增长机制并没有明确的规定，在《社会团体登记管理条例》第二十六条规定："社会团体专职工作人员的工资和保险福利待遇，参照国家对事业单位的有关规定执行"。慈善组织可以参照事业单位工资增长机制以使员工工资水平能够跟上社会经济发展的水平。

第五，建立多样化的激励机制，形成组织激励的合力。因为慈善组织的非营利性质，从业人员的发展空间和薪酬相比政府组织和市场组织没有竞争力，加之相关法律对慈善组织10%管理费的限制，慈善组织想用高薪的方式吸引人才比较困难。这就要求慈善组织发挥自己的优势，采用多样化的激励机制吸引那些具有高度责任感和使命感的人才进入慈善组织。首先，根据不同的岗位人员内心需求的差异，将有限的激励资源精准地实施，最大效率地发挥激励的作用。慈善组织从业者所处的位置不同，需求不同，激励类型的选择也不同，所以组织激励应该力争满足不同层次和类型员工的心理需求。具体来说，对决策层的人员和管理人员、一般员工根据其内在需求特点采用不同的激励方式，以发挥激励效益的最大化。对决策层来说，经济激励和福利激励意义作用不如荣誉激励，因为作为决策层的理事会成员最大的心理需求是荣誉感和社会责任感。对管理层来说，给予升职、委以重任等激励手段作用比较大。而对一般工作人员来说，加薪、奖金和外出学习培训的机会等物质性激励作用更大。其次，在物质激励的基础上，要更加重视精神激励。除了薪酬激励，福利也是激励员工的重要因素，员工的交通补贴、免费体检、带薪休假、生日蛋糕、节假日福利、集体旅游等，这些福利对于薪酬水平较低的组织成员来说也是极大的激励。精神激励作为慈善组织员工更高层次的需要和满足，其激励作用有时会超越物质激励。慈善组织从业者有着很强的同情心和爱心,他们通过对社会弱势群体和困难群众的关怀和帮助,获得心灵的满足和慰藉,并在此过程中获得社会美誉,提升其社会形象。慈善组织的精神激励是多样的,可以赋予员工各种荣誉称号,可以在网站或专栏介绍优秀员工,还可以向社会推荐宣传。最后,对组织做出突出贡献者,要按照卓越人才对待,不管是在物质激励还是精神激励上,都可以突破常规,因为卓越人才代表了组织的形象和实力,必须在组织内部形成尊重人才、爱护人才的氛围。另外,对慈善组织来说不管是社会救助能力还是组织管理费用都来自社会捐赠,为提高募集善款的能力,可以对获取大额捐赠的人员给予一定的物质奖励和精神奖励,具体数额可以由理事会讨论决定。毕竟慈善组织年度管理费10%的基数越大,其组织可用于提高员工福利待遇的绝对数字就越大,组织用来社会救助的资源也越大。总之,慈善组织多样化的激励方式能够充分激发组织成员的工作热情,科学合理的激励机制能够有效地吸引人才和汇聚组织凝聚力,也能促使慈善组织形成积极向上、团结协作、和谐稳定的局面。

第六章　党的领导是慈善事业健康发展的根本保证

中国共产党第十九次全国代表大会指出，"中国特色社会主义最本质的特征是中国共产党领导，中国特色社会主义制度的最大优势是中国共产党领导，党是最高政治领导力量"，并进一步明确，"党政军民学，东西南北中，党是领导一切的"。这一重要论断既是对中国特色社会主义本质特征的高度凝练，更是对中华人民共和国成立70年、改革开放40年成功经验的深刻总结，深化了党的执政规律、社会主义建设规律和人类社会发展规律的认识。中国特色社会主义整体布局下的慈善事业，毫无疑问必须贯彻落实这一根本方针，既要坚持在党的领导下发展中国特色慈善事业，又要加强慈善组织党建，以强有力的基层党组织建设，推进慈善组织健康发展。

第一节　慈善组织党组织建设的重要意义

一、对慈善组织党建认识日益提升

改革开放以来，随着慈善组织的产生、发展，其在社会治理和政治协商中的作用日益显现，如何加强慈善组织的领导日益提上党中央社会管理日程。1994年，党的十四届四中全会审议通过的《中共中央关于加强党的建设几个重大问题的决定》明确指出，"各种新建立的经济组织和社会组织日益增多，需要从实际出发建立党的组织，开展党的活动"。自此拉开了新时期社会组织党建序幕。为落实十四届四中全会精神，1996年，中共中央办公厅、国务院办公厅联合下发《关于加强社会团体和民办非企业单位管理工作的通知》，在清理整顿一度失序发展的各种社会团体的同时,明确提出在社会团体中建立党组织的要求。1998年,中共中央组织部和民政部专门下发《关于在社会团体中建立党组织有关问题的通知》,明确提出"社会团体在筹备过程中就应考虑建立党组织问题","其常设办事机构专职人员中凡是有正式党员3人以上的,应建立党的基层组织"。2000年7月,中共中央组织部发布《关于加强社会团体党的建设工作的意见》,就充分认识加强社会团体党建工作的重要性、理顺社会团体党组织关系、社会团体党组织的主要责任、社会团体党员的教育管理及加强对社会团体党建工作的领导进行了全面细化。2009年9月,党的十七届四中全会通过了《关于加强和改进新形势下党的建设若干重大问题的决定》,强调"坚持党总揽全局、协调各方的领导核心作用,坚持党的领导、人民当家做主、依法治国有机统一,改革和完善党的领导方式和执政方式,提高党的领导水平和执政水平。"《关于加强和改进新形势下党的建设若干重大问题的决定》提出,"扩大基层党组织覆盖面。全面推进各领域党的基层组织建设,实现党组织和党的工作全社会覆盖,做到哪里有群众哪里就有党的工作、哪里有党员哪里就有党组织、哪里有党组织哪里就有健全的组织生活和党组织作用的充分发挥","抓紧在非公有制经济组织建立党组织,加大在中介机构、协会、学会及各类新社会组织中建立党组织力度",并进一步明确,"非公有制经济组织、新社会组织中的党组织要围绕贯彻党的方针政策、引导和监督遵守国家法律法规、团结凝聚职工群众、维护各方合法权益、促进健康发展等职能探索发挥作用的途径和方法"。

党的十八大以来,以习近平总书记为核心的党中央,明确提出统筹推进"五位一体"总体布局、协调推进"四个全面"战略布局,推进中国特色社会主义事业迈入新时代。全面深化改革的目标进一步明确为实现国家治理体系和治理能力现代化,提出要"加快形成政社分开、权责明确、依法自治的现代社会组织体制"。在此背景下,一方面,以前所未有的高度看待社会组织改革发展及其在社会治理中的重要作用,从而在中央层面开启了全面推进社会组织管理体制改革的新进程;另一方面,也以前所未有的广度和力度,"加大非公有制经济组织、社会组织党建工作",推进党组织在社会组织的覆盖,加强党对

第六章 党的领导是慈善事业健康发展的根本保证

社会组织的领导，扩大党的群众基础。2015年6月，中央颁布的《中国共产党党组工作条例（试行）》明确指出可在社会组织中设立党组。2015年9月，中共中央办公厅印发的《关于加强社会组织党的建设工作的意见（试行）》指出，党组织在社会组织中的功能定位是"党在社会组织中的战斗堡垒，发挥政治核心作用"，并从保证政治方向、团结凝聚群众、推动事业发展、建设先进文化、服务人才成长和加强自身建设6个方面明确了党组织在社会组织中的基本职责，提出"社会组织是党的基层组织建设的重要领域，各级党委（党组）要充分认识加强社会组织党的建设工作的重要意义，将其纳入党建工作总体布局"。这是党首次从整体上对社会组织党建工作做出的顶层设计。

2016年8月，中共中央办公厅、国务院办公厅印发《关于改革社会组织管理制度促进社会组织健康有序发展的意见》，该文件是我国社会组织发展的纲领性文件，是中央对社会组织发展的顶层设计。《关于改革社会组织管理制度促进社会组织健康有序发展的意见》指明了走中国特色社会组织发展道路坚持的四大基本原则，并将坚持党的领导作为首要基本原则，强调"充分发挥党组织的战斗堡垒作用和党员的先锋模范作用"。对如何加强党对社会组织工作的领导、完善领导体制、推进社会组织党组织和工作有效覆盖、加强社会组织党建工作基础保障方面做了具体布置，并进一步要求"各有关部门要结合社会组织登记、检查、评估及日常监管等工作，督促推动社会组织及时成立党组织和开展党的工作"。2016年9月，民政部下发《关于社会组织成立登记时同步开展党建工作有关问题的通知》，要求申请新成立的社会组织应提交党建工作承诺书和党员情况调查表，将同步开展党建工作作为新的社会组织登记的必要条件。同时提出，按照应建尽建的原则，督促推动新成立的社会组织及时建立党的组织，开展党的工作，落实党建责任，切实推进社会组织党的组织和党的工作有效覆盖。

党的十九大从新时代党建总要求出发，强调加强社会组织党建。提出党的基层组织是确保党的路线方针政策和决策部署贯彻落实的基础，要求社会组织的基层党组织成为宣传党的主张、贯彻党的决定、领导基层治理、团结动员群众、推动改革发展的坚强战斗堡垒。党的十九大新修改通过的《中国共产党章程》在党的基层组织一章第三十三条中,单独增加对社会组织中的党建内容,提出"社会组织中党的基层组织,宣传和执行党的路线、方针、政策,领导工会、共青团等群团组织,教育管理党员,引领服务群众,推动事业发展",明确了社会组织中的党基层组织的功能定位和职责任务,以党内最高法、根本法的形式为社会组织党建提供了法理依据。2018年4月,民政部印发了《关于在社会组织章程增加党的建设和社会主义核心价值观有关内容通知》,明确规定社会组织应当在章程中增加党建内容,为加强党对社会组织的领导,发挥党组织战斗堡垒作用提供制度保障,进一步从源头上确保了社会组织正确的政治方向和鲜明的价值导向。2018年10月28日,中共中央印发了《中国共产党支部工作条例(试行)》,明确了社会组织中党支部的重点工作是"引导和监督社会组织依法执业、诚信从业,教育引导职工群众增强政治认同,引导和支持社会组织有序参与社会治理、提供公共服务、承担社会责任",确立了党组织在社会组织法人治理结构中的法定地位。

通过党建工作纳入党章、党建工作纳入社会组织等级评估指标体系、党建工作与成立登记同步等具体政策措施,基层党组织作为"刚性嵌入"的社会组织,成为中国特色社会组织发展的政治保障。经过近些年的党组织建设,我国社会组织中建立党组织的数量逐年增长,根据《中国共产党党内统计公报》显示,2015年年底,全国社会组织法人单位建立党组织的占社会组织法人单位总数的41.5%,社会组织党组织应建已建率就已经达到 99.1%。2016年,全国社会组织法人单位建立党组织的占社会组织法人单位总数的58.9%,2017年达到社会组织法人单位总数的61.7%。

二、加强慈善组织党建工作的意义

党的十九大做出了我国社会主要矛盾已经转化为人民日益增长的美好生活需要和不平衡不充分的发展之间的矛盾的重大历史判断,这为新时代的慈善事业给出了终极使命:即通过慈善行为进一步平衡地区差异、城乡差距和贫富差距,通过慈善力量补充社会保障体系,促进教育、科学、文化、卫生、体育、

// 第六章 党的领导是慈善事业健康发展的根本保证

环保等领域的全面发展。新的使命决定了慈善组织在国家治理体系和治理能力现代化进程中的新定位，也决定了全面加强慈善组织党建的内在要求和未来方向：加强慈善组织党建，是引导慈善组织发展方向、激发慈善组织活力、促进慈善组织发展壮大、提升慈善组织在社会治理的作用发挥的根本保证。

（一）党建是慈善组织健康发展的根本保证

改革开放以来，社会组织不断发展壮大，特别是党的十八大以来，社会组织呈现快速、规范发展的新态势。据民政部《2017年社会服务发展统计公报》显示，截至2017年年底，全国共有社会组织76.2万个，比上年增长8.4%。而据中国社会科学院研究生院与社会科学文献出版社2018年5月共同发布的《社会组织蓝皮书：中国社会组织报告（2018）》显示，社会组织的数量更是高达80.3万个，比2016年度的70.2万个增长10.1万个，增长14.3%，增速创10年来最高。对如此庞大而且正快速增长的社会组织加强党的领导，无疑是建设中国特色社会主义的题中应有之义。

加强慈善组织党建，是慈善组织沿正确方向发展的重要保证。慈善组织中的党组织，发挥着政治领导核心的作用，决定了慈善组织发展方向。党的十九大提出，要以提升组织力为重点，突出政治功能，把企业、农村、机关、学校、科研院所、街道社区、社会组织等基层党组织建设成为宣传党的主张、贯彻党的决定、领导基层治理、团结动员群众、推动改革发展的坚强战斗堡垒。加强慈善组织党建，是慈善组织更好地发挥作用的重要保证。随着社会主义市场经济体制的逐步建立，慈善组织在国家治理体系中的地位和作用进一步巩固和提升，成为新时代全方位参与国家建设的重要力量，补充基础公共服务、提供社会服务、服务经济发展和丰富群众文化生活，发挥着党和政府决策的"智囊团"、全面深化改革的"助推器"、促进社会和谐的"黏合剂"等重要作用。加强慈善组织党建，是克服慈善组织民间性、松散性等现实问题的必然选择。由于慈善组织的民间性，其组织结构相对松散，加之各个慈善组织之间相对独立，难以形成组织力量。以慈善组织中党建为统领，以党的路线方针政策为导向，通过开展党建工作，整合分散的慈善组织力量，确保党的路线方针政策在慈善组织中得到全面的贯彻和落实。同时，党组织对慈善组织"重要事项决策、重要业务活动、大额经费开支、接收大额捐赠、开展涉外活动等提出意见"，从而保证慈善组织活动能够围绕国家的战略布局而展开，服从服务于中国特色社会主义的战略任务。

（二）加强慈善组织党建是巩固党的执政基础，扩大群众基础的必然要求

慈善组织的发展壮大，在发挥其在社会治理中作用的同时，也创造了新的就业机会，吸纳了各种人才的大量聚集。据民政部《2017年社会组织统计公报》显示，截至2017年年底，社会组织各类人员就业达864.7万人[①]，比上年增长13.2%。发达国家的发展历程表明，随着生产力水平的提高，社会产业结构的调整，社会组织的就业人数将持续增长。国内如上海、深圳等发达城市慈善组织数量及就业人口数量明显超过其他城市就是典型证明。社会组织就业人员与政府机关、企事业单位等一起，构成了新时代就业人口的重要渠道，都是社会主义现代化建设的主力军，是推动社会发展，促进社会和谐的重要力量，也是我们党的重要阶级基础。加强慈善组织党建工作，有利于扩大党的领导在新社会领域群众中的覆盖，引导慈善组织及其从业人员了解党的路线方针政策，引导其树立政治意识和政治自觉，增强慈善组织从业人员对党的认同，扩大党的阶级基础、群众基础。有利于加强党的领导，改善和提高党的领导水平和执政水平，夯实党在慈善组织中的政治核心地位，将慈善组织从业者紧密地团结在党的周围，巩固党的执政基础。

（三）加强慈善组织党建，有利于激发慈善组织活力

当前，慈善组织参与社会治理还处在初级阶段，慈善组织参与社会治理的能力与社会治理的现实需求还有很大差距，这就要求加强慈善组织建设，激发慈善组织的活力，以适应国家治理对慈善组织的发展要求。慈善组织党建工作是加强党和慈善组织联系的桥梁和纽带，通过加强党对慈善组织的领导，一方

---

① 民政部门户网站.2017年社会服务发展统计公报. (2018-08-02) [2018-12-12].http://www.mca.gov.cn/article/sj/tjgb/201808/20180800010446.shtml.

面，有利于提高慈善组织的政治站位，引领慈善组织正确的发展方向，使组织发展融入国家经济社会发展的大局，准确定位服务社会的功能和目标，有效提升慈善组织参与社会治理的能力；另一方面，慈善组织中党组织作为支持系统的资源整合优势明显，与慈善组织相比，党组织与党政机关及管理部门更容易对接沟通，更能深刻理解党和国家的战略发展目标与任务，在此基础上为慈善组织发展指明政治方向。同时，通过党组织开展各类党建活动，使党组织建设成为"宣传党的主张、贯彻党的决定、领导基层治理、团结动员群众、推动改革发展的坚强战斗堡垒"[①]，并以此提升和规范慈善组织内部管理，从而激发慈善组织活力，提升慈善组织的组织能力和服务能力。

（四）党建工作能够充分调动激发员工的凝聚力和创造力

慈善组织的民间性、社会性、自发性等特点决定了其与党政组织、市场组织不同的内在结构，由于慈善组织工作人员流动性较大，加上志愿者在组织活动中占有很大比例，造成慈善组织人员呈现出比较"松散、多元、流变"[②]等特点，削弱了慈善组织内在凝聚力。慈善组织人员流失除了薪资待遇因素外，员工与管理者之间沟通不够，管理者工作方式刚性太强也是一个重要原因。而慈善组织中，党组织除了要为组织发展把握发展方向，其在思想政治工作方面有很强的优势，在组织中起到重要的利益协调作用。通过党组织思想政治工作，强化慈善组织的政治意识和政治自觉，引导员工树立正确的人生观和价值观，最大限度地调动员工的积极性和创造性，凝聚其智慧和力量，促进慈善组织健康稳定的发展。另外，慈善组织党员在社会服务和社会救助中起到积极带头作用，对于其他员工也起到示范和榜样的作用，进一步使员工树立正气，提升服务社会的本领，从而提高慈善组织服务社会的能力。

---

① 习近平. 党的十九大报告
② 王杨. 结构功能主义视角下党组织嵌入社会组织的功能实现机制. 社会主义研究，2017（2）：119-126.

第二节 慈善组织党建工作存在的问题

慈善组织作为社会组织的重要形式，已被置于现代国家治理体系的重要组成部分，在全面加强和改善党的领导的中国特色社会主义制度下，其党建工作已上升到治国理政的重要内容，党组织的设置、功能定位等已做了制度性安排。从现实来看，慈善组织的党组织也因制度性设计的硬性要求基本做到了应建必建，但从慈善组织自身的认识程度、党组织的运行成效来看，党组织的作用并没有得到有效发挥，突出表现在认识不到位、尚未形成政治引领的运行机制，基层党组织应有的战斗堡垒作用没有有效发挥好，与党和政府对社会组织的目标定位、与现实社会发展的巨大需求尚有很大差距。具体表现在以下几个方面。

一、普遍存在重建立、轻建设的现象

在慈善组织中设立党组织是我国国家治理和执政党执政的现实需要，在慈善组织中设立党组织已成为注册登记和年检、评估的硬性指标和必要条件。而许多社会组织由于规模小、党员少，为了达到相关标准，采取了挂靠、托管等多种方式，覆盖率提升了，但自主建设率并不高。一些省市甚至采取了"攻坚战"的方式推动社会组织的党组织建设。例如，北京市在2018年开展了"百日攻坚"，提出社会组织党组织单独组建率从2017年年底的33%提升到50%的目标。由此可见，社会组织对单独建设党组织的主观意愿并不强烈，动力明显不足。究其原因，一些慈善组织对为何要建党组织及党组织在慈善组织中的地位和作用认识不到位，对党组织如何开展党建工作则更加模糊，甚至担心设立党组织会影响组织的自治性，占用人力、物力资源，影响工作开展。认识上的不足造成被动应付，即使建立了党组织，也是敷衍塞责、有名无实、形同虚设，既没有从制度上加以设计，也没有实际性的党建工作，资源支持则更是微乎其微。

二、思想认识不到位，有效运行机制尚未形成

党组织在慈善组织中的准确定位、与慈善组织的内在关系、工作运行机制等，是确保基层党组织政治地位、工作开展、作用发挥的基础。当前，在慈善

第六章 党的领导是慈善事业健康发展的根本保证

组织中党组织定位存在两种错误倾向，一是党组织不够重视慈善组织自身发展规律、功能边界和特点，过渡介入慈善组织自治范围，干预慈善组织的具体业务，甚至侵害慈善组织的依法自治权。二是由于慈善组织的实力和竞争力来自社会认可及在慈善市场中的号召力和影响力，侧重服务组织的业务发展，对组织发展的政治方向重视不够，党组织的政治核心作用发挥不理想。同时，在慈善组织内部党组织缺乏权力支撑，由于慈善组织工作人员特别是理事会、监事会成员大多是兼职，其组织关系都在原单位，党组织中理事会、监事会成员占比较低，党组织的建设受掌握资源的理事会等权力机构的影响较大，加上慈善组织的人员流动大，构成比较复杂，党员队伍不稳定，缺少专职党务人员的岗位设置，有些党员平时分散在各个项目点，难以集中，也影响了党组织作用的发挥。有些党组织忽视了宏观上的政治引领忙于组织的微观事务而懈怠于组织的建设，无法起到战斗堡垒和政治引领的作用。

三、党组织活动缺乏创新和吸引力

慈善组织作为政府组织和市场组织之外的第三种组织，其党组织建设必然带有其特有的特点和运作规律，但是由于我国在慈善组织设立党组织的时间不长，组织建设方面缺乏经验，党建工作没有明确的思路，造成了党建工作或者简单照搬党政机关、企事业单位的党建工作方式，或者党建活动较为零散、单一，专业化程度低。党建活动局限在学文件、读报纸、写体会、表决心、听辅导报告和专题讲座，活动的主要方式采用自学、集体学习和讨论，形式呆板、乏味，脱离慈善组织的实际工作，与慈善组织的发展战略和组织的重点工作没有紧密结合，造成党建工作片面追求形式，活动的效果不明显，对党员的影响力较弱，在一定程度上降低了党员参与党建活动的积极性和主动性。此外，党建活动没有实现常态化，表现为党建活动缺乏计划性和针对性，随意性强的特点。由于党建活动少，导致党员很难有党性意识，对党组织缺乏归属感。有些党组织由于受到资金、场地和时间等方面的限制，甚至不开展党建活动，或者以开展娱乐活动替代党建活动，极大影响了组织作用的发挥，也影响了党组织的吸引力。

四、党组织管理机制不完善，影响党建效果

按照中共中央办公厅印发《关于加强社会组织党的建设工作的意见（试行）》的要求，对有3名以上正式党员的社会组织单独建立党组织，依托行业建立党组织、按照区域统一建立党组织，规模小、党员少的社会组织可以就近就便联合建立党组织，对不具备组建条件的社会组织，通过选派党建工作指导员、联络员开展党的工作。要求各级党委对慈善组织党建工作承担领导责任，行业党组织对会员单位党建工作进行指导。由此看来，中央层面以规范性的要求和灵活多样的组织形态，实现了对慈善组织党建工作全覆盖的制度设计。但现实情况是，由于慈善组织作为新兴的民间组织属于独立的法人组织，其系统内部涉及面广、种类繁多，行业、地域、组织之间均存在较大的差异。这就要求在慈善组织中建立党组织必须坚持"分类指导、分类建设和分类推进"①的思路。当前，慈善组织中党组织建设大多简单照搬政府组织和市场组织的党建模式，还没有探索出符合不同种类慈善组织各自特点的党建模式，建起来的党组织也还没有有效承担起不同类别慈善组织的党建任务，无法发挥基层党组织的战斗堡垒作用和党员的先锋模范作用。特别是依托行业建立的党组织、按照区域或者联合建立的党组织，党组织由多个独立的法人单位共同组建，其党建工作涉及多个独立的组织和部门，也造成党建联动机制不健全，党组织管理不顺畅，党建工作开展存在的障碍和难度影响了党建的效果。

第三节 加强慈善组织的党建工作的措施

习近平总书记明确指出，社会组织面大量广，加强社会组织党建十分重要。慈善组织党建是慈善组织管理制度中最具中国特色的一项制度安排，是努力走出一条具有中国特色的慈善组织发展之路的关键所在。②当前，慈善组织党建工作在党中央的宏观部署和相关部门的推动下取得了一定的成效，但仍存在党

---

① 孔卫拿. 引领与自主：对嵌入式社会组织党建的思考. 安徽师范大学学报，2018（3）：36—41.
② 郑琦. 社会组织党建：目标取向与实践逻辑. 求实，2017（10）：15—27.

建工作力量整合难、质量提升难、作用发挥难等诸多问题。必须不断强化问题意识，坚持问题导向，加强工作体制机制创新，不断扩大党在社会组织的影响力，让社会组织在社会治理中更好地发挥作用。

一、准确把握党组织在慈善组织中的政治核心地位

明确党组织在慈善组织中的定位是保证慈善组织党建工作有效性的前提。近年来，党中央立足坚持中国特色社会主义、实现国家治理体系和治理能力现代化的改革方向，总结社会组织党建工作经验，出台一系列指导性文件，进一步明晰了社会组织中党组织建设的政治定位、主要职责和基本要求。例如，2015年9月，中共中央办公厅印发的《关于加强社会组织党的建设工作的意见（试行）》指出，"社会组织党组织是党在社会组织中的战斗堡垒，发挥政治核心作用"。中共中央办公厅、国务院办公厅2016年8月印发的《关于改革社会组织管理制度促进社会组织健康有序发展的意见》指出，"按照党中央明确的党组织在社会组织中的功能定位，发挥党组织的政治核心作用，加强社会组织党的建设，注重加强对社会组织的政治引领和示范带动，支持群团组织充分发挥作用，增强联系服务群众的合力，确保社会组织发展的正确政治方向"。2018年10月28日施行的《中国共产党支部工作条例（试行）》强调，"党支部是党的基础组织，是党组织开展工作的基本单元，是党在社会基层组织中的战斗堡垒，是党的全部工作和战斗力的基础，担负直接教育党员、管理党员、监督党员和组织群众、宣传群众、凝聚群众、服务群众的职责"。《中国共产党支部工作条例（试行）》针对社会组织的党支部，进一步明确其基本任务是：引导和监督社会组织依法执业、诚信从业，教育引导员工群众增强政治认同，引导和支持社会组织有序参与社会治理、提供公共服务、承担社会责任。慈善组织应提高政治站位，深刻认识在中国特色社会主义事业整体布局下，党组织的政治领导核心作用，自觉从思想上牢固树立"四个意识"，坚定"四个自信"，旗帜鲜明讲政治，坚决维护习近平总书记在党中央和全党的核心地位，坚决维护党中央权威和集中统一领导。

二、正确处理好党的领导与慈善组织依法自治的关系

正确认识和处理好党的领导与慈善组织依法自治的关系，是实现党的领导和推动慈善组织健康发展的内在融合点。正如前面所述，党的领导是中国特色社会主义的最本质特征，全面加强党的领导是中国共产党执政的内在要求，是实现国家富强、民族振兴、人民幸福的根本保证。与慈善组织依法自治更多体现在组织运行发展的微观层面和具体事务不同，党的领导更多体现在对慈善组织宏观上的政治领导。社会组织毕竟不同于政府组织和市场组织，具有明显的特殊性。社会组织采取的是非等级的、分权的网络式组织体制，其活动范围没有行政区域划分，活动对象和自身一般不具有严格的行政管辖性。社会组织的这种独立性，有利于使国家与社会之间的关系形成良性互动，弥补政府效力的不足，摆脱市场经济内在冲动带来的扭曲。要真正发挥党组织在慈善组织中的作用，必须把党的领导与慈善组织依法自治相结合，把党的工作融入慈善组织的发展过程中，要善于将党的主张内化到慈善组织的发展中，坚守政策法规对党组织的定位和职责，不得干预慈善组织依法自治的工作范围。只有这样才能保证党组织有效落实党的路线方针政策，监督慈善组织在法律法规的范围内开展业务，培养教育群众树立正确的政治意识和大局意识，充分调动其积极性和创造性，提升慈善组织参与社会治理的能力。

三、加大党组织对慈善组织的支持力度

慈善组织在加强党建过程中，实实在在感受到党建带来的益处，激发其内在动力，是慈善组织党建健康发展的重要保证。当前，由于党组织在慈善组织中建立时间不长，党在慈善组织中的建设还处在初级阶段，没有形成鲜明的特色，造成党组织在慈善组织中发挥的作用有限，由此也影响了慈善组织对党组织的认同和支持。慈善组织本身由于其民间性、非营利性和自治性等特点，特别是一些中小型慈善组织自身运作就很困难，所给予党组织的支持不管是从经费、场地、时间，还是人员上都不充分，影响了组织的建设和作用的发挥。通过政策法规将党组织硬性地嵌入慈善组织只是实现党对慈善组织领导的第一

// 第六章　党的领导是慈善事业健康发展的根本保证

步，要想真正发挥党组织的领导作用，还需要让慈善组织清楚党组织存在的意义不仅仅限于为组织把握政治方向，而且能够给慈善组织以资源的支持。

《关于加强社会组织党的建设工作的意见（试行）》将社会组织党组织定位为服务型的基层党组织，尽管作为慈善组织的党组织自身资源非常有限，但是党组织背后有整个党的组织体系支撑。党组织可以通过上级组织获取资源，为慈善组织带来外部的认同和支持。党组织可以通过为慈善组织寻求外部资源，比如为慈善组织提供政策支持，获取政策优惠，为参与政府购买服务提供政策信息和技术指导；通过与地方党委和政府及重要机构联系，打通慈善组织与权力部门的沟通渠道；将组织中的优秀分子推荐为人大代表、政协委员、劳动模范等各类先进人物，① 提升组织的社会影响力和美誉度等。

除此之外，党组织还能帮助慈善组织做好员工的思想工作，通过倾听组织人员的意见，反映其诉求，协调各方利益关系，及时化解矛盾冲突，维护员工的正当权益，切实把党中央的各种优惠扶持政策落到实处，使其感受到党和政府的关心和温暖，从而增强慈善组织员工的政治认同，凝聚组织的向心力，增强党组织的群众基础。

四、创新党建工作，形成具有特色的党建活动

作为不同于政府组织和市场组织的慈善组织，其党组织工作必须根据组织自身的特点，根据党对慈善组织的要求和慈善组织的任务目标，不断调整党组织的工作重心与活动方式。慈善组织的党建工作应该与组织的宗旨和理念相协调，与组织的中心任务相融合。只有党组织主动适应慈善组织的组织架构、运作逻辑，党组织在慈善组织中才能获得组织的支持，呈现出旺盛的生命力。①

第一，基层党组织工作的核心是引导慈善组织坚持正确的政治方向。这首先要求基层党组织强化政治功能，坚持以当代中国马克思主义最新成果、习近平总书记新时代中国特色社会主义思想为指导，牢牢把握正确的政治立场、政治原则、政治方向，带动组织内部全体党员，强化"四个意识"，坚定"四个

---

① 郑琦.社会组织党建：目标取向与实践逻辑.求实，2017（10）：15—27.

自信",做到"两个维护",把基层党组织打造成宣传党的主张、贯彻党的决定、领导基层治理、团结动员群众、推动改革发展的坚强战斗堡垒。在实践中,引领社会组织坚持正确的政治方向,核心是增强社会组织对党的政治认同、理论认同、思想认同、情感认同。党组织要加强党的创新理论、路线方针政策的宣传、阐释,引导社会组织及其从业人员,在思想上和行动上与党中央保持一致。具体来讲,党组织要作为党的路线方针政策的传播者和执行者,通过专题学习讨论党的重要会议精神、中央文件决议,落实中央部门的通知意见,充分发挥党组织议事、决策和倡导的功能,将党的政治领导落实为党的业务指引,切实将党的路线方针政策落到实处,以此实现党建工作对慈善组织的引领,使党建工作成为实现慈善组织使命的助推力量。

第二,完善慈善组织的党组织建设。党员是党组织的细胞和基石,是党联系群众的基本载体。当前,社会组织人员结构复杂、党员数量少是影响和制约党建工作的重要因素,向社会组织倾斜党员发展、扩大社会组织党组织的覆盖,是加强社会组织党的领导的现实紧迫问题。党的十九大对此做出新的部署:加强基层组织建设,要注重从产业工人、青年农民、高知识群体中和在非公有制经济组织、社会组织中发展党员。中央办公厅的《关于加强社会组织党的建设工作的意见(试行)》对此也有明确要求:加大发展党员工作力度,特别要注重把符合条件的社会组织负责人和业务骨干发展成党员,注重在没有党员和只有个别党员的社会组织中发展党员。若想贯彻落实好十九大精神,解决好慈善组织党建问题,要把发展党员作为基础性工作,在全面收紧党员入口、控制党员数量的大背景下,注重从社会组织中吸收党员。加强党员的发现、培养机制建设,引导慈善组织负责人、员工中的积极分子和业务骨干向党组织靠拢,吸收那些思想作风正派、道德品质高尚、业务能力强、觉悟高的优秀人才加入党组织,扩大党员队伍。

基层党组织书记是基层党组织的第一责任人,是基层组织的核心和灵魂,是群众的主心骨、领头羊,直接影响着组织的战斗力、凝聚力和号召力。基层组织工作抓得好不好,关键看党组织书记作用发挥得好不好。《关于加强社会组织党的建设工作的意见(试行)》对党组织书记的人选做了具体安排,"党

第六章 党的领导是慈善事业健康发展的根本保证

组织书记一般从社会组织内部产生,提倡党员社会组织负责人担任党组织书记。社会组织负责人不是党员的,可从管理层中选拔党组织书记。社会组织中没有合适人选的,可提请上级党组织选派,再按党内有关规定任职"。选拔党组织书记要坚持政治标准,要选拔政治觉悟高、工作能力强、敢于担当、群众基础好的人,成为党组织的核心。党组织书记要带头旗帜鲜明讲政治,严肃党内政治生活,认真开展好"三会一课"、党员评议、主题党日等党内活动,克服一度存在的党内生活表面化、形式化、娱乐化、庸俗化倾向。要牢牢把握意识形态领导权、主动权、话语权,巩固广大党员、群众团结奋斗的共同思想基础,凝聚起实现中华民族伟大复兴中国梦的磅礴力量。

第三,建立健全管理、考核、激励和约束制度。完善慈善组织党建分类建设机制,实现党建工作精细化发展。根据慈善组织的类别、领域、规模等有针对性地进行党建活动,不断推动慈善组织党建的分类化、科学化与精细化发展。①2019年4月1日,民政部在中国社会组织公共服务平台发布了《2019年民政部业务主管社会组织党的组织和党的工作有效覆盖评价指标体系》,对部管社会组织党组织和党的工作制定了包括加强政治建设、参与扶贫攻坚、严肃组织生活、夯实基础工作、落实党建工作责任、强化正风肃纪和党建工作特色7个方面的指标内容详细的规定,并在此基础上制定了评分标准,对部管社会组织党组织和党的工作进行量化,扎实推进部管社会组织党的组织和党的工作从"有形覆盖"向"有效覆盖"转变。今后地方各级民政部门根据不同级别社会组织的特点制定出符合党组织建设的党组织考评机制,为健全管理、考核、激励和约束机制提供准确的第一手材料。按照《关于加强社会组织党的建设工作的意见(试行)》要求,落实党组织书记的党建工作责任制,每年向上级党组织和本单位党员报告工作并接受评议。规范党组织及党员队伍的制度建设和科学管理,激发党员干部的工作热情,使其牢固树立"四个意识",增强"四个自信",坚守"两个维护"。为了规范党组织的健康发展,可以根据党组织普遍存在的问题开展党建工作专项督察和专项治理,建立党建工作规范性发展

---

① 孔卫拿.引领与自主:对嵌入式社会组织党建的思考.安徽师范大学学报,2018(3):36-41.

的长效机制。同时还要在党员队伍中建立健全激励机制，激发党员队伍的工作热情，提升其工作的积极性和创造性，对工作积极、做出突出贡献的党员干部进行表彰鼓励。当然也要严格按照《中国共产党章程》《中国共产党纪律处分条例》等党内法律制度规范党员行为，对违反党员纪律条例的党员给予处罚，规范党员队伍和党组织的发展。

第四，党建工作要有针对性和实效性。针对慈善组织党组织建立时间短，建设经验不足，党建活动不规范的情况，党组织要严格执行党的规章制度，坚持党建活动常态化、制度化，要充分利用党建工作提升组织能力和发展空间。2019年4月1日，民政部发布《2019年民政部业务主管社会组织党建工作要点》，提出："做好'三个同步'，让业务工作与党建工作同频共振。切实推动社会组织成立登记与党组织组建同步，社会组织业务发展与党组织建设同步，社会组织年检评估与党建工作述职评议同步"，明确了社会组织党建工作与业务发展互相促进的关系。因此，慈善组织的党建工作要与慈善组织健康发展紧密结合，与慈善组织的业务活动、日常管理、思想建设和文化建设等相互促进。党建活动要针对党组织建设中存在的问题有针对性地开展，根据组织的特色及党员实际情况确定党建工作主题，制定党建工作的计划，明确党建工作的目的和预期达到的效果，有针对性地开展思想建设、组织建设和作风建设等党建活动。将党建工作当成加强党员党性锻炼的有效手段，通过党建工作提升党组织的战斗力，强化对慈善组织的政治引领作用，引导慈善组织更加坚定地跟党走，将坚守社会主义政治方向作为慈善组织的潜意识和自觉行动，真正使党建工作始终成为慈善组织的"导航仪"。同时，要按照《关于加强社会组织党的建设工作的意见（试行）》要求，"将党组织活动融入社会组织执业活动、日常管理和文化建设之中"，使其作为党组织和党员发挥作用的重要途径。党建活动离不开慈善组织的使命和宗旨，党建工作要与慈善组织的业务活动相结合，面对慈善组织激烈的市场竞争，党组织开展活动要有针对性地引导党员立足岗位起模范带头作用，运用党组织的力量提高组织的凝聚力和竞争力，提高慈善组织获取、管理和使用慈善资源的能力。要实现慈善组织党建与慈善组织发展的同步进行，将慈善组织的专业服务优势与党的先锋模范作用进行有机结合，以此

第六章 党的领导是慈善事业健康发展的根本保证

实现党建工作引领慈善组织发展，进而让党建工作成为慈善组织实现其宗旨使命的助推力量。[①]

第五，优化党建活动平台，创建党建项目品牌。加大对党建活动的科学设计与安排，根据慈善组织业务活动的特点开展党建活动，发挥慈善组织及其从业人员专业特长，积极开展专业化志愿服务，打造党建品牌。以党建工作带动群建活动，以群建促党建，充分发挥工会、共青团等群团组织作用，教育引导慈善组织从业人员增强政治认同，激发其工作热情和主人翁意识。比如，可以在组织内部创建党员示范岗位，设立党员服务区、党员服务窗口、党员社会服务点等党建项目，打造党建活动平台，提升党员的党性意识、责任意识和服务意识，以党员的模范带头作用调动起组织全体工作人员的工作热情和激情，在慈善组织内部营造出争先创优的氛围，提升组织的整体社会形象和服务社会的能力。

充分利用现代信息技术和大数据，探索"互联网+党建"的模式，解决慈善组织党员流动大，集中学习难，社会兼职多的问题，增强党组织活动的开放性、灵活性和有效性。探索建立智慧党建平台，做好慈善组织党员动态管理机制。用大数据和互联网等信息化手段，从组织关系管理、党员教育服务、党费收缴、党组织按期换届等方面进行全流程动态监管。[②]可以在组织网站上设置党建专栏，将党建的内容和方式、计划和活动安排上传，让党员能够最快地获取权威信息，同时运用即时的通信工具，如QQ群、微信群或者电子邮件等传播方式开展学习讨论，"互联网+党建"的模式既解决了党员与党组织的时空限制，又能充分发挥党建活动的互动性和民主性，使互联网成为具有宣传、学习、互动、管理、服务功能的平台。

[①] 吴新叶.走出科层制治理：服务型政党社会管理的路径——以上海社会组织党建为例.理论与改革，2013（2）：55-59.
[②] 中国社会组织公共服务平台.2019年民政部业务主管社会组织党建工作要点.（2019-04-01）[2018-12-12].http://www.chinanpo.gov.cn/2351/117870/index.html.

参考文献

[1] YERMACK D.Higher market valuation of companies with a small board of directors．Journal of financial economics,1996,40（1）：185-212．

[2] 柴振国．我国慈善组织信息公开机制研究：以激励相容为视角．广东社会科学,2017（3）:205-211．

[3] 陈斌．改革开放以来慈善事业的发展与转型研究．社会保障评论,2018（3）：148-159．

[4] 陈东利．慈善组织的公信力危机与路径选择．天府新论,2012（1）:101-104．

[5] 陈东利．论中国慈善组织的公信力危机与路径选择．河北师范大学学报,2012（1）：101-104．

[6] 陈劲松．社会各界向汶川灾区捐助逾760亿元．人民日报海外版,2009-05-07(4)[2018-12-07].http://paper.people.com.cn/rmrbhwb/html/2009-05-07/node_868.htm．

[7] 陈荞．民政部：再穷追猛打郭美美事件或伤害慈善事业．(2011-08-27)[2018-12-10].http://news.sohu.com/20110827/n317507041.shtml．

[8] 程萍．打造共建共享共治社会治理新格局．小康,2017（34）：26-28．

[9] 崔烜．郭美美事件后全国慈善组织接受捐款下降8成．时代周报,2011-12-08(3)[2018-12-08].http://news.sina.com.cn/c/sd/2011-12-08/110923597945.shtml．

[10] 戴长征，黄金铮．比较视野下中美慈善组织治理研究．中国行政管理,2015（2）:141-148．

[11] 党生翠．慈善组织应主动进行声誉管理．人民日报,2018-05-05（7）[2018-11-07].http://www.xinhuanet.com/gongyi/2018-05-07/c_129865938.htm．

[12] 邓国胜．民间组织评估体系：理论、方法与指导体系．北京：北京大学出版社,2007．

[13] 恩德勒. 美国的财富伦理与财富创造. 上海师范大学学报（哲学社会科学版），2014（1）：13–20.

[14] 方世南. 让慈善理念融入社会主义核心价值观.（2016–12–13）[2018–12–10]. http://theory.gmw.cn/2016–12/13/content_23252247.htm.

[15] 冯虹，李东松. 北京社会租住发展研究. 北京：社会科学文献出版社，2015.

[16] 高鉴国. 中国慈善捐赠机制研究. 北京：社会科学文献出版社，2014.

[17] 高小枚. 论健全慈善监督体制与提升慈善公信力. 贵州社会科学，2017（9）：75–80.

[18] 何云峰. 社会风气的改善需要示范性群体引领. 争鸣，2012（1）：20–22.

[19] 侯利文. 被困的慈善：慈善组织公信力缺失及其重建. 天府新论，2015（1）：99–105.

[20] 胡小军.《慈善法》实施后慈善组织监管机制构建的挑战与因应. 学术探索，2018（4）：70–75.

[21] 黄晓勇. 中国社会组织报告（2018）. 北京：社会科学文献出版社，2018.

[22] 贾西津. 公益组织的公信力从何而来. 中国社会工作，2011（21）：47–48.

[23] 江必新. 以党的十九大精神为指导，加强和创新社会治理. 国家行政学院学报，2018（1）：23–29.

[24] 鸠摩罗什. 佛说象法决疑经. 上海：上海古籍出版社，1991.

[25] 柯少愚. 社会组织存在的主要问题与思考. 学会，2011（12）：3–12.

[26] 孔冬. 论现代人力管理资源的理念基础：以人为本. 社会科学战线，2008（4）：218–221.

[27] 孔卫拿. 引领与自主：对嵌入式社会组织党建的思考. 安徽师范大学学报，2018（3）：36–41.

[28] 蓝军. 发挥社会组织在协商民主中的重要作用. 人民日报，2017–11–29（7）[2018–11–12]. http://opinion.people.com.cn/GB/n1/2017/1129/c1003–29673476.html.

[29] 李耳. 道德经. 北京：金盾出版社，2009.

[30] 李光伟. 近代中国本土第一个规模较大的民间慈善救助组织：世界红卍字会. 文史月刊，2009（11）：37–39.

[31] 李国立. 在第八届"中华慈善奖"表彰大会暨中国慈善联合会成立大会上的讲话.（2013–04–19）[2018–12–24]. http://www.charityalliance.org.cn/leader/1926.jhtml.

[32] 李慧敏.预防与追惩：慈善组织政府监督的价值取向与制度完善.社会科学研究，2017（1）：75-82.

[33] 李健.公益慈善人才学历教育发展路径研究.学会，2017（6）：19-22.

[34] 李克强.在全国深化简政放权放管结合优化服务改革电视电话会议上的讲话.（2017-06-13）[2018-12-10].http://www.gov.cn/guowuyuan/2017-06/29/content_5206812.htm.

[35] 李磊."中国社会组织经济规模（N-GDP）测算"研究成果发布.中国日报，2018-07-16[2018-11-12].http://cn.chinadaily.com.cn/2018-07/16/content_36586702.htm.

[36] 李磊.中基透明指数FTI2018发布 揭晓中国最透明基金会名单.（2018-01-26）[2018-12-15].http://cn.chinadaily.com.cn/2018-01/26/content_35587538.htm.

[37] 李立国.简政放权应发挥社会组织积极作用.人民日报，2014-09-29(12).

[38] 李立国.全面领会和把握好《意见》精神促进社会组织健康有序发展.中国社会组织，2016(17)：14-15.

[39] 李勇.美国非营利组织考察报告//中国社会组织年鉴编委会.中国社会组织2008年年鉴.北京：中国社会出版社，2008.

[40] 刘忠亮.如何让公益慈善组织理事会发挥有效作用？.（2017-09-06)[2018-12-24].http://gongyi.ifeng.com/a/20170906/44673273_0.shtml.

[41] 马海韵.中国公民志愿精神：价值愿景、成长现状及培育路径.南京社会科学，2011（12）：86-91.

[42] 马庆钰，贾西津.中国社会组织的发展方向与未来趋势.国家行政学院学报，2015(4)：62-67.

[43] 马庆钰，廖鸿.中国社会组织发展战略.北京：社会科学文献出版社，2015.

[44] 孟子.孟子.上海：上海古籍出版社，1987.

[45] 民政部门户网站.2011年社会服务发展统计公报.（2012-06-21)[2018-11-26].http://www.mca.gov.cn/article/zwgk/mzyw/201206/20120600324725.shtml.

[46] 民政部门户网站.2016年社会服务发展统计公报.（2017-08-03)[2018-12-12].http://www.mca.gov.cn/article/sj/tjgb/201708/20170815005382.shtml.

[47] 民政部门户网站.2014年社会服务发展统计公报.（2015-06-10）[2018-12-12]. http：//www.mca.gov.cn/article/sj/tjgb/201506/201506158324399.shtml.

[48] 民政部门户网站.2015年社会服务发展统计公报.（2016-07-11）[2018-12-12]. http：//www.mca.gov.cn/article/sj/tjgb/201607/20160715001136.shtml.

[49] 民政部门户网站.2017年社会服务发展统计公报.（2018-08-02）[2018-12-12]. http：//www.mca.gov.cn/article/sj/tjgb/201808/20180800010446.shtml.

[50] 民政部网站.2013年社会服务发展统计公报.（2014-06-17）[2018-12-12]. http：//www.gov.cn/xinwen/2014-06/17/content_2702566.htm.

[51] 墨子.墨子.上海：上海古籍出版社，2014.

[52] 彭拜新闻.红十字基金会2014年报.嫣然基金捐赠减近九成，历史最低.（2015-05-12）[2018-12-10].https：//www.thepaper.cn/newsDetail_forward_1330530.

[53] 彭建梅.2013年度中国慈善捐助报告.北京：企业管理出版社，2014.

[54] 皮磊.徐永光：规模化是公益行业发展的自然规律和必然趋势.（2018-12-10）[2018-12-25].http：//www.naradafoundation.org/content/6296.

[55] 戚枝淬.社会组织内部治理结构法律问题研究.理论月刊，2016（8）：5-10.

[56] 人民网.《慈善蓝皮书》2017中国慈善行业年度十大热点事件发布.（2018-01-08）[2018-12-25].http：//gongyi.people.com.cn/n1/2018/0108/c186202-29752452.html.

[57] 人民网.2014年5月4日，习近平在北京大学师生座谈会上的讲话.（2014-05-04）[2018-12-10].http：//edu.people.com.cn/n/2014/0505/c1053-24973276.html.

[58] 任欢.让假慈善"一处失信、处处受限".光明日报，2019-02-22(4).

[59] 山东商报."天价饭费"致信任危机 九成网友质疑红十字会.（2011-04-18）[2018-12-10].http：//news.china.com/zh_cn/focus/redian/nsmlxxnzggy/.

[60] 上海市慈善基金会.慈善理念与社会责任.上海：上海社会科学院出版社，2008.

[61] 石国亮，廖鸿.慈善组织诚信建设的战略思考.党政研究，2015（6）：96-101.

[62] 石国亮，廖鸿.慈善组织公信力的危机与重建.马克思主义与现实，2015（6）：86-94.

[63] 石国亮.慈善组织公信力重塑过程中第三方评估机制研究.中国行政管理，2012（9）：64-70.

[64] 孙发锋. 我国慈善组织公信力的缺失与重塑. 郑州大学学报, 2015 (6): 30-33.

[65] 孙录宝. 社会组织兼职人员评价激励机制创新研究. 山东行政学院学报, 2018 (4): 99-103.

[66] 孙迎联. 收入分配机制：共享发展视野下的理论新思. 理论与改革, 2016 (5): 155-159.

[67] 田国垒. 免费午餐何以累计募捐过亿. 中国青年报, 2015-04-29(8)[2018-11-29]. http://news.sina.com.cn/o/2015-04-29/063931774271.shtml.

[68] 田凯. 非协调约束与组织运作：中国慈善组织与政府关系的个案研究. 北京：商务印书馆，2004.

[69] 统计局. 2016年基尼系数为0.465 较2015年有所上升. (2017-01-20)[2018-12-10]. http://finance.china.com.cn/roll/20170120/4077333.shtml.

[70] 王栋，乔耀章. 整体化分散治理：中国特色政社关系与治理机制. 学术界, 2017 (7): 91-99.

[71] 王俊秋. 论构建和谐社会中的慈善事业监督体系. 社会科学家, 2008 (5): 104-106.

[72] 王俊秋. 山东省慈善救助研究. 北京：中国社会科学出版社，2013.

[73] 王俊秋. 中国慈善与救济. 北京：中国社会科学出版社，2008.

[74] 王名. 慈善组织与慈善项目评估标准研究. 北京：中国社会出版社，2017.

[75] 王名. 三大信息公开平台是慈善法落地关键. 南方都市报, 2017-10-10(14).

[76] 王名. 社会组织论纲. 北京：社会科学文献出版社，2013.

[77] 王名. 治理创新重在政社分开. 人民论坛, 2014(10): 40-41.

[78] 王锡忠，顾建龙. 社会组织内部治理的危机与出路. 中国社会组织, 2016 (11): 25-28.

[79] 王杨. 结构功能主义视角下党组织嵌入社会组织的功能实现机制. 社会主义研究, 2017 (2): 119-126.

[80] 王亦君. 《慈善法》实施一年 已认定登记慈善组织2109家 513家获得公开募捐资格. (2017-09-01)[2018-12-10]. http://news.cyol.com/content/2017-09-01/content_16459238.htm.

[81] 王亦君. 2011年红十字会系统接受捐赠下降近六成. 中国青年报, 2012-06-29(3).

[82] 王勇. 2017年美国慈善捐赠突破4100亿美元大关. (2018-07-03) [2018-12-25]. http://www.chinadevelopmentbrief.org.cn/news-21504.htm.

[83] 王振耀. 当代中国慈善事业：现状路径前景. 中国社会科学报, 2010-07-20 (1) [2018-12-12]. http://www.cssn.cn/ddzg/ddzg_ldjs/ddzg_sh/201008/t20100810_810776.shtml.

[84] 王振耀. 探索"互联网+"时代中国公益规模化与专业化的均衡发展. 人民论坛, 2017 (6)：64.

[85] 王振耀. 探索"互联网+"时代中国公益规模化与专业化的均衡发展. 人民论坛, 2017 (6)：64.

[86] 吴新叶. 走出科层制治理：服务型政党社会管理的路径——以上海社会组织党建为例. 理论与改革, 2013(2)：55-59.

[87] 夏雪. 发展社会组织, 既要"管"更要"理". 光明日报, 2018-05-25(2)[2018-12-14]. http://news.gmw.cn/2018-05/25/content_28959553.htm.

[88] 谢晓霞, 明月. 我国慈善基金会的理事会特征、监事会与代理成本. 特征商业会计, 2017（8）：15-19.

[89] 新华社. 中办国办印发《关于改革社会组织管理制度促进社会组织健康有序发展的意见》. (2016-08-21)[2018-12-24]. http://www.xinhuanet.com//politics/2016-08/21/c_1119428034.htm.

[90] 新华网. 慈善法一周年：500多家组织获公开募资格. (2017-09-06) [2018-12-12]. http://www.xinhuanet.com/2017-09/05/c_1121610001.htm.

[91] 徐达深. 中华人民共和国实录：第1卷（上）. 长春：吉林人民出版社, 1994.

[92] 徐家良, 廖鸿. 中国社会组织评估发展报告（2015）. 北京：社会科学文献出版社, 2015.

[93] 徐秦法. 社会治理中的信仰价值研究. 北京：光明日报出版社, 2010.

[94] 许甫林. 信息透明：慈善组织公信力建设的有效路径. 中国民政, 2017（3）：31-33.

[95] 杨思斌, 李佩瑶. 慈善组织的概念界定、制度创新与实施前瞻. 河北大学学报, 2016（5）：18-24.

[96] 杨思斌, 吴春晖. 慈善公信力：内涵、功能及重构. 理论月刊, 2012（12）：158-162.

[97] 杨团.慈善蓝皮书：中国慈善发展报告（2014）.北京：社会科学文献出版社，2014.

[98] 杨团.慈善蓝皮书：中国慈善发展报告（2017）.北京：社会科学文献出版社，2018.

[99] 杨团.慈善蓝皮书：中国慈善发展报告（2018）.北京：社会科学文献出版社，2018.

[100] 杨团.中国慈善发展报告（2012）.北京：社会科学文献出版社，2012.

[101] 杨团.中国慈善发展报告（2017）.北京：社会科学文献出版社，2017.

[102] 杨义凤，邓国胜.中国慈善组织国际化的策略.行政管理改革，2016（7）：25-28.

[103] 姚俭建，李耀峰.慈善组织公信力与社会认同//上海市慈善基金会，上海慈善事业发展研究中心.慈善：创新与发展.上海：上海社会科学院出版社，2009.

[104] 殷烁.在破解难题中加强社会组织党建工作.人民日报，2017-07-31(7).

[105] 詹成付.加快社会组织信用体系建设 提升公益慈善的社会公信力.中国民政，2018（9）：10-12.

[106] 张澧生.社会组织治理研究.北京：北京理工大学出版社，2015.

[107] 张立民，李晗.我国基金会内部治理机制有效吗？.审计与经济研究，2013（2）：79-88.

[108] 张奇林，巩春秋.中国慈善事业可持续发展的现实需求与战略选择.山东社会科学，2016（7）：54-59.

[109] 张奇林.论影响慈善事业发展的四大因素.经济评论，1997（6）：80-86.

[110] 张冉.中国社会组织声誉管理研究.北京：北京大学出版社，2017.

[111] 张伟珍.从慈善组织公信力维度论中国慈善事业的发展.贵州工业大学学报（社会科学版），2007（2）：78-80.

[112] 郑功成.《慈善法》开启中国的善时代.社会治理，2016（5）：30-36.

[113] 郑功成.当代中国慈善事业.北京：人民出版社，2010.

[114] 郑功成.尽快制定《社会组织法》.公益时报，2018-03-20（5）[2018-11-20]. http://www.gongyishibao.com/newdzb/html/2018-03/20/node_5.htm.

[115] 郑琦.社会组织党建：目标取向与实践逻辑.求实，2017（10）：15-27.

[116] 中国公益研究院.《慈善法》实施两周年十大进展.（2018-09-05）[2018-12-12]. http://www.bnu1.org/cpri/2018/0905/4195.html.

[117] 中国社会科学院课题组.改革开放40年中国民生发展：城乡居民收入每十年翻一

番.人民日报,2018-12-20(7).

[118] 中华人民共和国民政部网站.民政部召开慈善组织工作经验交流会.(2018-09-05)[2018-11-25].http://www.mca.gov.cn/article/xw/mzyw/201809/20180900010946.shtml.

[119] 中民慈善捐助信息中心.中民慈善捐助信息中心2012年报.(2013-09-21)[2018-12-12].http://npo.charity.gov.cn/www/orggets/toannualinformation?oid=1212&type=3&v=new.

[120] 中央政治局.中共中央关于全面深化改革若干重大问题的决定.人民日报,2013-11-16(1).

[121] 周俊,张冉,宋锦洲.社会组织与慈善组织管理.北京:北京大学出版社,2017.

[122] 周秋光,曾桂林.当代中国慈善事业发展历程回顾与前瞻.文化学刊,2007(5):14-22.

[123] 周秋光,曾桂林.近代慈善事业的基本特征.光明日报,2004-12-14(5)[2018-12-14].http://news.sina.com.cn/o/2004-12-14/08274517710s.shtml.

[124] 周秋光,曾桂林.中国慈善发展简史.北京:人民出版社,2006.

[125] 朱晓红.现代治理体系中的社会组织发展:新条例解读.中国社会组织,2016(12):12-14.

[126] 竺乾威.政社分开的基础:领导权与治理权分开.中共福建省委党校学报,2017(6):4-10.

[127] 庄庆鸿.我国公益基金会透明指数排行榜发布 4成不及格.(2012-08-30)[2018-12-10].http://www.cnr.cn/gundong/201208/t20120830_510789948_1.shtml.

后 记

笔者对于中国慈善的关注开始于2004年。当时在给学生讲社会保障问题时，通过对中外社会保障制度对比研究，发现西方慈善事业在平衡社会分配和调节社会贫富分化中起了很大的作用，但是我国对慈善事业的研究还较少，对慈善事业在社会发展中的作用和功能还认识不足，从此笔者开始了对这个问题的关注和研究。近年来，笔者发表了一些相关研究的文章和著作，分别在2008年和2012年在中国社会科学出版社出版了《中国慈善与救济》和《山东省慈善救助研究》，两本著作都获得了山东省社会科学优秀成果奖。2014年，笔者申请了山东省社会科学规划课题：社会治理视域下的民间公益组织发展道路研究。由于许多客观原因，该项目直到2017年才开始启动，经过艰辛的写作，今天终于完成，欣喜之余又觉得惴惴不安，因为自己的理论水平非常有限，对中国慈善组织发展道路的研究也非常肤浅，受所占资料的限制，有些观点甚至可能是错误的，在此也希望能得到同人和专家的批评指正。

本书能得以出版，首先，感谢在慈善领域进行研究的所有学者同人，本书广泛参阅了专家学者们在慈善领域研究的成果，一般都在书后注明，因作者水平与时间有限，引用作品出处标注方面难免有疏漏，在此向这些学者致歉，也敬请谅解。其次，感谢科学技术文献出版社的大力扶持及所有为著作出版付出辛勤劳作的工作人员。再次，感谢我的爱人，在我写作的过程中给予了我关爱和支持，让我在最困难的时候坚持下来。最后，特别感谢烟台市委讲师团许维江团长，不仅对整本书的写作提出了很好的意见，参与了讨论和第六章的写作，而且对全书进行了统稿和修订，使本书在政治高度上上了一个台阶。

书中的不足与疏漏，敬请同行专家及读者给予批评指正！

王俊秋

2019 年 4 月 15 日